张国华　杜全平／丛书主编
王清林　曲振国　王桂亮／丛书执行主编

家庭教育丛书

亲子共成长

学前篇

解世国　迟强／主编

山东友谊出版社·济南

图书在版编目（CIP）数据

亲子共成长·学前篇/解世国，迟强分册主编．—济南：山东友谊出版社，2022.9
（家庭教育丛书/张国华，杜全平主编）
ISBN 978-7-5516-2660-6

Ⅰ．①亲… Ⅱ．①解… ②迟… Ⅲ．①学前儿童－家庭教育 Ⅳ．① G78

中国版本图书馆 CIP 数据核字 (2022) 第 156985 号

亲子共成长·学前篇
QINZI GONG CHENGZHANG
XUEQIAN PIAN

责任编辑　董靖宇
装帧设计　杨雯雯

主管单位：山东出版传媒股份有限公司
出版发行：山东友谊出版社
　　　　地址：济南市英雄山路189号　邮政编码：250002
　　　　电话：出版管理部（0531）82098756
　　　　　　　发行综合部（0531）82705187
　　　　网址：www.sdyouyi.com.cn
印　　刷：山东和平商务有限公司

开本：787 mm×1092 mm　1/16
印张：16.75　　　　　　　字数：250千字
版次：2022年9月第1版　　印次：2022年9月第1次印刷
定价：36.80元

"家庭教育丛书"编委会

丛书主编：张国华　杜全平
丛书编委：（按姓氏笔画排序）
　　　　　王立浩　王桂亮　王海涛　王清林　井光进
　　　　　冯秀红　曲振国　任秀洁　刘海涛　刘雪梅
　　　　　李　萍　李玉良　李庆华　辛　华　张立俊
　　　　　欧晓霞　周少平　周书坤　赵云福　郭治平
　　　　　董守生　蒋德荣　韩光福　韩志亮　焦天民
　　　　　魏晨明

丛书执行主编：王清林　曲振国　王桂亮

《亲子共成长·学前篇》编委会

主　　编：解世国　迟　强
副 主 编：石　轩　谢国辉　王晓红
编写人员：孙文燕　付海燕　帅雄伟　孙传芳　王志浩
　　　　　李艳霞　张佳琦　尹华贞　牟琳琳

再版序言

2022年1月1日,《中华人民共和国家庭教育促进法》(以下简称《家庭教育促进法》)正式施行。《家庭教育促进法》对父母或者其他监护人在促进未成年人全面健康成长,培育和引导孩子的道德品质、身体素质、生活技能、文化修养、行为习惯等方面提出了明确的要求,使家庭教育从"家事"上升为"国事"。

帮助家长掌握家庭教育基本知识和教育方法,提升家长的教育理念和教育能力,赋能家长使其具备家庭教育履职能力,是我们20年来孜孜以求、坚定不移的目标。

潍坊市家庭教育区域推进的探索起源于2002年的"亲子共成长"工程。在20年的探索和实践中,我们既严格遵循青少年儿童生理、心理发展规律和教育学、心理学、社会学等相关学科的理论基础,又在实际探索和具体实践中不断修正、完善我们的家庭教育做法、内容,优化我们的推进机制和模式。

20年里,我们在全国率先出台了包括《家庭教育指导大纲》《家长学校建设标准》《家长委员会建设标准》《家长课程标准》在内的近百个制度文件,并有14项标准通过了国家标准化管理委员会的团体标准认定。我们尤其注重对本地家庭教育师资团队的梯级化、层次性培养,这是我们长效推进区域家庭教育工作的基础。目前经过我们系统培训的老师已经有不少人站上了省级和国家级的讲台，传播家庭教育先进理念。我们严格落实分年级的一年4次8课时的家长课程课时要求，研发了全国首套家庭教育分年级教材《牵手两代 幸福路上》，并基于此不断优化教学模式，创造性地提出"视频导课、问题研讨、课堂总结、作业拓展、微课巩固"家长课程五步教学法，这一教学模式被有关专家评价为国内"最理解成人学习特点、最符合家长学习模式"的家长课程模式。我们在全国率先建立了首个家庭教育公共服务平台——幸福路中国家长移动学校，借助互联网的传播优势把我们多年来的家庭教育优质课程资源和专家资源分享到千家万户。我们还以"幸福路"平台为基础，共建了中国家庭教育大数据中心，这标志着我们的家庭教育工作又迈上了一个新的台阶：数据驱动，用大数据的方式指导政策制定、内容研发，为家长提供更为精准和及时的家庭教育指导。

经过20年的探索与实践，我们已建成线上线下全覆盖、0～18岁全覆盖、城镇乡村全覆盖的家庭教育公共服务体系，完成了家庭教育唤醒启蒙—普及推广—标准化·个性化—协同育人四个阶段的迭代升级。"政府主导、专家引领、课程推动、社会参与、学校实践"的家庭教育模式，被认为是最符合国内实情的家庭教育区域推进模式。潍坊被社会各界广泛赞誉为全国家庭教育高地和领军城市。家庭教育有力助推了区域教育质量的提升和教育生态的优化。我们的教育质量始终位于全省前列，教育满意度连续多年位居全省首位，"高质量、轻负担、高满意度"的教育生态是对"家庭教育是基础教育综合改革的基石和秘密武器"的最好注解。

家庭教育的持续推进，直接受益者是家庭和孩子。2019年，在2005年家庭教育"学生成长中社会关注问题"大型调查研究基础之上，我们又面向全市学生家长开展了一项类似的调研，这既是对我们过往工作成效的一次检验，也是对我们下一阶段工作方向的一次探索。

调研结果是喜人的。调研结果显示，36.96%的家长最关注孩子的心理健康和综合素养问题，35.60%的家长最关注孩子的学习成绩问题。相比于2005年的调研结果，家长对孩子学习成绩的关注率从70.20%降至35.60%，对孩子心理健康和综合素养的关注率从11.28%升至36.96%，家长对孩子学习成绩过分关注的现象有所改变。这一变化既体现了家长对家庭教育认知水平的大幅提升和关注内容的诸多改变，也是对我们过往工作成果的广泛认可。

进入新时代，我们发现现在的家长更希望自己的孩子成长、成人、成才，但是在养育孩子的过程中依然充满了焦虑和新的困惑。在家长的眼中，关于孩子的各类问题频出，"人身安全、学习成绩、行为习惯、心理健康、身体状况、沉迷网络、青春期叛逆、亲子沟通、家庭环境建设"等成了焦点问题，于是到处"求医问药"。但是多数家长只看到了孩子的问题，却看不到孩子的行为和自己教养方式之间的联系，看不清孩子相似表现的背后隐藏着的不同的家庭教育理念和教育方法。如何帮助家长找到适合自己的教育方式，通过改变自己来改变孩子的不良行为，让孩子对生活、对家庭、对学习、对改变有信心？2021年，我们聚焦家庭教育的现状，关注家长关注的焦点，组织家庭教育专家与部分县市区家庭教育负责人、学校（幼儿园）家庭教育总协调员和骨干教师一起重新审视家庭教育丛书《亲子共成长》中所筛选的问题，对原有话题、案例和亲子自测量表进行了修订、删减和增补，再版了这套图书。

"至今东鲁遗风在，十万人家尽读书。"2022年，是我们"亲子共成长"工程20周年的大庆，我们期待这套书在为我们20周年献礼的同时，也能够为广大读者提供更多的教育反思，带来更多的教育启迪，并最终为孩子的成长之路带去更多的美好和喜悦。

杜全平
2022年2月

总 序

"向所有有幸为人父母的男人和女人们致意!"

这是著名教育家詹姆士·杜布森发自内心的慨叹。在他看来,人的一生中,再也没有什么比"把一个新生命带到这个世界上来,在长达18年的时间里把他们抚养成人"这一任务更伟大的了。把这一任务完成好,需要我们的聪明与智慧、决心和勇气以及长年累月的付出。

这话说得多好啊,这让我们这些有幸为人父母者,感觉到了一种无上的荣幸以及那份大大的责任。

时代在发展,望子成龙、望女成凤,已经成为当今社会为人父母者心中一个越来越大、越来越沉重的结。毋庸置疑,每位家长都想教育好自己的孩子,但实际情况是,并非每一位家长都会教育孩子。一项由北京教育科学研究院完成的调查研究表明,70%的家庭教育存在误区,许多家长不懂家教。研究发现,按照教育孩子的方式不同,家长可以分为三种:第一种是继承"传统"的,我的父母怎样教育我,我就怎样教育我的孩子;第二种是随意的,按自己的脾气来,随心所欲,意识不到对孩子的教育要讲究方式方法;第三种是注意学习、思考和总结,讲究方式方法的,这类家长只占被调查对象的30%。

在孩子的成长过程中,究竟哪些问题是为人父母者最为关注的?在家庭教育中,针对不同年龄阶段的孩子会面临哪些教育难题?家长怎样去全面认识不同年龄阶段的孩子的生理、心理特点,并找到最合适的教育方法?

从2005年2月开始,潍坊市教育局开展了一次针对学生成长过程中社会关注问题的大型调查。从全市共选取近百所不同类别的学校,分幼儿园、小学低年级、小学中年级、小学高年级和初中五个年级段征集家长、教师、学生共同关注的问题,然后分别筛选出100个被高度关注的问题进行二次调查,又分别从中找出了30个家长、教师、学生最为关注的问题。参与此次调查的师生和家长达2万多人。

根据梳理出来的一些问题,潍坊市教育局又进行了大规模的成功案例征集活动,为一些具体的家庭教育难题寻找突破口。为了让这次调研的结果为广大家长服务,潍坊市教育局又组织了专家学者对问题和案例进行点评,并补充了大量实用性信息,形成了这套家庭教育系列丛书——《亲子共成长·学前篇》《亲子共成长·小学低年级篇》《亲子共成长·小学中年级篇》《亲子共成长·小学高年级篇》《亲子共成长·初中篇》。

本书总体上有五大特点:一是针对性强。本书是先从调查中找出家长最关心的问题,然后征集教育案例的,因此对家庭教育有很强的针对性。二是既具有地域性,又具有普遍性。家庭教育案例是潍坊家庭的教育案例,反映了潍坊市家庭教育的现状;同时还围绕学生成长中部分突出问题,优选了一部分专家咨询案例,具有很强的指导意义。三是具有新颖性。在研究上从学生成长的年龄段特点入手,有针对性地结集案例并分册成书,这在国内尚不多见。四是具有指导性。本丛书编入了潍坊市教育局组织的《中小学生成长过程中社会关注问题调查报告》,这是潍坊市教育局2005年该项调查研究成果的首次正式发表,对于基础教育改革有很强的指导意义。书中还收录了部分亲子自测量表,让家长和学生了解自己、理解他人,用科学的方法找出家庭教育中存在的问题,从而让孩子们在科学的指导下健康成长。这些问卷均是经过科学论证的,有利于普及科学测量,防止家长和学生受到社会上流行的一些不科学测量的误导,增强了该书的实用性。

五是适用性强。本书对不同阶段学生成长中的问题作了全面分析与指导，因此不仅对家长，而且对广大教师及相关教育工作者，都有很好的指导帮助作用。

教育是一门艺术，掌握这门艺术需要付出智慧与热情，也注定需要付出艰苦的学习、思考和不懈的观察、实践。现在的孩子，生活在物质丰富，大众文化流行，信息技术和电子媒体的发展日新月异的时代。迅速的社会变迁和转型期的矛盾困惑，无不反映在家庭教育之中，并对成长中的一代产生复杂的影响，也不可避免地对我们的家庭教育提出了挑战。作为人之父母，如果还是单凭传统的经验、感觉和意气行事，那就不可能教育好孩子。一个优秀的孩子身后，常常站着同样优秀的父母。父母有了智慧，教育就会事半功倍，这是孩子的希望，也是民族的希望。德国教育家福禄贝尔说过，国民的命运，与其说是操纵在掌权者手中，倒不如说是掌握在母亲手中。

愿这套家庭教育丛书能为广大家长提供些许帮助，使每一位阅读此书的家长都成为明智的家长。这也是2万多名参与此次调研活动的家长、教师和教育研究者最美好的心愿。

张国华
2005年12月

目 录

第一编　幼儿身心发展特点

一、幼儿生理的特点及教育 / 2

（一）幼儿运动系统的特点及教育 / 2

（二）幼儿循环系统的特点及教育 / 3

（三）幼儿呼吸系统的特点及教育 / 3

（四）幼儿消化系统的特点及教育 / 4

（五）幼儿泌尿系统的特点及教育 / 5

（六）幼儿神经系统的特点及教育 / 6

二、幼儿心理发展的特点及培养 / 6

（一）幼儿认知发展的特点及培养 / 6

（二）幼儿情绪、情感发展的特点及培养 / 14

（三）幼儿意志发展的特点及培养 / 17

（四）幼儿自我意识发展的特点及培养 / 18

（五）幼儿性格发展的特点及培养 / 19

（六）幼儿气质发展的特点与培养 / 20

第二编　幼儿家庭教育案例

一、孩子厌食挑食怎么办 / 24

[案例一] 变着花样吃鸡蛋 / 24
　　[案例二] 让孩子意识到偏食的危害 / 25
　　[案例三] 别强迫孩子进食 / 26
　　[案例四] 创设轻松的吃饭气氛 / 26

二、孩子不适应幼儿园怎么办 / 28
　　[案例一] 说"不"之后 / 28
　　[案例二] 用心呵护　静待花开 / 30
　　[案例三] 两只蜗牛在散步 / 31

三、如何培养孩子开朗大方的性格 / 34
　　[案例一] 为孩子提供交往的机会 / 34
　　[案例二] 引导孩子迈出交往的脚步 / 35
　　[案例三] 家长注意精神投资 / 36
　　[案例四] 聪明的妈妈 / 37
　　[案例五] 帮助孩子克服胆怯 / 38

四、如何培养孩子有爱心 / 40
　　[案例一] 身教重于言教 / 40
　　[案例二] 爱是相互的 / 41
　　[案例三] 让孩子了解爱的含义 / 42
　　[案例四] 在生活中培养孩子的爱心 / 43

五、如何培养孩子的阅读兴趣 / 45
　　[案例一] "阅"见幸福　让爱流动 / 45
　　[案例二] 阅读点亮孩子的童年 / 47
　　[案例三] 阅读丰厚孩子的生命底蕴 / 48

六、怎样培养幼儿的自信心 / 50
　　[案例一] 善于鼓励和倾听 / 51
　　[案例二] 让孩子自己走 / 51

　　　　[案例三] 赏识的力量 / 53
　　　　[案例四] 造就孩子的成就感 / 54

七、怎样发掘孩子的潜能 / 56
　　　　[案例一] 引发孩子的求知欲 / 56
　　　　[案例二] 让孩子大胆想象 / 57
　　　　[案例三] 分享孩子的成果 / 59
　　　　[案例四] 科学带娃发掘闪光点 / 59

八、怎样培养孩子的学习兴趣 / 62
　　　　[案例一] 发现和抓住孩子的兴趣点 / 62
　　　　[案例二] 在游戏中学习 / 64
　　　　[案例三] 下棋的启示 / 65
　　　　[案例四] 培养兴趣从"心"开始 / 66

九、孩子缺乏责任感怎么办 / 67
　　　　[案例一] 利用榜样与环境的作用 / 68
　　　　[案例二] 做个有责任心的妈妈 / 69
　　　　[案例三] 把握教育契机 / 70
　　　　[案例四] 激发内驱力　树立责任感 / 70

十、怎样使孩子有一个健康的体魄 / 72
　　　　[案例一] 孩子爱吃饭了 / 72
　　　　[案例二] 帮孩子改掉不良习惯 / 73
　　　　[案例三] 宝宝成了营养专家 / 75

十一、如何尊重孩子的秩序感 / 76
　　　　[案例一] 母子俩的"强迫症" / 77
　　　　[案例二] 好习惯　从放手开始 / 78
　　　　[案例三] 家有"乖乖女" / 80
　　　　[案例四] 尊重秩序　助力成长 / 81

十二、如何培养孩子的自尊心 / 83

  [案例一] 小奖励　魅力大 / 83

  [案例二] 与孩子平等对话 / 85

  [案例三] 让"心罚"远离孩子 / 86

  [案例四] "给我点面子" / 87

十三、孩子撒谎怎么办 / 89

  [案例一] 适当满足孩子的愿望 / 89

  [案例二] 与诚实的孩子交往 / 90

  [案例三] 女儿的"美丽谎言" / 91

  [案例四] 如何纠正孩子说谎 / 92

十四、孩子过分依恋父母怎么办 / 94

  [案例一] 爸爸我自己来 / 95

  [案例二] 育儿路上　与老师同行 / 96

  [案例三] 认同情绪　助成长 / 98

  [案例四] 学会放手才是爱 / 99

十五、如何保护孩子的视力 / 101

  [案例一] 和近视作斗争 / 101

  [案例二] 引导孩子少看电视 / 103

  [案例三] 预防近视有妙招 / 103

十六、如何教育孩子关心帮助别人 / 105

  [案例一] 让孩子捧出真诚的心 / 106

  [案例二] 晓之以理动之以情 / 107

  [案例三] 抓住时机爱心教育 / 108

  [案例四] 强强的朋友多了 / 109

十七、孩子逆反心理严重怎么办 / 110

  [案例一] 敲响孩子的生物钟 / 110

[案例二] 变着花样教孩子 / 111

[案例三] 孩子变得听话了 / 112

十八、孩子做事磨蹭怎么办 / 115

[案例一] 让孩子亲身体会 / 115

[案例二] 用好鼓励的武器 / 115

[案例三] 克服孩子磨蹭的四大"法宝" / 116

[案例四] 让孩子在体验中成长 / 118

十九、孩子胆小怎么办 / 119

[案例一] 在与人交往中锻炼胆量 / 119

[案例二] 抬起头大点声 / 120

[案例三] 循序渐进 克服胆小 / 121

[案例四] 从分床开始 / 122

二十、如何培养孩子的观察能力 / 124

[案例一] 培养观察力的三条渠道 / 124

[案例二] 让孩子眼中的世界更精彩 / 126

[案例三] 让孩子具备敏锐的观察力 / 127

[案例四] 随机观察养成欣赏的习惯 / 128

二十一、孩子沉溺电子产品怎么办 / 129

[案例一] 沉迷电子莫着急 健康陪伴我做起 / 129

[案例二] 妈妈,我要看手机 / 131

[案例三] 和孩子一起管理电子产品 / 132

[案例四] 约法三章 / 134

二十二、孩子注意力不集中怎么办 / 136

[案例一] 适度引导很重要 / 136

[案例二] 创设环境 集中注意 / 137

[案例三] 不要随意"打断"孩子的活动 / 138

　　　　［案例四］讲故事培养安静习惯 / 138

　　　　［案例五］用正确的心态帮助孩子克服多动 / 139

二十三、如何帮助孩子养成运动的习惯 / 141

　　　　［案例一］剑山游记 / 142

　　　　［案例二］运动习惯养成记 / 143

　　　　［案例三］增强孩子体质　从运动开始 / 145

二十四、孩子任性怎么办 / 147

　　　　［案例一］"冷落"是处理任性的好办法 / 147

　　　　［案例二］教育孩子要一致 / 149

　　　　［案例三］转移孩子注意力 / 150

　　　　［案例四］孩子任性　我们有对策 / 151

二十五、孩子爱打人怎么办 / 155

　　　　［案例一］不能纵容孩子"赚便宜" / 155

　　　　［案例二］父母是最好的榜样 / 156

　　　　［案例三］专家的建议 / 156

　　　　［案例四］打人的孩子　更需要关心 / 157

二十六、家长怎样和幼儿园相互配合 / 159

　　　　［案例一］家园携手　从心开始 / 159

　　　　［案例二］注意技巧　主动沟通 / 161

　　　　［案例三］寻找共同的教育目标 / 162

　　　　［案例四］家长主动参与　孩子健康成长 / 163

二十七、如何养成孩子认真吃饭的习惯 / 164

　　　　［案例一］和孩子比赛吃饭 / 164

　　　　［案例二］善意的"惩罚" / 165

　　　　［案例三］进餐"经验" / 166

　　　　［案例四］对女儿的两次"修理" / 167

二十八、孩子不敢与同伴交往怎么办 / 170

 [案例一] 静下来就会"花开" / 170

 [案例二] 从"打招呼"开始 / 171

 [案例三] 陪伴引导　让孩子更好地成长 / 173

 [案例四] 用心守护　静待花开 / 174

二十九、孩子自私怎么办 / 176

 [案例一] 帮孩子走出自我中心 / 177

 [案例二] "五步"好招　克服自私 / 178

 [案例三] 让"孩子"扮演"妈妈" / 179

三十、孩子过分好强不接受批评怎么办 / 180

 [案例一] 从不服管教到好好说话 / 180

 [案例二] 听不进批评的二宝 / 181

 [案例三] 当个性遇上规矩 / 183

 [案例四] 如何让孩子正视别人的评价 / 184

第三编　亲子游戏

一、游戏的意义 / 188

二、游戏的类型 / 190

 (一) 培养探究能力的游戏 / 190

 (二) 激发孩子求知欲的游戏 / 191

 (三) 激发孩子创造力的游戏 / 195

 (四) 促进孩子社会化的"角色游戏" / 199

 (五) 激发孩子想象力的"结构游戏" / 201

 (六) 促进孩子智力发展的"智力游戏" / 203

 (七) 培养小小管理者的"归类、分类游戏" / 207

 (八) 增强孩子体质的"体育游戏" / 208

　　　　（九）锻炼孩子反应力的"徒手游戏" / 210
　　　　（十）其他各种有利于孩子发展的游戏 / 212
　　三、游戏对名人的影响 / 215

第四编　亲子自测量表
　　一、幼儿自尊心的评价 / 220
　　　　（一）为什么要评价幼儿的自尊心 / 220
　　　　（二）自尊心评价量表 / 221
　　二、幼儿责任感的评价 / 223
　　　　（一）为什么要评价幼儿的责任感 / 223
　　　　（二）幼儿责任感评价量表 / 223
　　三、幼儿主动性的评价 / 225
　　　　（一）为什么要评价幼儿的主动性 / 225
　　　　（二）幼儿的主动性评价量表 / 226
　　四、幼儿自信心的评价 / 227
　　　　（一）为什么要评价幼儿的自信心 / 227
　　　　（二）幼儿的自信心评价量表 / 228
　　五、幼儿独立性的评价 / 229
　　　　（一）为什么要评价幼儿的独立性 / 229
　　　　（二）幼儿的独立性评价量表 / 229
　　六、幼儿坚持性的评价 / 231
　　　　（一）为什么要评价幼儿的坚持性 / 231
　　　　（二）幼儿的坚持性评价量表 / 231
　　七、幼儿好胜心的评价 / 232
　　　　（一）为什么要评价幼儿的好胜心 / 232
　　　　（二）幼儿的好胜心评价量表 / 233

八、幼儿表达与控制情绪的评价 / 235

  (一) 为什么要评价幼儿对情绪的表达与控制 / 235

  (二) 幼儿表达与控制情绪的评价量表 / 235

九、幼儿同情心的评价 / 236

  (一) 为什么要评价幼儿的同情心 / 236

  (二) 幼儿同情心的评价量表 / 237

十、幼儿好奇心和兴趣评价 / 239

  (一) 为什么要评价幼儿的好奇心与兴趣 / 239

  (二) 幼儿好奇心和兴趣测评量表 / 240

给家长的十六条建议 / 242

后　记 / 247

第一编 幼儿身心发展特点

幼儿期也称学龄前期，在我国该阶段的孩子大多为3~6岁。作为家长，你注意观察过你的孩子这一阶段的身心状况和特点吗？你掌握这一阶段孩子的身心发展的科学规律吗？本编主要从生理和心理两方面介绍了幼儿期儿童的发展特点及其教育措施。生理发展特点及教育措施方面，包括幼儿运动系统、循环系统、呼吸系统、消化系统、泌尿系统、神经系统的特点及教育；心理发展特点及教育措施方面，包括幼儿认知、情绪情感、意志、自我意识、性格、气质等发展特点及教育。相信这些内容对您正确地了解孩子，科学地教育孩子，促进孩子的健康成长定会大有裨益。

一、幼儿生理的特点及教育

（一）幼儿运动系统的特点及教育

幼儿的骨骼生长迅速，需要钙、磷、维生素D、蛋白质等营养素，应多摄取富含这类营养素的食品，如小虾皮、蛋黄、牛奶、鱼肝油、动物肝脏、豆制品等，以促进骨骼的钙化。充足的阳光和适当的运动也是骨骼发育的重要条件。幼儿的骨骼与成人相比有机物多而无机盐少，所以骨骼弹性大，可塑性强，容易变形。因此，要注意从小培养孩子坐、立、行等身体的正确姿势，培养幼儿坐有坐相，站有站相的好习惯，从而保护脊柱，预防驼背和脊柱侧弯。

掌骨和指骨在 9~11 岁时骨化才完成，此前幼儿腕部力量不足，所以做运用手的精细动作，时间不宜过长。足弓的弹性不仅可以缓冲行走对身体所产生的震荡，还可以保护足底的血管和神经免受压迫。足弓主要靠韧带的强度和足底肌肉的力量维持，如果幼儿过于肥胖，走路、站立时间过长，负重过度，运动量过大，会使脚底肌肉过于松弛；如果幼儿缺乏运动，脚底的肌肉韧带得不到锻炼会不结实。以上情况都会引起足弓塌陷，形成扁平足。轻度扁平足感觉不明显，重者在跑、跳或行走时，会感到足底麻木或疼痛。因此幼儿要有适度的锻炼。另外合脚的鞋不仅穿着舒服，还有利于脚弓的发育。

由于幼儿的关节窝较浅，关节附近的韧带较松，肌肉纤维比较细长，所以关节的伸展性好，活动范围比成人大，尤其是肩关节、脊柱和髋关节的灵活性与柔韧性显著地超过成人。但幼儿的关节牢固性较差，如果成人在领着幼儿上楼梯、过马路或给他们穿脱衣服时用力过猛、牵拉过度，容易引起脱臼。幼儿大肌肉发育早，小肌肉发育晚，肌肉的力量和能量的储备不如成人，运动时容易疲劳，但新陈代谢旺盛，疲劳后肌肉功能的恢复也较快。

（二）幼儿循环系统的特点及教育

幼儿血量相比成人多，年龄越小，血量占比越大。因此要供给充足的营养，多进食含铁和蛋白质丰富的食物，如瘦肉、黄豆、芝麻酱、动物肝等，以利于血红蛋白的合成，预防贫血。

幼儿心肌薄弱，心腔小，血压低，心跳要比成人快。幼儿心肌纤维细，弹性纤维少，所以幼儿心室壁较薄，心脏的收缩力差，每搏输出率小，负荷量较差，因此幼儿不宜做时间较长或剧烈的活动，要做到动静交替，劳逸结合。同时，活动前应做热身运动，结束时应做整理运动，尤其在剧烈运动时不应立即停止。因为活动时，心排血量剧增，运动突然停止，会影响肌肉血液流回心脏，此时，心排血量减少，血压降低，由于重力影响，血液不容易到达头部，容易造成暂时性脑缺血，表现为头昏、恶心、呕吐、面色苍白、心慌，甚至晕倒等症状。运动后大量出汗，失水和盐较多，但不宜马上喝大量白开水，因为大量的水分不仅会影响横膈膜的运动，还会增加心脏的负担，所以最好喝少量淡盐水。六七岁后弹性纤维开始分布到心肌壁，增强了心脏的收缩功能和心脏的弹性。幼儿的血浆含水分较多，含凝血物质较少，因此幼儿出血时血液凝固较慢，需 4～6 分钟凝固。幼儿红细胞的数目和血红蛋白量不稳定，随年龄增长会稍有变动。幼儿白细胞中中性粒细胞比例较少，导致机体抵抗力相对较差。

（三）幼儿呼吸系统的特点及教育

幼儿呼吸量少，频率快，呼吸不均匀。气管、支气管因发育不完善，易感染而发炎肿胀，引起呼吸困难。幼儿的鼻子和鼻腔相对较小，鼻腔狭窄，过滤空气的能力差，易受感染，造成鼻腔闭塞而张口呼吸，所以日常生活中要注意培养幼儿用鼻子呼吸的习惯。教会幼儿用正确的方法擤鼻涕，恰当处理打喷嚏、咳嗽等生理现象。不要让幼儿蒙头睡觉，不要让幼儿用手挖鼻孔等。

幼儿耳咽管较宽、短，且平直。上呼吸道感染时，易并发中耳炎。幼儿喉腔狭窄，由于神经系统功能发育不完善，喉部保护性反射功能差，异物容易进入气管，所以不要让幼儿玩纽扣、硬币、玻璃球、豆粒等物品。要教育孩子不准把这些物品放进口鼻内，吃饭、喝水时不要哭笑打闹。

幼儿声门短窄，声带短而薄，音域窄，声带的弹性纤维及喉部肌肉发育尚未完善，声门肌肉容易疲劳。发炎、高声哭喊或唱歌时，声带则充血水肿，变厚，出现声音嘶哑。所以要注意保护幼儿的嗓子。当咽部有炎症时，应减少发音直到完全恢复。要避免幼儿大声喊叫或唱歌，更不能唱成人歌曲，唱歌的场所空气要新鲜，湿度或温度要适宜，不能在冷空气中喊叫或唱歌。

（四）幼儿消化系统的特点及教育

幼儿的消化系统尚未发育完善。肠的蠕动功能比成人弱，容易发生肠道功能紊乱。再加上幼儿小肠内各种消化液的质量差，所以幼儿的消化功能较差。

幼儿的牙齿易患龋齿。乳牙不仅是咀嚼的工具，而且对促进颌骨的发育和恒牙的正常生长很重要。乳牙要使用 6～10 年，应采取切实有效的措施保护乳牙。要教育幼儿进食后及时用温水漱口，清除掉口腔里的食物残渣。3 岁后应逐渐学会正确刷牙，早晚各一次，晚上刷牙尤其重要。牙刷刷毛要柔软，用前可用热水浸泡一会儿，最好使用 2～3 个月更换一次。使用含少量氟的牙膏，因为氟可与珐琅质结合形成一层保护膜，从而防止对牙齿的腐蚀。但不可使用含氟过多的牙膏，因为过多的氟可使牙齿表面形成斑点。另外每次使用牙膏的量要少，以免幼儿吞咽。因为刷牙时常常有一些死角刷不到，所以有条件者最好每半年去医院清洗牙齿。不吃过冷过热的食物，不用牙齿咬坚硬的东西如铅笔、指甲等，以免牙釉质脱落或产生裂缝，从而损伤牙齿。出牙时不用舌头舔牙，以免牙齿外翘导致乳牙过早缺失。如果乳牙过早缺失，邻近的乳牙将向空隙倾斜；或乳牙未及时脱落，会导致恒牙不能从正常位置萌出，从而使恒牙排列不齐。

幼儿的消化能力较弱，所以应培养幼儿细嚼慢咽、定时定量、少吃零食、不偏食等良好饮食习惯。同时，还应避免进食时说说笑笑，以防食物呛入气管。细嚼慢咽不仅有助于食物的消化与吸收，还可以促进幼儿面部肌肉的正常发育，避免食管受到损伤、胃负担加重及阑尾炎的发生，同时还可以预防肥胖症。定时定量的饮食不仅能保证摄取适量的营养物质，同时能大大减少胃肠疾病的发生。幼儿平时应少吃零食，饭前半小时不吃零食。偏食容易导致幼儿体内缺少一些营养成分，如缺钙、锌、铁等，影响其生长发育。饭前饭后不做剧烈运动。剧烈运动时，交感神经的兴奋性增强，大部分血液涌向运动器官，从而使消化器官的血液量减少、功能减弱。尤其是饭后胃肠充满食物，剧烈活动将牵拉胃肠系膜，易导致胃下垂等疾病的发生。另外，平时应经常组织幼儿参加户外活动，多吃蔬菜、水果，多喝开水，以防便秘。

（五）幼儿泌尿系统的特点及教育

幼儿肾脏的重量相对地大于成人。幼儿肾盂和输尿管相对比成人宽，管壁肌肉和弹力组织发育不全，紧张度较低，弯曲度大，因此容易出现尿流不畅，引起尿路感染。尿量多，膀胱小，储尿功能差。所以年龄越小，每天排尿次数越多。就整体而言，幼儿的肾功能较差。所以，每天应让幼儿饮适量的开水，使体内的代谢物及时随尿液排出体外。另外，充足的尿液对尿道有清洗作用，可以减少感染。不要让幼儿憋尿，憋尿会使膀胱失去正常功能而发生排尿困难，并易造成感染。因幼儿尿道较短，而且女孩的尿道开口接近肛门，不注意保持外阴部的清洁就容易发生尿道感染而引起炎症；并且感染后，细菌可以经尿道上行到膀胱、输尿管、肾脏，引起膀胱炎、肾盂肾炎等，所以要注意会阴部的清洁卫生，预防尿路感染。每晚睡前应给幼儿清洗外阴部，不要让幼儿坐在地上和穿开裆裤，特别是女孩。教会幼儿便后擦屁股的方法，即从前往后擦。幼儿的便盆要经常冲洗，定期消毒。注意及时制止幼儿玩弄生殖器。

(六) 幼儿神经系统的特点及教育

幼儿神经系统的发育正处在迅速发展时期，尤其是大脑皮质的发育十分迅速，脑重量增长快，幼儿 3 岁左右大脑皮质细胞体积不断增大，8 岁时大脑皮质的发育基本接近成人。幼儿兴奋过程强于抑制过程，兴奋占优势，所以容易激动，控制自己的能力较差。充足的睡眠能使神经系统、感觉器官和肌肉得到充分的休息，同时，睡眠时脑组织能量消耗减少，脑垂体分泌的生长素可以促进机体生长。幼儿对缺氧的耐受力不如成人，如果居室空气污浊，脑细胞受害首当其冲。所以幼儿用房一定要及时通风，保证幼儿脑力活动对氧气的需要。营养是脑进行生理活动和生长发育的基础，饮食中要供给丰富的优质蛋白质、磷脂、维生素和无机盐等营养物质。适当的体育锻炼可以加强神经系统的调控能力，使大脑皮质的活动更迅速、更准确、更灵活。在从事各项锻炼活动时，各器官系统的生理活动密切结合，以适应机体的需要，这样就促进神经系统进一步完善，加强了对机体调节控制的能力。

二、幼儿心理发展的特点及培养

（一）幼儿认知发展的特点及培养

1. 幼儿感知觉发展的特点及培养

幼儿各种感知觉都在迅速地发展，不断地完善，但感知觉的发展是不均衡的。其中，最主要的是视觉、听觉和触摸觉，比较复杂的空间知觉和时间知觉也在逐步发展。

有人认为幼儿年龄越小视力越好，其实不然。幼儿前期到幼儿晚期，幼儿的视觉敏锐度由低到高发展着，但发展速度不均衡。5～6 岁与 6～7 岁的幼儿视觉敏锐度的水平比较接近，而 4～5 岁与 5～6 岁幼儿的视觉敏锐度的水平相差较大。因此为幼儿准备的读物教具，年龄越小，字、画应该越大。通过有兴趣的活动，可以提高幼儿的视觉敏锐度。幼儿初期可以平均提高15%～20%，幼儿晚期可以提高30%。幼儿的颜色视觉有个别差异，也有性别差异。一般来说，女孩的辨色能力比男孩强。幼儿初期，能正确辨别红、黄、蓝、绿等颜色，但在辨别一些混合色或近似色的时候，常常会发生错误。幼儿中期，已能正确区分基本色与近似色，如黄色与淡棕色等，能够经常地说出基本色的名称。幼儿晚期，不仅能认识颜色，画画时还能调出各种颜色，并能说出各种颜色名称。颜色视觉能力通过适当的训练可大幅度提高。必须从幼儿期就开始注意用眼卫生，培养孩子良好的用眼习惯：包括要保证孩子看书、画画时有充分的照明，有正确的看书和握笔姿势，两眼离桌面或书有足够的距离，不要长时间地看电视以及其它电子产品，给孩子看的书、图画和教具，字体和形象应该较大而清晰。经常检查幼儿的视力，发现视力减退的，应及时治疗等等。

幼儿听觉感受性有的很高，有的很低，个别差异很大。它不是自然发展起来的，一般是随着年龄的增长而提高。幼儿期通过音乐、语言、游戏等活动都能促进幼儿听觉感受性的发展。幼儿通过听觉，不仅辨别周围事物发出的各种声音，从而认识周围事物，而且也辨认周围人们所发出的语音，进而了解意义，促进言语发展。听觉的发展对幼儿智力发展具有重要意义。必须保护幼儿的听力：防止幼儿因感冒等疾病引起中耳炎影响听力；不要让幼儿置身于嘈杂的环境，以免在强烈噪音的持续刺激下，幼儿的内耳听觉器官发生病变，产生噪声性耳聋；教育幼儿不要经常挖耳，挖耳可能引起外耳道感染，容易划破鼓膜，这样不仅引起剧痛，还可能造成听觉障碍，甚至会引起脑部的炎症。在正常情况下，耵聍会随着运动、侧身睡、打喷嚏等掉出来。若发生耵聍栓塞，可请医师取出。要及时发现那些有听力障碍的孩子，例如"重听"现象。"重听"现象就是有些幼儿对别人的话听得不清楚、不完全，但他们常常能根据说话者的面部表情、嘴唇动作以及当时说话的情境，猜到说话的内容。对于"重听"现象人们往往容易疏忽，但"重听"对幼儿听觉、言语及智力的发展都有危害，家长应当加以重视。要对幼儿经常进行听力检查，及时发现幼儿的听力缺陷，同时加强听力训练注意预防。触摸觉是运动觉和皮肤觉的结合，触摸觉的感受性在幼儿期随着年龄的增长而提高。

空间知觉是由视觉、听觉、触觉和动觉联合活动整合而成的复杂知觉，是物体的形状、大小、远近、方位等空间特性在人脑中的反映。幼儿的形状知觉发展很快，幼儿辨认形状时配对最容易，指认次之，命名最难。幼儿掌握八种形状自易到难的次序是：圆形、正方形、三角形、长方形、半圆形、梯形、菱形和平行四边形。在教幼儿辨认图形的同时，要教会他们掌握各种形状的正确名称，这样有利于幼儿形状知觉的发展。4岁是图形知觉的敏感期，因而这个年龄是学习识字的最佳年龄。因为文字也是一种图形，是一种特殊的有规则的图形。幼儿的大小知觉能力随年龄增长而提高。幼儿判别能力的发展和教育条件密切相关，可通过日常生活和游戏，特别是搭积木等活动培养促进。

方位知觉是个体对自身或物体所处位置和方向的反映，如对上下、前后、左右等的知觉。幼儿3岁能辨别上下方位；4岁能辨别前后方位，对于辨别左右方位还感到困难；5~6岁虽然能正确地辨别上、下、前、后方位，但以自身为中心辨别左右方位时仍有困难。许多研究认为，左右方位的相对性要到七八岁时方能掌握。

幼儿对他们熟悉的物体或场地可以区分出远近。对于比较遥远的空间距离则不能正确认识。对于透视原理还不能正确掌握，不熟悉"近物大，远物小""近物清晰，远物模糊"等感知距离的视觉信号。所以，他们画出的物体也是远近大小不分。

幼儿初期已有一些初步的时间概念，但往往和他们具体的生活活动相联系。如他们理解的"早晨"，就是指起床的时候，"下午"就是指妈妈来接他的时候。他们对于一些带有相对性的时间概念则难以掌握。幼儿中期可以正确理解"昨天""今天""明天"等一些时间观念,也能运用"早晨""晚上"等词。幼儿晚期可以辨别"昨天""今天""明天"等一些时间观念,也开始辨别"大前天""前天""后天""大后天",分清上午、下午,知道今天是星期几,知道春夏秋冬。但对更短的或更远的时间观念就难以分清。幼儿对时间单位不能正确理解。6岁幼儿还不能真正了解"一分钟""一小时""一个月"的意义。

2.幼儿记忆发展的特点及培养

(1)幼儿记忆发展的特点

幼儿随着生活经验的丰富,口头言语的发展,以及神经系统特别是颞叶的成熟,他们的记忆较之幼儿前期的记忆在量上和质上都有了发展。

无意记忆占优势,有意记忆开始出现并逐步发展。幼儿记忆带有很大的无意性。直观、形象、具体、鲜明、活动着的事物,容易引起他们的识记。幼儿感兴趣的、能激起强烈的情绪体验的,能满足幼儿的个体需要的事物以及幼儿活动的对象等易被识记。随着言语调节机能的增强和有意记忆的训练,中、大班幼儿逐步领会了成人向他们提出的各项识记要求,有意记忆有了明显的发展。大班幼儿不仅能努力记住和再现所要求记住的材料,还能运用一些最简单的记忆方法加强自己的记忆。

机械识记多于意义识记。幼儿知识经验贫乏,分析、综合和理解力差,他们常常根据事物的一些外部特征和联系,机械地进行识记。特别是小班儿童,表现得尤为突出。但4岁以后的幼儿在记忆过程中能对识记的材料进行意义识记,并且随着生活经验的增加和思维能力的提高,意义识记在记忆中所占的比例也逐渐增高。

记忆的精确性较差。幼儿对复杂的材料不善于做精确分析,识记时不求甚解,回忆错误率高,易受暗示,记忆精确性较差,这种现象年龄越小越严重,并且往往把主观臆想的事物或成人猜测的事情当作自己亲身经历过的事情来回忆,这种现象常被成人误认为儿童在说谎。

（2）幼儿记忆的培养

幼儿的记忆效果受记忆材料的影响。为幼儿提供他们感兴趣的、形象鲜明具体的，并富有情绪色彩的事物，容易被幼儿记住。经常向幼儿提出具体、明确的识记任务，对识记结果给予正确评价，可激起幼儿有意识记的积极性。通过游戏培养幼儿有意识记的效果很好。这是因为幼儿知道，如果不记住有关的内容，就不能扮演相应的角色，自己所喜欢玩的游戏就无法进行，因此幼儿会有意识地、努力地进行记忆活动。家长应帮助幼儿理解识记的材料，提高幼儿意义识记的水平和认识能力；要指导幼儿在记忆过程中，积极进行思维活动，逐渐学会从事物的内部联系上去识记材料。即使是识记无意义的材料，也要尽可能引导幼儿注意它们意义上的联系，如"1"像小棍子，"2"像小鸭子，"3"像小耳朵等等，这样幼儿识记就很容易，不仅效果好，也有助于幼儿意义识记和认识能力的发展。识记时如果多种感官参与活动，幼儿的印象就会深刻，记忆的事物精确而牢固。幼儿的记忆往往是记得快，忘得也快，不易持久。因此，合理的复习巩固是提高幼儿记忆效果的重要措施。

3. 幼儿思维发展的特点及培养

（1）幼儿思维发展的特点

幼儿思维通常表现出三种不同思维方式的萌芽，即直觉行动思维、具体形象思维和抽象逻辑思维。

直觉行动思维，就是以直观的方式进行的思维。这种思维的进行离不开儿童自身对物体的直接感知，也离不开儿童自身的实际动作。儿童在进行这种思维时，只能反映自己动作所能触及的具体事物，依靠动作思考，因而不能离开动作。在动作之外思考，他们便不能计划自己的动作，不能预见动作的效果。直觉行动思维在2～3岁儿童身上表现得最为突出，并可延续到幼儿前期，在3～4岁儿童身上也常有表现。这个时期儿童的思维仍然有很大的直觉行动性，离开了一定的直观事物感知，离开了一定的行动，他们的思维也就会随之停止或转移，他们很容易受到外界因素的干扰而"见异思迁"。直觉行动思维使儿童能对事物作出一定程度的概括，在刺激物的复杂关系和反应动作之间形成联系。这种思维的发展，就主体来讲，使儿童的动作协调起来，为今后思维的发展打下基础；就客体来讲，使客体之间的相互作用逐渐协调起来，便于把客体从时间和空间上组织起来，作为将来提示事物之间复杂关系的起点。这一阶段的思维对思维的进一步发展具有重要的价值。2.5～3岁是儿童从直觉行动思维向具体形象思维转化的关键年龄。

具体形象思维，是指凭借事物的具体形象或表象，以及对其的联想来进行的，不是凭借概念、判断和推理进行的思维。具体形象思维主要表现在幼儿期。随着幼儿活动的发展，表象在解决问题中所占的地位越来越突出，在思维中表象所占的成分也越来越大，思维的具体形象性就是这样在直觉行动中孕育起来并逐渐分化，以至成为幼儿期思维的主要方式。

抽象逻辑思维，是指使用概念、判断、推理等思维形式进行的思维，通过抽象逻辑思维可以认识事物的本质特性以及事物内部的必然联系。幼儿期，特别5岁以后，明显地出现了抽象逻辑思维的萌芽。这具体表现在分析、综合、比较、概括等思维基本过程的发展，概念的掌握、判断和形成，以及理解能力的发展等方面。他们遇到什么事情都喜欢追根究底，问个"为什么"，反映了幼儿正在努力探索事物内在的奥秘和事物间的因果关系，这正是幼儿抽象逻辑思维活动的表现。同时，幼儿开始逐步能反映事物内在本质及事物间的规律性联系，能根据事物内部的共同特点来概括、分类，能理解一些抽象概念，判断、推理也开始由表面、直接而向比较内在、间接的转化。幼儿期的思维主要属于具体形象思维的水平，在整个幼儿期内，思维的特点又总是在不断发展变化着的，体现了从直觉行动思维向具体形象思维和抽象逻辑思维发展的趋势。幼儿初期还保留着相当大的直觉行动思维的成分，而幼儿晚期，抽象逻辑思维则开始有了一定的发展。

(2) 幼儿思维的培养

要不断丰富幼儿的感性知识，感性知识越丰富，思维就越深刻。从某种意义上说，感性知识和经验是否丰富，制约着思维的发展。因此幼儿思维的培养应以具体形象为主，有意识、有计划地组织各种活动，发展幼儿的观察力，丰富幼儿的感性知识及其表象。在幼儿积累了同类各种事物、多种材料的较为丰富的知识经验后，再引导幼儿进行分类、概括，把零散的知识条理化、系统化，形成最初的各种概念，进而再教幼儿运用概念进行判断，促进幼儿思维能力的发展。

帮助幼儿丰富词汇，正确理解和使用各种概念，发展语言能力。语言是思维的工具，幼儿语言的发展，直接影响到思维的发展。发展幼儿的抽象逻辑思维，就要让幼儿掌握一定数量的概念，概念与语词关系密切。进行分类练习，也有利于发展幼儿的概括能力和抽象逻辑思维能力。在日常生活中，鼓励幼儿多想、多问，激发幼儿的求知欲，保护幼儿的好奇心。

4. 幼儿想象发展的特点及培养

(1) 幼儿想象发展的特点

幼儿的想象在幼儿前期开始发展，但毕竟幼儿期儿童生活经验较少，记忆表象不够丰富，又受到思维水平的限制，因而想象内容简单且贫乏，他们的想象常常是过去经验的复制品，想象过程也缺乏有意性和独创性。

无意想象占重要地位，有意想象初步发展。幼儿期儿童无意想象占重要地位，3～4岁儿童表现得尤为突出。幼儿想象的目的性不明确，仅以幼儿想象的过程为满足，对于有兴趣的内容反复进行想象，如在听故事时，有趣形象的情节在脑中引起生动的想象感到极大的愉快，同一个故事重复听很多遍也非常乐意。

幼儿想象的主题不稳定，易变化。幼儿想象时常常受外界因素的影响而改变主题，如幼儿正在用积木建造"大桥"，忽然看到别的孩子拿了一些塑料小动物来，他便想象起动物园，而想玩"动物园"的游戏，于是立即推倒"大桥"的建筑,搭起"动物园"。幼儿也受本身因素的影响而改变想象的主题。例如幼儿愿意当"医生",所以玩"医院"游戏时,忽而又想当"老师",于是改变主题,而改玩"幼儿园"游戏。

幼儿想象的过程常常受情绪和兴趣的影响。幼儿的情绪常常能够引起某种想象过程,或者改变想象的方向。如"老鹰捉小鸡"的游戏是以小鸡都被老鹰抓走而告终的,可是幼儿同情被抓去的小鸡,于是就产生了这样的想象:大公鸡和老母鸡赶来,把老鹰啄死,最后小鸡被救回来了。

幼儿再造想象占主要地位,创造想象开始发展。想象在很大程度上具有复制性和模仿性,想象的内容基本上是重现一些生活中的经验或作品中所描述的情节,随着幼儿言语的发展和抽象概括能力的提高,到了幼儿中期创造想象开始出现。例如幼儿玩"食堂游戏",不仅重现日常的烧饭、开饭等内容,而且还会创造性地将菜场工人叔叔送菜上门的情节组合到游戏中去,而且与"过家家""幼儿园"串联起来,构成一个新的主题。

想象容易同现实混淆。幼儿期儿童常把渴望得到的东西说成已经拥有,把希望发生的事情当成现实存在,这种现象在小中班幼儿身上表现较明显。如小班幼儿在做体育游戏"大灰狼和小白兔"时,老师扮演大灰狼,小朋友做"小白兔"。有一次,老师想促使小朋友跑得快一点就抓了一只"小白兔",顿时这只"小白兔"怕得哭了起来,口中喃喃说着"大灰狼会吃掉我的,大灰狼会吃掉我的"。因此,成人不要把幼儿谈话中一切与事实不符的话都简单地归之为说谎并予以严厉的责备。

(2) 幼儿想象力的培养

培养的要点在于丰富幼儿表象,发展幼儿语言。想象是在已有记忆表象的基础上加工、改造,形成新形象的心理过程。表象是想象的基础,表象的质量和数量直接影响想象的水平。表象越丰富、越准确,想象就越新颖、越深刻、越合理。因此,成人要有计划、有目的地组织各种活动,来丰富幼儿的知识经验和生活经验,积累表象的丰富性。幼儿的想象活动是在语言的调节下进行的,而且经常以语言的形式表达出来。幼儿语言的发展,有助于想象的有意性、概括性和逻辑性的进一步发展。语言发展迟缓,也就标志着想象力发展迟缓。文学活动中的讲故事能发展幼儿的再造想象,续编故事能发展幼儿的创造想象,讲述活动能激发幼儿广泛的联想,让幼儿讲述自己的绘画作品等活动都能发展幼儿的语言。

成人还可以通过游戏发展幼儿的想象。游戏是幼儿的主要活动。幼儿通过游戏对现实生活进行创造性的反映。在游戏活动中,随着扮演的角色和游戏情节的发展变化,幼儿的想象能力得到发展。游戏内容越丰富,想象就越活跃。成人要多和幼儿做各种游戏,引导幼儿参加各种游戏活动。玩具是引起幼儿想象的基础。幼儿喜欢各种几何图形的结构玩具,喜欢各种可以任意改变形状的游戏材料,可以根据自己的想象随意进行创造。玩具的价值不在于它的价格是否昂贵,重要的是能否满足幼儿想象力的发展,能否促进幼儿的智力发展,能否促进幼儿的全面发展。

(二)幼儿情绪、情感发展的特点及培养

1. 幼儿情绪发展的特点

情绪内容的丰富性。随着年龄的增长,幼儿活动范围不断扩大,因而有了许多新的需要,继而也就出现了多种新的情绪体验。例如,幼儿中期逐渐出现的友谊感,幼儿晚期进一步表现出的集体荣誉感等等。原来并不引起儿童情绪体验的事物,随着年龄增长,可以不断引起幼儿的各种情绪体验。例如,周围成人对幼儿的态度,经常不断引起幼儿愉快、自豪或委屈等情绪体验。周围的动物、植物甚至自然现象同样也可以引起幼儿的同情、惊奇等体验。

情绪体验深刻化。幼小儿童对父母产生的依恋,主要是基于父母满足他的基本生理需要。年长儿童对父母的依恋,则包含对父母劳动的尊重和爱戴等内容。又如,幼儿可对行动有不同的体验,对自己的行动成就可能表现出骄傲,而对别人的行动成就可能表现出羡慕。

情绪变化具有情境性。幼儿的情绪常有明显的情境性，很容易随着外界情境变化而变化，两种对立的情绪可在短期内相互转换。例如，两个小朋友刚刚因争一本小人书而打架，可转眼之间，两人就很快和好了。幼儿期儿童常常是眼泪未干就又笑了，这种破涕为笑的情况在幼儿身上是常见的，而且年龄越小表现越明显。

情绪容易受感染和暗示。幼儿的情绪，容易受外界环境感染和暗示。初入园的小班幼儿常常会看见一个小朋友哭，很快大家都会开始哭，看见小朋友笑，大家也会莫名其妙地笑起来。同时，这种情绪发生得迅速而强烈。

情绪的冲动性、易变性减少。幼儿早期由于大脑皮层的兴奋容易扩散，加上大脑皮层对皮层下中枢的控制能力发展不足，因此情绪冲动易变。到了幼儿晚期，幼儿对情绪的控制能力逐渐增强。起初这种对情绪的控制仍属被动性质，即在成人的要求下，由于服从成人的语言指示程序而得到控制。后经在日常生活和各种集体活动中成人不断地教育和要求，幼儿逐步养成对情绪的自控能力，从而使冲动性、易变性减少。

情绪变化从外露到内隐。幼儿初期儿童对自己的情绪通常不能加以控制和掩饰，而完全表露于外。到幼儿晚期，随着心理活动有意性的发展，特别是幼儿内部语言的发展，对情绪的自我调节能力逐步加强，情绪变化由外露到内隐。

2. 幼儿情绪和情感的培养

建立合理的生活制度，创设丰富的生活内容，让孩子处于愉快的情绪之中。依据孩子身心特点制定的合理生活制度，不仅有利于孩子身体健康和良好行为习惯的形成，更有助于孩子情绪的稳定，为此无论家庭还是幼儿园，都应为孩子建立起科学合理的生活制度；与此同时也必须为孩子创设丰富多彩的活动内容，让他们生活在轻松、活泼的多样化的生活环境之中。一般来讲，单调、枯燥的活动，容易使孩子疲劳，从而产生厌倦的、不愉快的情绪。相反，丰富多彩的生活内容，会使孩子产生兴趣，并感到快乐和满足。

和谐的家庭生活、良好的情绪示范、科学的教养态度造就婴幼儿的良好情绪。愉快、和谐的家庭生活以及亲情的给予，对婴幼儿情绪发展影响极大。事实证明，家庭不和、父母离异，容易造成孩子恐惧、悲观等不良情绪，乃至形成不良个性。婴幼儿的情绪易受感染，模仿性强，因此成人的情绪示范非常重要。日常生活中若成人经常显示出积极热情、乐于助人、关心爱护孩子等良好情绪，就会对孩子良好情绪的发展起潜移默化的作用，否则会造成不良后果。父母、教师不仅以自身为孩子良好情绪树立榜样，同时对孩子的教育和管理应有科学的教养态度，如公正地对待孩子，满足孩子的合理需求，帮助孩子适应变化的新环境，以及坚持正面教育和针对孩子的个别情绪特征给予疏导。不能恐吓、威胁幼儿，也不能溺爱或过分严厉地对待孩子，否则会使孩子形成不良情绪和不良性格。

通过文学艺术作品培养孩子的高级情感。文学艺术作品最富有感染力，也最为孩子所喜爱，选择适合孩子年龄特征的、优秀的儿童文学艺术作品，对培养孩子的高级社会情感有独到的作用。

正确对待孩子的情绪行为，帮助孩子及时疏通和转移不良情绪。不良的生活环境容易造成孩子情绪发展不良。如对孩子的冷淡、粗暴容易造成孩子情绪退缩、适应性差；不公正容易造成嫉妒；溺爱容易造成孩子情绪激动等。在以往的教育活动中，家长和教师往往把孩子发泄内心不满的方式看作调皮捣蛋的行为。每个孩子在生活中都有可能发生冲突、受到挫折，从而表现出不良情绪反应，如面目肌肉紧张、坐立不安、睡眠不好等。为了避免孩子受到严重的不良情绪的困扰，作为家长和教师一定要充分理解和正确对待孩子的发泄行为。不要让孩子幼小的心灵总受压抑，并且要为其创设发泄情绪的环境和情境，培养孩子多样化的发泄方法并学习自我疏导。如，在家庭一角和幼儿园活动区一角安排情绪区，在里面放置一些沙袋、橡皮人、棉垫等材料，让孩子在此进行踢打等发泄行为，以疏解心中的不快。又如，给孩子设个"情绪小屋"，让孩子有一个小空间，在那里与好朋友说点心中的小秘密，自由表达自己的情感，或者自己静静地待一会儿，都有助于疏通和缓解幼儿的不良情绪。培养孩子多方面的兴趣，引导他们投入丰富多彩的活动，是帮助孩子转移不良情绪，学会积极发泄的有效方法。

（三）幼儿意志发展的特点及培养

1. 幼儿意志发展的特点

一般说来，幼儿意志发展的水平不高，自制能力较弱，目的性、计划性和持久性的发展都属初级水平。幼儿初期，儿童的自觉性还很差，行动不能服从于目的，根据成人的要求去行动还有一定困难。他们不善于提出自己的活动目的，行动的目的性较差且行动目标容易受外部影响而转移。幼儿初期，儿童活动目的往往与直接兴趣或需要、个人愿望相联系。到了幼儿晚期，幼儿的自觉性有了一定发展。此时幼儿能做好成人委托的简单事情，也能提出自己的行动目的，并且为了达到目的能控制自己的外部行为和内心矛盾。幼儿初期，幼儿行动的坚持性很差。幼儿晚期，幼儿意志的坚持性有明显提高，表现在他们对不感兴趣的或有较大难度的活动，也能在较长时间内坚持完成并达到目的。幼儿期的儿童自制力差，特别是幼儿初期表现得更为明显。此时，幼儿不善于控制自己的行为和愿望，往往是想做什么就做什么。在集体生活和教育影响下，幼儿中期，幼儿逐渐学会控制自己的愿望和行动。幼儿晚期，他们已能主动地控制自己的愿望和行动，能服从于集体的行为规则和成人的要求。

2. 幼儿意志的培养

帮助幼儿确立行动目的，鼓励他们坚持到底。成人应在幼儿的各种活动中，不断提出各种要求，鼓励他们坚持把一件事做完，努力实现目的，不要半途而废。培养幼儿自觉地服从于一定的目的，并为服从目的而克服困难、严格要求自己等良好的意志品质。对较大的幼儿，要启发他们自己提出行动目的，教给他们自己制定行动计划。对他们完成任务时所做的努力，要给予及时的正面评价，使幼儿充满信心地去完成任务。建立严格的生活制度、集体纪律、游戏规则，促使幼儿自制力的发展。幼儿善于模仿，易受感染，成人应充分发挥英雄模范的榜样作用，用不屈不挠地克服困难去实现目的的动人事迹感染幼儿，使幼儿对此留下深刻印象，并付诸行动。

（四）幼儿自我意识发展的特点及培养

1. 幼儿自我意识发展的特点

自我评价是自我意识的核心。评价能力的发展是自我意识发展的重要标志。幼儿自我意识的发展主要表现为自我评价的发展。自我评价发生年龄期为3~4岁。整个幼儿期，幼儿对自己的评价能力是不高的，仍处于学习评价和自我评价的阶段。

从依从性的评价发展到对自己个别性和多面性评价，幼儿初期的儿童对自己或别人的评价带有依从性，往往都是成人评价的简单复述。这种自我评价还不是真正的自我评价，只能算作"前自我评价"。4岁幼儿的评价是个别方面或局部的自我评价。幼儿晚期开始出现独立性评价。特别表现在成人的评价与幼儿自我评价不一致时，幼儿会提出申辩，表示反感和不信任。

从对自己外部行为的评价，逐渐出现对内心品质的评价。幼儿基本上是对自己的外部行为进行评价，而不能深入到对自己内心品质进行评价。幼儿晚期，极少数幼儿的自我评价涉及内心评价，但是这种内心评价仍属于过渡状态，严格地说，不是真正对自己内心品质的评价，只是从对自己外部行为评价向对自己内心品质评价的转化倾向。

从主观情绪性的评价到初步客观的评价。幼儿的自我评价常常不从具体事实出发，而是从情绪出发，带有主观片面性。如评价美术作品时，幼儿总是评价老师的作品好；和小朋友的作品一起评价时，总是评价自己的作品好。在一般情况下，幼儿总倾向于过高评价自己。到幼儿晚期，逐渐能够对自己做出客观、正确的评价。

幼儿的自我体验从低级向高级发展,从生理性体验向社会性体验发展。幼儿自我体验开始发生的年龄期是4岁左右。幼儿的愉快和愤怒常常是生理需要的表现。委屈、自尊和羞愧往往是社会性体验的表现。幼儿自我控制开始发生的年龄期是4～5岁之间。

2. 幼儿自我意识的培养

成人的正确评价是幼儿的评价榜样。幼儿期儿童处于学习评价阶段,幼儿是通过成人的评价才逐步学会评价自己和别人的。成人对幼儿的评价对幼儿自我的评价起着重大作用。为此,成人对幼儿的日常行为表现应进行及时、客观和正确的评价。经常过高的评价会使幼儿骄傲自大,过低的评价又会让幼儿自卑、缺乏自信心。总之,过高或过低的评价都会导致幼儿形成不正确的自我评价,影响良好个性的发展。

不断向幼儿明确行为要求。幼儿评价能否客观、正确,这与幼儿掌握行为要求的程度密切相关。因此成人应通过生动、易懂的语言或文艺形式不断向幼儿提出道德行为要求,帮助他们明辨是非,这也有助于幼儿自我评价能力的提高。在集体活动中进行教育是发展幼儿自我评价能力的最好方式。

(五)幼儿性格发展的特点及培养

1. 幼儿性格发展的特点

3岁左右的幼儿,由于独立活动的能力逐渐增强,能够自由跑动,会操作一些简单的物体,知识、经验不断增加,因此,他们自以为什么都会做,对自己的力量估计过高。他们常常想到什么就做什么,不考虑后果,也不知道失败的危险,表现为不听话、执拗、顶撞,经常说"我自己来""我要……不要……""我偏要……"这一类的话。3～5岁的幼儿普遍存在这一倾向和特点,只是表现程度不同。这是幼儿个性发展的"第一反抗期",也叫"第一次危机"。这是幼儿性格形成的重要特征,也是幼儿个性发展的关键期。

幼儿的好奇心强,主要表现在探索行为和提出问题两个方面。他们喜欢打破砂锅问到底。

2. 幼儿良好性格的培养

家庭是幼儿性格形成的摇篮。性格主要是在社会环境和教育影响下逐步发展起来的,因此良好性格的形成是一个长期教育的结果。家庭环境、父母的教养态度对幼儿性格的作用是巨大的。家庭成员的关系、父母的素养、性格特征,特别是父母对幼儿教养的态度、幼儿在家庭中的地位、生活方式等都会在幼儿的性格形成上打下最初的、深刻的烙印,直接影响着儿童性格的发展,为此必须重视家庭环境的影响。

组织各种积极的实践活动。幼儿的性格是在实践活动中表现出来并逐步形成的,游戏对幼儿良好性格的形成和发展影响很大。特别是在角色游戏中,幼儿模仿成人反映社会生活,表现出社会生活中人际交往的行为规范,从而培养对人、对事、对自己的正确态度和行为习惯,并逐渐得到巩固。幼儿园的各种教育活动都对幼儿提出一定的任务和要求,其目的是为了培养幼儿的坚持性、独立性和责任感等。总之,组织幼儿参与各种积极的实践活动,有助于其良好性格的形成。

发展幼儿道德意识。在幼儿良好性格形成的过程中,道德意识起着重要作用。它使幼儿明确道德行为标准,产生道德感,进一步形成道德行为。但幼儿的道德认识带有很强的具体形象性。因此,我们培养幼儿道德意识、进行道德教育不能只讲抽象的道德标准或道德要求,而应通过具体形象,把道德教育渗透到各种活动中去,并坚持正面教育,这样才能更有实效。

(六)幼儿气质发展的特点与培养

气质是个人心理活动稳定的动力特征。婴儿出生后就表现出气质上的差异。2岁儿童就具有气质类型的轮廓,并且气质类型的表现已很明显。在各种心理特征中,气质是最早出现的,也是变化最缓慢的。幼儿的气质表现出明显的个别性：

1. 偏抑郁质的幼儿

她易于察觉别人不易察觉的事情。在实验中，两根铁丝本应是等长的，但实际上有极细微的差异。先后参加实验的10个同龄小朋友，只有她一人注意到这个差异。她不喜欢说话，只喜欢一个人玩。有时其他小朋友凑过来想跟她玩，她也不说话，只是厌烦地把他们推开。她更不易与陌生人接触。她情绪不易外露，受到表扬时也没有什么表示。在幼儿园里遇到不高兴的事，她可以毫无表情，但回家后对着妈妈哭。她上课时很安静，总是一个姿势坐着。吃饭时，不管饭菜多么好，从不见她大口吃。午睡时，她总是把衣服一件件叠好放在椅子上。如果椅子稍歪一点，她一定把它放正，还要看上几眼，然后才躺下。起床时，她穿衣的动作也很慢。

2. 偏胆汁质的幼儿

他性子很急，每次拿小人书都拿许多本，翻得很快，即使新书也很快看完。他喜欢活动量大的活动，每次玩创造性游戏，总是玩打仗。他是全班扔沙包扔得最远的一个。他爱逗能，有一次全班小朋友正在排队，他突然跑出队伍，用力拉住正在转动的转椅。他上课时坐不住，随便站起来，或在椅子上乱动，常常发出叫声，即使老师对他有所示意，他仍然克制不住。对老师的提问他也是常常没有听清楚就急着回答，因此老是答非所问。

3. 偏黏液质的幼儿

他能自制。从小班开始，其他小朋友都出去玩了，全班只剩下他一个还在画画，他不受影响，一直画到自己满意后才出去玩。看木偶戏时，有的小朋友哈哈大笑，他只是安静地笑。本班老师因事外出一个星期，回来时大多数孩子拉着老师又说又笑，他只是在一旁看着老师。他如果受了委屈，很长时间内情绪都不好。他上什么课都注意力集中，坐在他旁边的小朋友常常碰他，他也不予理会。有一段时间里，他一直练打靶枪；又有一段时间里，他一直练打羽毛球。他是全班最早学会这两项活动的。在对坚持性的测查中，他坚持的时间比同班幼儿长。

4. 偏多血质的幼儿

她在班里跳绳比赛得第一名。每次学新舞蹈，她总是班里学得最快的。她理解事物快，上课积极举手发言，并基本上能做出较好的回答。她对感兴趣的课能长时间集中注意，对不感兴趣的课不能集中注意，做小动作，但看见老师稍一示意，即能克制自己。她能较快地适应不熟悉的环境，第一次上台报幕和第一次演出，都能很好地完成任务。她喜欢和小朋友一起玩，从来不一个人单独玩，并很善于和小朋友交往，在游戏中常常当小领袖。

气质类型虽无好坏之分，但对幼儿的实践活动具有一定的影响。在日常生活中，成人应注意帮助幼儿发展其气质类型的积极方面，把消极方面降低到最低。成人要了解幼儿的气质类型和特点，根据不同的气质类型和特点选择不同的教育方式，提出不同的教育要求。如对胆汁质的幼儿应锻炼他的自制力；而对抑郁质的幼儿应注意发现他的优点，及时给予表扬，增强他的自信心等等。

第二编　幼儿家庭教育案例

在我国，3～6岁正是绝大部分孩子接受正规幼儿教育的时期，孩子第一次走出家门开始集体的生活。面对新的环境，面对新的任务，如何让孩子尽快地适应幼儿园的集体生活，让孩子身心得到全面健康的发展，同时为正式的学校生活打好基础和做好衔接是这一阶段最主要和关键的任务。广大家长非常关注这一阶段孩子的成长，非常迫切地需要一些科学的指导。本编的家庭教育案例就是选取了潍坊市幼儿家长最为关注的前30个问题。在这些案例中家长们针对自己孩子的特点和家庭状况，分别实施了不同的教育方法，具有重要的借鉴价值。同时每个案例后面都附有专家学者画龙点睛式的精彩点评，对涉及的问题进行了科学的解释，对教育方法进行了精到的指点，为解决本阶段孩子的家庭教育问题提供了极有价值的指导和点拨。需要指出的是，案例中针对孩子某方面问题所采取的教育措施都是家长育子的个案，不一定具有普遍意义，但它从一个侧面或一个视角，对有相关问题的家庭提供了一些思路和启示，相信读后你一定会灵机一动、茅塞顿开。聪明的家长朋友，不妨静下心来，一读为快。

一、孩子厌食挑食怎么办

厌食、挑食是幼儿普遍存在的现象。许多父母为了让孩子吃得营养全面，都大费苦心，经常听到一些家长抱怨："以前是孩子没东西吃，现在是让孩子吃东西难，吃鸡蛋得抠蛋黄，吃饺子得抠馅……唯独爱吃雪糕、香肠等，可这哪能当饭吃呢？"针对孩子厌食、挑食的问题，有经验的家长们各自支招儿，供我们参考。

[案例一]

变着花样吃鸡蛋

我的女儿今年4岁半了，可是屈指算来，从她出生到上幼儿园之前的三年里，没吃几个鸡蛋，我为此费了不少脑筋，希望能让她多吃一点。

说实话，作为孩子的妈妈，我就很少吃鸡蛋。"坐月子"的那个月，虽然家人每天都端来热气腾腾的小米稀饭和煮鸡蛋，可我每次都是只喝稀饭，不吃鸡蛋。后来考虑到营养需求，在炒青菜时把鸡蛋打碎后搅到菜汤里，这样总算吃了几个。所以看到孩子的现状，我十分焦急。直到上了幼儿园之后，每次与班内小朋友一起吃饭，她才能多多少少吃点鸡蛋。

为了让孩子多吃些鸡蛋，我开始想办法。有时，我在家里煮了鸡蛋，会让孩子拿彩笔在蛋壳上画上她喜欢的图案，吸引孩子去吃；或者让她负责，帮助爸爸妈妈剥蛋壳；或者趁其不备时，我将蛋黄捣碎混入她的稀饭碗里，边吃边和她扯别的话题；如果她实在不想吃，我就拿出"撒手锏"来："老师说小朋友应该多吃鸡蛋，因为鸡蛋很有营养，多吃鸡蛋才能长得和XXX（举出一个她们班里最高的小朋友的名字）一样高。"这样她才能乖乖地吃进去。

随着不断的探索，我让孩子吃鸡蛋的办法也越来越多。有时，我将鸡蛋用开水一冲，微波炉里一热，她自己加些白糖；有时面条里面打个荷包蛋或者做一碗蛋花汤；有时煮好的鸡蛋用酱油泡一泡或者用蒜泥拌一下，她也能吃进些。

总之，我的原则是甭管怎么吃，能吃进肚子里去就行。现在，她不像之前对鸡蛋那么反感了，有时还自己画个长不长、圆不圆的鸡蛋，口中念念有词："鸡蛋 egg 有营养。"

（魏艳萍）

[案例二]

让孩子意识到偏食、挑食的危害

邻居家一女孩还不到 5 岁，长得又高又胖，看上去像七八岁。她的饮食习惯就是喜欢甜食，面包、冰激凌、糖果、糕点、甜饮料等充斥了生活中的每一天，除了甜食外就是馒头蘸菜汤，几乎不吃青菜。她妈妈没办法，就把家中的各种零食藏起来，或者干脆不买。可孩子一吃不到零食就急得暴跳如雷，不达目的誓不罢休。为此，妈妈多方取经，广听博闻，想尽各种办法减少她对甜食的需求。

孩子的妈妈逐渐意识到，对于挑食、偏食，孩子自己心中早已形成定论，家长应从多方面来教育引导，利用一切可以利用的机会，让她尽可能多地认识到偏食、挑食的危害性。于是，有时在吃饭时，她妈妈邀请亲朋好友家那些六七岁正在换牙的孩子，给她讲解虫子吃牙齿的故事；有时领她到公共娱乐场所，观察那些瘦一点、灵巧麻利的孩子如何轻松自如地爬玩各种游乐设施，而她却必须由妈妈帮忙才能完成；星期天干脆到别的小朋友家做客一天，看人家的生活习惯与她有什么不一样。

意识到偏食、挑食的危害后，孩子开始慢慢地改掉自己的不良习惯。

（魏艳萍）

[案例三]

别强迫孩子进食

我有个特别可爱的女儿，一家人都很喜欢她。但就是有一点令我们很烦心，也很担心，那就是她不爱吃饭，一到吃饭时间就想溜，要不就只吃一点。而在吃饭以外的时间她饿了就要吃零食。

为了解决这一难题，我们请教了很多专家。根据专家分析，造成这种现象的主要原因是强迫孩子进食，导致孩子没胃口，饭吃得少。孩子在吃饭的时候，我们总是苦苦劝说，甚至强迫孩子吃东西，正是这种强迫才使孩子对吃饭产生了厌恶感，吃饭时总想溜。专家建议我们，正确的方法是尽量不让她吃零食，而是想方设法让她感到吃饭是很快活的，大人可以故意夸张地做出吃饭特别香的样子，让她产生好奇心。

听了专家的分析，我们便认真改正这些不足，不再像以前那样强迫她吃饭，不再拿零食当饭。

在我们的努力下，现在孩子对吃饭感兴趣了，胃口也好了，身体也健康了。

（马燕凤）

[案例四]

创设轻松的吃饭气氛

儿子祺祺今年4岁半，雪糕、香肠、奶油蛋糕等各类零食随时供应，小嘴整天没个闲。可真到吃饭的时间，就"没戏"了，经常匆匆吃几口就跑了，就像是例行公事一样。要不就是吃上几口菜就嫌不好吃，反过来还数落我饭做得不好。每次吃饭，我们总被他搞得像上"战场"一样。

通过多方面咨询，我找到了儿子偏食的原因。儿子从小由爷爷奶奶带着，老人因担心孩子营养不够，千方百计给孩子准备各种精美的食品，让孩子养成了爱吃零食的习惯。我虽然也控制过几次，但最终还是因为溺爱而以失败告终。我在做饭时,以为家常便饭只要差不多就可以了,也忽视了菜肴的色、香、味,引不起孩子的兴趣。

我下决心要改掉孩子偏食的毛病。在一次晚饭后,我照例与儿子交谈。我先把偏食的各种害处讲给儿子听,然后我们一起定下每天吃零食的时间和数量。从第二天开始,除了按约定供应的零食,其余的一律撤走,即使儿子哭闹也不妥协。另外我也努力提高厨艺,做菜时尽量做到色、香、味俱全。吃饭前,从不批评孩子,而是给他讲解各种菜的营养,吃了有什么好处等。现在,儿子十分喜欢一家人吃饭时轻松、愉快、和谐的氛围,偏食的状况自然也有所改善。

(耿爱花)

[点评]

现实生活中,幼儿厌食、挑食现象是非常普遍的。厌食是指孩子较长时间对食物缺乏兴趣或食欲。挑食是指孩子专门喜欢吃某几种食物,对不喜欢吃的食物一点不理睬。如果几种菜在同一碗里,他们就挑着吃,把菜翻乱,令人感到不愉快。他们一旦吃进不爱吃的食物,即使吃到嘴里了也要吐出来。其后果是幼儿营养失衡,免疫力降低,生长发育缓慢。幼儿厌食有时是受慢性疾病的影响,如肝炎、结核、肠寄生虫等;有时是微量元素摄入不足,如铁缺乏引起的缺铁性贫血,可使幼儿食欲不振;锌元素参与体内很多酶的代谢活动,也参与味觉素的形成,幼儿缺锌时,也会影响食欲。

幼儿成长问题调查结果显示,造成幼儿厌食、挑食的原因,主要有以下几种情况:一、父母影响。有些家长自己厌食、挑食,无意中影响了孩子,久而久之,孩子受到暗示,也形成了厌食、挑食的习惯。二、家庭饮食习惯不合理。进餐前吃太多零食,导致孩子把零食当正餐。三、孩子断奶时未过渡好。孩子刚断奶吃食物时,因为不习惯某些固体食物而吐出来,有的家长不明白原因，以为孩子不喜欢吃，慢慢使孩子养成了厌食、挑食的习惯。四、不敢或不愿尝试。有的幼儿不敢或不愿尝试没有吃过的东西，渐渐形成厌食、挑食的习惯。有些家长看到孩子喜欢吃某种食品就以为营养好，天天给孩子吃，孩子吃腻了就不肯再吃了。

只有了解了幼儿厌食、挑食的原因，找到有效矫正方法，才能改正幼儿厌食、挑食的不良习惯。对待厌食、挑食的孩子，建议从以下几个方面着手矫正：一、家长做好榜样。发现幼儿有厌食、挑食现象，不要大惊小怪，可利用榜样的作用感染幼儿。二、培养科学合理的饮食习惯，尽量不让孩子吃零食。三、引导幼儿慢慢适应。吃饭时，逐步加量，成人不要强迫孩子多吃。四、合理安排一日三餐，防止每日饮食过于单调，如有条件，可变换花样给幼儿做饭。五、多带孩子到户外活动。跑跑跳跳增加活动量后，孩子体力消耗大，产生饥饿感，就会增加食欲。六、为幼儿营造愉快的就餐气氛。

二、孩子不适应幼儿园怎么办

幼儿园小班孩子刚入园时，很多家长对孩子不适应幼儿园的问题感到无所适从。究竟应该如何帮助孩子快速适应幼儿园生活呢？下面几位家长的成功经验值得我们借鉴。

［案例一］

说"不"之后

国庆假期后开学的第一天，安安早上赖床。尽管我和他爸爸都已经预告过很多次了，国庆会休一个七天长假，然后要去上幼儿园，爸爸妈妈也要去上班。可小家伙还是"拼命反抗"，把我给穿上的裤子、袜子瞬间蹬掉，还开始使用"撒手锏"——哭，边哭边念叨："我不想去幼儿园，我想妈妈……"

"安安，咱们不是说好了吗？你也答应妈妈了，国庆放假好好玩，今天去幼儿园。"我说，安安非常激烈地回答道："不去！我不想去！""安安，你怎么说话不算数啊？爸爸妈妈也要去上班，谁看你呢？要不你一个人在家？太不懂事了！"我真的急了，安安说："不行！"说完哭得更伤心了。

我一看情况不对，觉察到自己可能说错话了，于是赶紧把安安抱起来，说："宝宝，你是不是很伤心？不想去幼儿园？"安安立马点点头，说："嗯，我想妈妈。""妈妈也想你啊！那还有别的原因吗？"安安看着我的眼睛说："幼儿园不好玩。玩一会儿就不让玩了。"于是，我接着问："在幼儿园，你喜欢玩什么？""我喜欢画画。可只让玩20分钟，就得上课了。我不喜欢上课，我想画画。上课没意思。"哦，原来是这样。"妈妈知道你想画画。但幼儿园老师要照顾很多小朋友，都是有时间表的，到点了就需要停下来。你喜欢画画没问题，每天回到家，你都可以画。如果你喜欢的话，可以一直画到吃晚饭。你说呢？"

安安虽然看上去不情愿，但似乎是理解了，终于，同意穿衣服……在路上我与安安进行了深入的交谈，安安告诉我，他不想吃幼儿园的木耳、蘑菇，不想喝牛奶，但老师怕他营养不良非让他吃，他就说自己肚子疼。他喜欢和恐龙玩过家家的游戏，但是幼儿园的恐龙太少了。我也耐心地倾听了一遍，和他商量了一些解决方案，并在送他时和老师深入沟通了一下。

在刚入园时，很多孩子都会有分离焦虑，老师和家长也都有很多的解决办法。这时候，我们一定不要因为着急解决问题而忽略孩子的情绪，首先要安抚孩子的情绪，然后才是询问具体的原因，认同孩子的感受和想法，让孩子知道父母是在乎他的感受的，是尊重他的想法的。当然，每一个家庭有各自独有的沟通小技巧，这些都是不同的父母和孩子间达到的一种平衡，其中的巧妙之处是每个家长和孩子经过几年的磨合后共同建立起来的。

我始终相信，无论孩子身处哪一个阶段，他是哪一种性格，一定要让他们充分相信：我是爱他们的，我也是坚定的。

（贾 静）

[案例二]

用心呵护　静待花开

父母是孩子的第一任教师，一个人从呱呱坠地到上学、工作，走向社会，都离不开家庭环境的影响。从开始就注重对孩子思想品德、良好习惯的培养，无疑对孩子的成长起着关键的作用。

我的孩子在入幼儿园前就已经学会了自己照顾自己，当时他说："妈妈，我上幼儿园不会哭的。"我为自己有一个这么健康活泼的儿子而感到满足和幸福。但作为家长的我们似乎永远都没有准备好，总赶不上孩子成长的脚步！潇潇是去年9月上幼儿园的，入园时他也确实做到了不哭不闹。可是，在上了2天后，也许受到班里其他小朋友哭闹的影响他也不愿去幼儿园了。入睡前，起床后他嘴里念叨的就是"我不要去幼儿园"，真是把我扰得揪心揪肺的，但这是入学第一步，如果我都退缩了，那孩子就更依赖家了！不行，我相信幼儿园的老师们，毕竟幼儿园是培养孩子健康成长的摇篮。那段时间，我从不提幼儿园三个字，他跟我说我都不理他，一直持续到第二周，他还在念叨，我就直接对他说："不可以不去幼儿园，孩子长大都要去上学学知识的，但是你可以选择谁去接送你。"他想了想，立马同意了，说爸爸送妈妈接！自此以后，再也没听过他说不去上学，哪怕后来有一天大雨，奶奶对他说："下雨今天别去了。"他一本正经地说："不行，我要去上学的。"所以，孩子入园，父母的坚持和对孩子的疏导很重要。

经过这次事件之后，我能深切体会到孩子内心的感受和情绪变化，作为父母，应该提前考虑到并帮助孩子平稳度过刚入园的困难适应期。怎样才能让孩子尽快地适应幼儿园呢？我总结了以下几个方面，一是心理准备工作。入园前，需要做好孩子进入新环境的工作。带孩子先去幼儿园玩一玩，与老师交谈交谈，以消除孩子的怯生心理；通过参观幼儿园的活动室、玩具橱、游戏室等设备，增进孩子的入园欲望和愉悦情感；孩子通过看一看幼儿园小朋友们欢乐的活动场面，从旁体验一下幼儿园富有情趣的集体生活，促使孩子产生不久就上幼儿园的自豪感。孩子产生了进入新环境的意愿，就为他将来适应新环境奠定了良好的思想基础。二是生活习惯的培养。给孩子安排与幼儿园相适应的作息时间，早睡早起，每天睡午觉等，这样进入新环境后就容易适应新的生活制度。三是生活能力的培养。应注意培养孩子的自理、自立能力，放手让孩子自己吃饭，自己大小便，自己脱衣上床睡觉。我觉得只要做好以上几个方面的准备工作，孩子就会很快适应幼儿园这一新环境。值得注意的是，进入幼儿园前，切忌使孩子产生恐惧心理。例如，有的爸爸妈妈常用"不听话就送你去幼儿园"之类的话来恐吓孩子，这是很不好的。孩子进入新环境后，如果出现不适应、不习惯的现象，家长不应该溺爱、舍不得，更不应在一旁陪伴。这时，爸爸妈妈应该信赖教师会亲切地关心孩子，尽量避免自己同孩子多接触。

让我们和孩子共同成长，用心呵护，静待花开，让我们的孩子能够健康快乐地成长！

（田丽丽）

[案例三]

两只蜗牛在散步

在我成为一名妈妈之前，就读过那首《牵一只蜗牛去散步》。"教育孩子就像牵着一只蜗牛在散步。"那时候，我很赞同这句话，赞同在教育中要放慢脚步，享受孩子的童真与青春。从另一个角度来说，父母并不见得是那个更有优势的角色。不如说，教育孩子就像两只蜗牛在散步。在这条路上，总是遇见一个又一个的障碍。面对这些或大或小的难题，大蜗牛和小蜗牛必须相互扶持，共同向前。比如，每只小蜗牛 3 岁的时候，都会遇到的入园问题。

我们家的小蜗牛 3 周岁整就要入园了。在我的印象里，小蜗牛虽然年纪小，但自理能力和语言表达能力都不错，在入园之前也有不少独立上课的经验。一时的大意，我完全没有把入园这个事情放在眼里。确实，刚上幼儿园的小蜗牛既不哭闹，也不黏人，送到门口还会和家人挥手道别。然而，上幼儿园的第一天，原本已经可以独立如厕的小蜗牛就尿湿衣服和被褥了——并且，接下来的每一天，小蜗牛都是拎着尿湿的裤子回家。蜗牛爸爸有点生孩子的气，也有点怀疑老师不够上心。批评教育了几次以后，不但没有起到想要的效果，小蜗牛反而晚上也有尿床现象了。

不得不承认，这是明显的如厕倒退了。我们静下心来，开始客观地看待这个问题：我们对孩子的期望太高了，而把入园这件事情想得太简单了。小蜗牛毕竟才刚刚 3 岁，在初次社会化的这个过程中，出现焦虑是非常正常的。反而是我们，因为亲友的肯定而沾沾自喜，认为自己的孩子是成熟的、独立的，这无意中伤害了孩子。

于是我们达成共识，首先就是接受，我们的孩子确实是出现了如厕倒退，确实是有入园焦虑，但这不是孩子的错，也不是家长或者老师的错，这是我们共同成长的一部分。其次，我们针对孩子的问题想了很多办法。最基础的是绘本大法，我们找出来《魔法亲亲》《在教室说错了没关系》《妈妈去上班》等等有关入园的绘本，每天都和孩子分享；然后是，角色扮演的办法，每天和孩子扮演学校的老师和小朋友，了解孩子幼儿园的生活和学习状态，发现问题及时解决。还有一个暂且命名为"融合世界"的小妙招：我们格外关注班级群里的所有动向，保持与老师的密切联系，保证能叫上来班里大部分孩子的名字，经常在餐桌上提起幼儿园的某件事情或者某个人，让孩子知道，我的家庭和我的幼儿园是同一个世界，上幼儿园并不是多么可怕的分别。

后来，不知道是哪一条或者哪几个办法起了作用，亦或者随着时间的流逝，孩子自身的适应能力打败了入园焦虑，入园的第三个月，小蜗牛第一次没有在幼儿园尿湿裤子，也渐渐地交到了朋友，我们每天都能看到幼儿园生活给她带来的快乐和成长。

身边的很多朋友会说，你们的孩子已经很独立、很聪明了，不用太操心。然而事实上，不得不承认的是，每个孩子都有自己的特质。这种特质并不能以"优劣"来简单地区分。害羞敏感的孩子显然更难和老师沟通，所以他们有充分的时间观察和感受身边人、事、物的变化；活泼好动的孩子显然更容易受伤（比如我们小蜗牛，每年意外险都会出险），所以他们有相对较强的探索精神和动手能力。

在教育和自我成长的道路上，我们所能做的，不是牵着孩子慢慢散步，而是要成为一只徐步前行的大蜗牛。小蜗牛要奔向独立个体和灵魂自由，大蜗牛要奔向不断自省和自我成长，我们都有目标，我们一起成长，相伴前行。

（许慧霞）

[点评]

孩子在刚进入幼儿园的时候，出现短暂的不适应很正常，为了能让孩子尽快适应幼儿园的生活，就需要家长和老师共同为孩子营造一个温馨快乐的环境，提前做好准备。

1. 缓解入园焦虑从家长开始。很多时候，孩子入园焦虑的产生和家长是分不开的。家长要给孩子做好积极正向的心理建设，激发孩子上幼儿园的兴趣，让孩子在心理上对上幼儿园充满期待。

2. 帮助孩子做好生活能力上的准备。在家中减少包办代替，多给孩子锻炼的机会，比如让孩子自己整理玩具，自己吃饭等等，做一些力所能及的事，全面提高孩子的自我服务能力。

3. 加强沟通，让孩子爱上幼儿园。用恰当的方式和孩子聊一聊幼儿园生活，如果老师夸奖了孩子，家长要对孩子转达老师的表扬，让孩子知道自己被老师和家人关注着，也会更有成就感。

三、如何培养孩子开朗大方的性格

时常会有一些家长说自己的孩子性格内向、腼腆，见人就往身后躲，那么如何培养孩子开朗大方的性格呢？下面，听一听一些家长的正确做法。

[案例一]
为孩子提供交往的机会

我女儿从小性格内向，很少主动向别人表达自己的愿望。幼儿园老师讲，在班里她从不主动举手回答问题，即使老师叫到她，声音也小得像蚊子嗡嗡。在集体活动中她也不太积极，做游戏时从不主动找其他小朋友玩，如果没人找她，就独自在角落里一个人玩。

为这事，我专门咨询了幼教专家。专家认为是我们做父母的对孩子期望值过高，要求过于严厉，致使孩子做事谨小慎微，不敢放开手脚，同时又忽视了给孩子创造足够的与小朋友交往的机会，致使她在成长过程中得不到应有的锻炼和鼓励，从而造成了内向和不够积极的性格。

为此，我和孩子的爸爸商定，在家庭中注意保持民主、和睦、宽松的氛围，把孩子看作是平等的人，尊重她的自尊心，不盲目按照自己的意愿去安排孩子的活动，保留孩子对合理要求的选择权。另外，我每天抽出15～20分钟的时间和孩子聊天，聊她喜欢的事、图书、游戏、活动等，及时表扬和肯定孩子的闪光点。

每逢双休日、节假日，我们还"走出去"，带孩子和公园里、儿童乐园里的很多小朋友玩耍；也"请进来"，让孩子邀请其他小朋友到家里来玩。与小伙伴在一起时，孩子总是很轻松愉快，他们在一起畅所欲言，无拘无束。

通过以上方法，孩子的性格逐渐变得开朗、活泼，也乐于与人交往，还结交了几个好朋友呢！

（张海豫）

[案例二]

引导孩子迈出交往的脚步

我女儿小的时候性格比较内向，见到陌生人就吓得躲起来，不愿意主动和别人交往，喜欢自己玩。为了让她成为一个开朗大方的孩子，克服胆小怯懦的缺点，我每天都抽出一个小时的时间和她聊天或者做游戏，为她讲故事，和她一起看书，鼓励她大胆说出自己的想法。我也比较注意自己的情绪、性格以及为人处世对女儿潜移默化的影响，尽量做到心胸豁达、性格开朗，不把自己的不良情绪传递给她。

女儿比较敏感，有时会因为一点小事而情绪低落。我很注意观察她的情绪，一旦发现她心情不好或者情绪低落，就及时引导她，告诉她心情不好的时候可以玩游戏或者找朋友玩，用其他活动转移注意力，调整自己的情绪。同时，还鼓励她自己去克服困难，体验成功的快乐。我曾鼓励她学习溜冰、游泳、跳绳，当她学会这些本领后，从中体验到成功带来的快乐，性格也逐渐变得开朗大方。女儿很喜欢绘画，经常把自己看到的事画下来。我就鼓励她把自己不高兴的事画出来，并讲给爸爸妈妈听，排解心中的不悦，让她学会转移自己的不良情绪，使自己很快变得开朗起来。还通过参加绘画或者唱歌比赛等活动锻炼她的胆量，让她更加大方自信。只要有时间，我就带她到公园、儿童乐园等地方玩，让孩子和伙伴们一起游戏。有时我会和几个朋友带孩子一起旅游或聚会，为孩子创造交往的机会。也让孩子邀请其他小朋友到家里来玩，把自己的玩具和食品分给伙伴，并和他们开心地游戏,让她体验分享的快乐。记得女儿第一次和陌生的小朋友一起玩时,她只是远远地站在一边看人家做游戏,不敢向前。我于是走过去,拉着她的手对那些孩子说:"她是赛赛,可以和你们一起玩吗?"孩子们说:"好啊!"很快,他们就成了好朋友。从那以后,女儿就敢自己和陌生的孩子玩了。看来,大人适当的参与和引导是很重要的。

经过不懈的努力,女儿现在已经成长为一个开朗大方、活泼可爱的孩子。

(王 芹)

[案例三]

家长注意精神投资

我的儿子彬彬今年 4 岁,是一个非常可爱、乖巧的好孩子,可是他的性格比较腼腆。比如,家里来客人或带他到一个陌生的环境里去,他就会一个劲儿地往大人的身后躲;到亲朋好友家,如果让他唱歌、跳舞和讲故事,他总是紧张得半天开不了口;偶尔与小区的小朋友一起玩,他总是听别的小朋友的安排,不发表自己的意见。面对孩子在交往过程中表现出来的种种被动、退缩的行为,我们非常着急,迫切希望改变这种状况。为此,我查阅了许多资料,对这方面的知识有了初步的了解。

从心理学的角度来看,大多数孩子在陌生的场景或遇见陌生的人,都会表现出一些紧张和不安,这时爸妈不必操之过急。针对此情况,有以下几条建议:

1. 要对孩子进行精神投资。美国心理学家坎贝尔提出:要使孩子心理健康,爸妈和长辈要做出相应的"精神投资"。爸妈要注意及时表扬孩子的优点,使他们为自己骄傲,从而更好地建立自信心;要深情地注视孩子,和孩子进行温馨的身体接触,一心一意地关心孩子。

2. 采用技巧提升。表现内向的孩子一到幼儿园或置身于集体中,就一句话都不想说。爸妈可以在亲朋好友面前，经常性地举办"讲故事""唱歌"和"艺术表演"等活动，让孩子进行角色扮演，要求他表情自然、大方，爸妈应及时给予鼓励。

3. 在游戏中培养主动性。鼓励孩子参与小伙伴的游戏，以此来结识小朋友。在玩耍中彼此之间产生友谊或纠纷，对于孩子的成长都是有益的。在各种纠纷的解决过程中，可使孩子学会如何有效地解决与人相处的实际问题，增强了孩子参与活动的积极性。

4. 请老师帮助指导。幼儿园的集体生活最能锻炼孩子的能力。家长要做个有心人，主动与老师联系，告诉老师自己孩子的特点、兴趣、爱好等，请老师多关注孩子，多给孩子锻炼的机会。老师也会鼓励小朋友之间相互交流，让他们从中感受到乐趣，提升孩子的表现欲望。

5. 在生活中训练孩子。建议孩子经常把小朋友带到家里来玩，妈妈可以设计一些生动、有趣的小游戏，增强孩子的参与意识；全家外出时，可以让孩子问路、购物；在家里，可以让孩子接电话，锻炼孩子与他人打交道的能力。如果孩子早期表现潜力不突出，爸妈也不必灰心，大器晚成确实存在。早期出现的天赋不一定会永远伴随着孩子成长，潜力需要精心培养和不断激励，成功的孩子来自于持之以恒的鼓励和坚定的信念。

（延　莉）

[案例四]

聪明的妈妈

有一天我在公园里散步，看见一位妈妈带着一个3岁多的孩子，他们的言行对我有所触动。

只听小男孩对妈妈说："我想吃冰棍。"妈妈说："我也想吃，你看看哪里有？"这么一句短短的对话既满足了孩子的要求，又交给孩子一项任务。大家都知道，3岁多的儿童注意力不稳定，而且特别容易被新奇的事物所吸引。这个孩子一边走,一边看,结果把想吃冰棍的事给忘记了,却被公园里的景色所吸引,注意力被转移了。

接下来我又看见这个孩子围着妈妈转:"我累了,妈妈抱抱我吧!"妈妈说:"你都这么大了,抱着你会让人笑话的。你在幼儿园比赛时还得第一呢!咱俩比赛赛跑吧,看谁得第一!"

再往前走,到了一个比较大的广场。有个大点的孩子在玩一辆车,这个小孩感兴趣地站在旁边看。当时这个孩子没有说话,妈妈跟在孩子后面,妈妈说:"这车多好玩呀!你去问问哥哥这是什么车。"这个孩子就过去问,在问的过程中还跟着车跑,这位妈妈也以极大的兴趣跟着。妈妈又说:"这车怎么玩呀?"孩子又与大孩子搭话。这样,小孩子与大孩子就玩起来了。

后来这位妈妈要带孩子走时,因孩子没玩够,所以不愿意走,也不说再见。妈妈自己往前走,并对孩子说:"哥哥和你玩,哥哥把车借你玩,你应该谢谢哥哥,跟哥哥说再见。"这个孩子就照着妈妈说的去做了。

后来我看见这个妈妈与孩子一边走一边聊天。我想,这真是一个聪明的妈妈。

(王小红)

[案例五]

帮助孩子克服胆怯

儿子4岁,有客人来我家时,爸爸让儿子向客人问好,可是儿子畏畏缩缩地藏在爸爸的身后死活不肯出来,弄得客人都有些尴尬了。在幼儿园里,儿子一般不举手回答问题,就是会也不肯主动回答,类似这样的情形很多。

为了帮助儿子克服胆怯,我使用了很多方法有意识地帮助儿子克服胆怯。比如有客人来我家时,我都会先告诉孩子有哪些客人,怎么称呼他们,见面要先问叔叔（阿姨）好，请孩子帮忙招待客人等，让孩子在交往中学习交往。客人走后，他做得好的地方，我都说"你真有礼貌"。我发现儿子所胆怯的是担忧自己的表现，怕在众人面前失败。发现这一情况后，我及时与他的老师进行了沟通，让老师多鼓励他，让他多回答问题。回家后，让他当老师，我和他爸爸当学生，模拟上课。当让我回答问题时，我也假装说害怕不敢举手，然后告诉儿子让他鼓励我大胆回答，答错了也没关系，主要是敢于回答，在课堂上不妨大胆举手，说错了不要紧。

现在儿子5岁了，见人能主动打招呼了，也愿意与小朋友一起玩了，在课堂上也勇于表现自己。

（郭海英）

[点评]

要培养孩子乐观的性格，与人交往不可忽视。我们应鼓励孩子走到小朋友中去，走到团体中去。伙伴群体交往，对孩子是一种自我教育和自我学习。小伙伴在一起游戏时，心情愉快，能力和个性也都能得到充分的展示。案例一、二家长的做法很好，既给孩子提供了交往的机会，又给孩子营造了宽松、民主、和谐的家庭氛围，为孩子快乐地与人相处，形成活泼开朗的性格奠定了良好的基础。案例五让孩子在交往中学习交往也很可取。

活泼开朗的性格是心理健康的重要标志，同时反映了德育的整体效应。幼年时期是培养孩子活泼开朗性格的关键时期。家长应该在这一时期努力创设良好的养育环境，使幼儿具有积极愉快的情绪，能够主动与别人交往，积极参加各项活动；要鼓励孩子主动选择自己喜欢的玩具和材料，并且用自己选择的材料进行游戏；培养孩子积极进取的精神，活泼大方而不忸怩，能够在家人和老师的面前讲出自己的愿望和想法，遇事能主动征求成人的意见等。

四、如何培养孩子有爱心

现在有些孩子是在众星捧月似的家庭环境中成长起来的,有的家长甚至把孩子当成"小皇帝",给他们无限关怀与疼爱,从而使孩子认为众人对他的关爱是天经地义的,而从来不去关爱别人。很多家长对此伤透了脑筋。我们怎样培养孩子的爱心呢?下面看一下几位家长的正确做法。

[案例一]

身教重于言教

家长的行为直接影响着孩子的成长。有一次我们去逛超市,付完款后,服务员找回零钱。往门口走的时候,发现有人向写有"希望工程"的箱中捐款,我也上前把零钱塞了进去。孩子不解:"爸爸,你不是对我说过钱可以买东西吗?怎么把钱放进那个箱子里,人家也没给我们东西?"我说:"孩子,今天我们利用休息时间来超市买东西,明天你上幼儿园,但是还有很多家庭的孩子不能来超市买东西,不能像你那样高高兴兴去幼儿园。""那为什么?""因为他们家庭困难,没有钱。今天我往箱子里放零钱,就是奉献一片爱心,通过大家的帮助能让他们愉快地生活和学习。"孩子点了点头。

有一次给灾区捐衣捐物,我们和孩子最早来到了捐助点,孩子亲手将自己的衣物捐出。事后孩子就像长大了许多一样,心情也很愉快。

幼儿时期的情感、价值观的培养是非常关键的。做父母的不仅要言传,更要身教,要言行一致,为孩子做出表率,感染孩子并唤起孩子对他人的关爱之心。

(李继敏　刘凤萍)

[案例二]

爱是相互的

小女天天是个刁蛮任性的孩子,任何她喜欢的东西,别人都要无条件地让给她。在她心目中,任何问题都是别人错。为此,我多次尝试耐心和她讲道理,赏识教育、鼓励教育都用了个遍,但成效甚微。可就在前几天,她终于发生了变化。

一天晚饭后,女儿按惯例拿起一个苹果洗干净吃了起来。这时,我有点口渴,就随口问她能否给我吃一口,她回答:"不可以。"女儿上厕所时,我把苹果咬了一口,这样一来可捅了马蜂窝。女儿大吵大闹,一定要我赔她的苹果。我洗了一个给她,她还是不依不饶。我当即痛下决心,要整治她的坏毛病。我索性在女儿惊异的目光中把苹果全吃了,边吃边说:"苹果是我买的,我为什么不能吃?"任凭女儿如何哭闹,我都不理她。

在以后的几天中,我一改过去什么事都把她放在第一位的做法。上街时,我挑选自己喜欢的东西,就是绕过儿童用品柜;在家看电视,我霸着遥控器不让她碰;更多的是我故意做错事情,不跟她道歉,还学着她的样子强词夺理……我要让她感受她的行为给别人带来的影响。几天以后,女儿受不了了,冲我大喊:"你是大人了,还不让着我!""我为什么要让着你?没规定大人一定要让着小孩呀!"她的眼神中流露出不解和迷茫。我看在眼里,疼在心里,但为了改掉她的恶习,我忍住了不去安慰她。

那天,和同事一起去逛街,女儿一改往日撒泼的习惯,笑着要求我:"妈妈,咱们去吃麦当劳好吗?"我坚决地说:"不行!"女儿不说话,但很是失望和难过。望着垂头丧气的女儿,我说:"你想吃是吗?"女儿点头。"那你回答我几个问题。这几天,你开心吗?"她摇摇头。"为什么不开心?""妈妈不喜欢我了,不给我玩具,不让我看动画片……""妈妈不是不喜欢你,以前你这样对待我们,我们也很伤心,我们已经伤心了好长时间了。"女儿的神情有些诧异,我接着说:"你知道吗?你需要我们的关心,妈妈、爸爸以及你周围所有的人也都需要你的关心。这样,我们生活在一起才开心、快乐。只有我们互相关心、互相关爱,这个世界所有的人才会生活得更幸福,你说对吗?"女儿眼里湿润了,突然把头扎进我的怀里哭了起来,边哭边说:"妈妈,对不起,我错了。"我知道,这一刻,天天已经深深地懂得爱是相互的。

(庄夕英)

[案例三]

让孩子了解爱的含义

一天,孩子自己在楼下玩土。正好地上有一群蚂蚁,他顺着蚂蚁来的方向找到了一个洞口,趴在洞口好奇地看了半天,看见有好多蚂蚁进进出出,有的蚂蚁还搬着东西呢!然后,小家伙抓起一把泥土,撒在了洞口,还用手在小小的洞口按了按!他继续趴在那儿看着,手里还玩着土。突然,他抬头喊道:"妈妈,快来看呀!你看小蚂蚁怎么了?"听到喊声,我来到他的身边,和他一起看蚂蚁。"妈妈,小蚂蚁怎么乱跑呀?它们怎么不回家呢?"我摸着他的头说:"还说呢!它们不是找不到家了吗?它们的家在哪儿呢?"我故意问他。我的小宝宝突然就哭了。我说:"怎么了,小宝贝?小蚂蚁的家让你给堵住了,可你现在知道了,以后就不会这样做了,对吗?"他一个劲儿地点头,并将洞口的土往边上推。这时,我又告诉他:"没有家是很可怜的,不管是人类还是动物!尤其是小动物,它们是我们人类的好朋友,我们应该爱护它们,与它们和平相处!你说对吗?"他抬起满是泪痕的小脸,对着我似懂非懂地点了点头。

(王春平)

[案例四]
在生活中培养孩子的爱心

爱心,就是能觉察体验别人的心情,能站在别人的位置与角度,感受别人的欢乐、痛苦、烦恼、失望之心。培养爱心,应从小学会情感的投入和移位,热爱家庭和周围的人,热爱祖国,热爱家乡,热爱科学,热爱劳动,热爱大自然,热爱一切美好的事物。

孩子最初感受到的别人的爱和发出移情和同情之心的对象是父母、亲属和小伙伴。近年来,由于家庭结构的日益"核心"化,子女在家庭中往往是父母、祖辈、亲友等照顾、抚爱的对象。他们受到的关心和爱实在太多,而引导他们去付出关心和爱的观念和行为太少。他们不懂得分享食物、玩具、图书,不知道父母在工作和家务双重负担中付出的辛劳。他们习惯于为所欲为、有求必应的生活,认为这是理所当然的享受,很少想到别人的需要,以致于出现了自私、懒惰、任性、缺乏责任感和不会关心他人的毛病。

培养孩子的爱心,首先要从平时的点滴行动中开始。从儿子毛毛会说话时起,我们一家人就开始有意识地培养孩子感受分享的快乐。给毛毛买了好吃的,就对他说:"毛毛啊,有好东西大家分着吃,对不对啊?"然后让毛毛自己拿着好吃的食物分给在座的每一个人。等毛毛做到了之后马上表扬他、鼓励他,同时不失时机地教育:"爸爸、妈妈爱毛毛,所以给毛毛买好东西吃,毛毛也爱爸爸、妈妈,所以要把好吃的东西跟爸爸、妈妈分着吃。"从小养成这样的习惯之后,再吃东西,玩玩具,孩子就自然而然地会想着父母、亲朋和身边的小朋友。

培养孩子的爱心,还要学会关心他人。要鼓励孩子除了"自己的事情自己做,不给别人添麻烦"之外,还要学会以经常帮助他人为乐,以会劳动、能负责为荣耀。从毛毛2岁左右,我们就开始让毛毛做一些力所能及的家务活,例如妈妈晾衣服让毛毛帮着拿衣架,妈妈扫地让毛毛帮着拿簸箕等。父母对孩子的言行要给予微笑、鼓励，而不是物质许诺。爱心应当是不图回报、不计代价的。

培养孩子的爱心，还要让他学会爱护弱小，具有保护意识。教会孩子爱护小动物是培养爱心的好途径。到了天气暖和的时候，我们带着毛毛出去玩，看到天上飞的小鸟、草地上的小甲壳虫，甚至地上跑的蚂蚁，我们都给他讲小动物的可爱。所以毛毛一直对小动物充满爱心。记得有一次，我们一家在吃饭，外面下着雨。突然有一只麻雀停在了屋子后面的树枝上，毛毛看到了马上说："快看啊妈妈，有一只小鸟。她是不是小鸟妈妈，来给小鸟宝宝找吃的啊？下雨了，她有东西吃吗？妈妈，把我的饼干给她吃吧！"一连串的话，中间几乎没有停顿，使我们非常感动，因为我们的宝宝充满爱心！

培养孩子的爱心，要让孩子自愿地表达出内心的感激之情。毛毛过生日时，姥姥给毛毛买了生日蛋糕，毛毛特别高兴，拿起来就要吃。妈妈对毛毛说："毛毛，姥姥给你买了生日蛋糕，毛毛应该怎么办啊？"毛毛马上意识到应该说谢谢姥姥，而且主动跑过去抱住姥姥的脖子，亲亲姥姥，说："谢谢姥姥，姥姥真好，毛毛爱姥姥。"姥姥高兴得眼睛含着泪水，不停地说："好毛毛，长大了，知道亲姥姥了。"

培养孩子的爱心应该从生活中的点滴小事开始，培养孩子的爱心要从现在开始！

（刘泓宇　王　雁）

[点评]

一个充满爱心的孩子人人喜爱。要培养孩子的爱心，父母心中应有爱。己所不欲，勿施于人。身教重于言教，父母的榜样是无声的力量。利用日常生活和周围的人和事，让孩子了解爱的含义，知道"爱是相互的"道理，真可谓教育无小节，时时处处是教育。以上几个案例中的家长，细微处见真情，润物细无声。

中国传统启蒙读物《三字经》里有句话："人之初，性本善；性相近，习相远。"有人认为，童心本是没有边界的，有时甚至超出大人的想象，爱心对于孩子来说其实是一种本能，父母所要做的只不过是好好保护、培育这颗小小的爱心，不要去损害它、误导它，小苗自然就会长成一棵大树。对孩子爱心的培养是不间断的、长期的，贯穿于孩子成长的整个过程。孩子的错误实际上都是家长的错误，孩子就是一颗种子，你播种什么，就会收获什么。从另一个方面来说，世界上没有完美的父母，但有充满教育智慧和爱心的父母。伴随着爱的阳光，让我们与孩子一同成长吧！

五、如何培养孩子的阅读兴趣

相信家长们都知道阅读的重要意义。许多青少年并不爱阅读，他们很难体会到阅读的快乐和愉悦，也很少通过阅读获取知识，而家长往往在涉及学习成绩时，才开始焦虑孩子的阅读兴趣问题。其实，孩子的阅读兴趣是需要从小培养的。如何培养孩子的阅读兴趣，让孩子从小就爱上阅读呢？

[案例一]

"阅"见幸福　让爱流动

阅读，是一种能给孩子带来无限乐趣的娱乐活动，它的重要性更是不言而喻。从儿子刚出生起，囤书，成了我每次电商大促的必备功课——阅读卡片、中英文绘本、故事书、识字卡……家里的书也随处可见，随手可得——书架、床边、沙发等。欣慰的是，儿子在这样的环境下，确实也非常喜欢阅读，闲暇时间除了玩玩具，自己也会主动翻阅图书。但在孩子阅读的过程中，有个问题逐渐显现——那就是注意力不够集中，对一本书的兴趣存续时间较短。虽然貌似一直在阅读，但一本书往往粗略地翻了几页；

"不好看。"又翻到其他页随便看看,再换一本书。我也想了各种各样的方法纠正他这一行为,初见成效。

  首先,看什么样的书,让孩子自己选择。既然幼儿时期,要以培养阅读兴趣为主,那么看什么样的书就要让孩子自己去选择,孩子会根据自己的兴趣爱好去选择不同类型的书,这方面家长不需要过多干涉。例如我儿子对汽车类书籍特别感兴趣,凡是这类书籍总是爱不释手,一本书可以专注地读很久,边看嘴里还念念有词,各类车的作用、发出的声音等,在路上看到这些车更是如数家珍。我改变了以往自己给孩子选择阅读书目的方法,给了孩子更多的自主选择空间,和孩子走进图书馆、书店,那些自己选择的书,他真的是百看不厌。

  另外,我们家长可以和孩子每天坚持开展亲子阅读,感情饱满地叙述,更容易引起孩子的兴趣。日本作家宫西达也的绘本《好饿的小蛇》故事重复、简单又不乏趣味性,结尾更是出人意料。在给儿子读这本书时,我会配以夸张的语调和表情,"啊呜——咕嘟",每次读到这里我和儿子都会忍不住捧腹大笑,书中的拟声词也是他最爱模仿的语言。每当读到小蛇出去散步,我会问儿子:"好饿的小蛇怎么做的呢?你猜猜?"儿子会配以夸张的动作和声音去回应,每次阅读都能从中获得不少的乐趣。在阅读中实时提问、追问、鼓励,在生活中找寻、体验书中的内容,孩子的阅读兴趣、共情力自然就能得到提升。

  最重要的是,我们自己首先要成为一个热爱生活、热爱阅读的人,培养孩子的过程就如同一场修行,我们在这一过程中,不断地发现自我、修正自我、挖掘自我。

  美国诗人史斯克兰·吉利兰在《阅读的妈妈》这首诗中写道:你或许拥有无限的财富,一箱箱的珠宝与一柜柜的黄金,但你永远不会比我富有——我有一位读书给我听的妈妈。可见,孩子是多么喜欢赖在妈妈或爸爸的怀里一起读点什么。在这一过程中,家长需要心中充满爱,成长为有协助能力的大人,让孩子在幸福中沐浴,在阅读中成长。

(曹 雪)

[案例二]

阅读点亮孩子的童年

苏联著名作家、学者高尔基说过"书籍是人类进步的阶梯",广泛地阅读书籍对一个孩子来说更是相当重要,如果能在幼儿阶段培养孩子对阅读的兴趣,一定能使他们受益终生。

我家有一个活泼好动的男孩,除了睡觉的时间,他就像永动机一样不停地跑跳。凡是认识他的大人都夸"这孩子身体好啊,长大一定是个运动健将。"眼看着孩子一天天长大,作为孩子的母亲,开心之余确有了更多的担忧,孩子马上就要上大班了,还是坐不住,没有好的专注力怎能系统地学习知识呢?

我带着各种疑问,请教了一位高姓老教师,高老师微微一笑,说:让孩子读书吧。随即,她把书架上的一本《朗读手册》送给了我。我认真地读完了这本书,明白了要想改变孩子,家长要先改变自己。于是,我们家庭成员之间约定了晚饭后的"读书时间",要求孩子也加入进来。起初,孩子总是无法安静地坐下来,就是偶尔能看几页,也坚持不了很长时间。我于是把故事性的书换成了孩子喜欢的图文并茂的绘本,并缩短了阅读时间。我选择了内容贴近孩子生活、插图精美的《大卫,不可以》系列绘本,故事的主人公大卫跟我家"调皮蛋"很像,一个总是不停跑跳,闹出各种麻烦的小男孩。孩子很感兴趣,每次都听得很入迷,看到大卫各种捣蛋的"杰作",这个"永动机"居然坐在那里,盯着绘本,咯咯地笑出声来,还时不时地问出几个问题。我发现机会来了,慢慢地开始拓展绘本的种类,增加饭后的阅读时间。一段时间过后,这段饭后亲子阅读时光成了一天中不可缺少的"甜点"。不知不觉中,阅读的魔法也开始在孩子的身上显现。

从刚开始蹦一个字,然后到几个词连续,到现在他已经能讲出绘本中的一整段文字了。

比如,我给她读《猜猜我有多爱你》,在最初朗读的那段时间里,每次我读到"小兔子说,这么多"时,他就会学着小栗色兔子那样张开手臂,使劲伸长胳膊说:"这么多。"生活中,孩子的口语词汇也越来越丰富。"大大的""甜甜的""长长的""高高的"等绘本中经常出现的形容词,他也能运用自如。

在陪孩子阅读的同时,也要适当地引导孩子思考,如果一味地读而不思考,就像吃的面包很多却没有消化一样。让孩子读书的目的,是为了让孩子从书籍中汲取"营养",而不是一味地追求读书的数量。每当孩子读完一本书,家长应当鼓励孩子将读书的感受说出来,肯定并补充孩子的想法,说话的过程伴随着思考,思考的过程就是用心用脑的过程,如此一来,孩子对这本书的认识加深了,表达能力也会提高。

习惯的养成需要一个漫长过程,可一旦养成好的阅读习惯,是可以让孩子受益终生的。所以家长一定要多抽出时间,陪着孩子读书,让阅读成为孩子童年的一盏指路明灯。在我们陪孩子读书的过程中,收获的不仅是知识,还会收获一个懂事明理的孩子。

(郝 君)

[案例三]

阅读丰厚孩子的生命底蕴

3岁多的女儿,已经酷爱阅读、享受阅读了。女儿刚开始有抓握能力的时候我就给她买了各种布书、卡片书,又慢慢添置了很多绘本。她特别喜欢爸爸妈妈给她读书听,每次我们给她讲故事,她都聚精会神地听着、看着,仔细观察绘本中的图画。

有一天晚上,女儿不想刷牙了,我说:"不刷牙,假牙婆婆会来找你的呀。"她想起来绘本《牙婆婆》中不刷牙的小朋友牙疼、牙齿都掉光了的情景，赶紧自己到洗手间认真刷起牙来。

每次女儿都会缠着我给她读书听，有一次自己嘟囔："我什么时候才能跟哥哥一样可以自己读书？"我说："等你长大一点，认识字了就可以了。其实你已经会读了呀。"的确，女儿经常把她的布娃娃们放在一旁给它们讲故事。很多经典书目读得遍数多了，她基本能对照书中的情节复述下来。"妈妈，你快教给我认字吧，我想自己读好多好多书，想读什么就读什么。"我就通过情景识字、字卡识字跟女儿一起认字，因为愿望比较强烈，所以效果很好，每当女儿看到自己认识的字。她就兴奋得跳起来，大声地读出来。

每天睡前读书已经成为我们雷打不动的习惯，有时会出现爸爸妈妈跟女儿"讨价还价"的情形，大人比较累或时间有点晚了，想少读几本，女儿会非常坚定地，让大人读完她挑选的书，睡前基本要读一个小时。她平时自己看书、听书，也至少一个小时。

经常有朋友问我："你们家孩子怎么那么省心，我们家的怎么就不喜欢看书？"培养阅读习惯的方法无非有三，一是习惯，让孩子喜欢上读书，并不是一蹴而就的，女儿的阅读是从她几个月大的时候就开始了，白天、睡前我都会读很多故事给他听。二是示范，我也喜欢读书，涉猎范围也比较广，心理学、教育学、时间管理、个人成长等方面，近几年我读了500多本书。三是选书，给孩子读的书一定是根据孩子的年龄特点和兴趣选择的，同时选书的时候也要考虑作者、出版社，保证孩子在有限时间内的有效阅读。除了买书，我们还去市图书馆借书，我们办了5个借书证，每次可以借30本书。阅读的方式也是多种多样的，女儿也看经典的电影和动画片，同时还用故事机和APP听书，女儿自己边听边翻书能听两个多小时。幼儿园上学放学的路上，听《凯叔讲故事》《相声学成语》《相声学古诗》，这些音频节目也一直陪伴着我们。

就这样，阅读已经成为女儿生命中不可或缺的一部分，她在书的海洋中畅游，在书香的陪伴中成长，我们收获了一个爱读书的孩子，从此，她生命的底蕴不断厚实。

（石 轩）

[点评]

3～6岁是幼儿早期阅读的关键时期，3～4岁主要激发儿童阅读兴趣、养成良好的阅读习惯。4～6岁主要培养儿童阅读理解能力和阅读创造能力。营造良好的阅读环境，家长可以根据家里的条件和情况，和孩子一起布置一个阅读角，装饰出舒适的阅读环境，营造出温馨的阅读氛围。家长成为孩子的阅读榜样，每个爱读书的孩子背后通常会有爱读书的家长。经常带孩子去书店、图书馆，能够让孩子对读书产生好奇，沉浸到书的世界中。教会孩子分享与交流，当孩子养成了阅读的习惯以后，为了帮助孩子提高阅读能力，家长可以"缠着"孩子请他讲讲书中的故事或阅读感受。

当孩子表现得没那么喜欢阅读时，父母不必将"不爱阅读"的标签贴到孩子身上。而是要耐心地去寻找方法，积极地鼓励孩子，帮助孩子找到乐趣和方法，让孩子慢慢爱上阅读。

六、怎样培养幼儿的自信心

现在有些孩子缺乏自信心，常常独自游戏或玩耍；说话小声、胆怯，很少主动表达自己的愿望；喜欢跟在能力强的幼儿后面，听从他人安排；害怕困难和挫折，与同伴发生矛盾时，不能自己解决，总是向老师告状或回家告诉父母。因此，发展和强化幼儿的自我价值感，增强其自信心，是目前幼儿教育面临的一个重要课题。那么如何培养幼儿的自信心呢？一些家长和老师总结出了一些高招。

[案例一]

善于鼓励和倾听

我儿子小时候是一个遇事胆怯、退缩、缺乏自信的孩子。让他做一件事，他经常说："我不会，我不行。"在活动中，也不愿意举手发言，缺乏自信。为了帮助孩子建立自信心，我非常注意鼓励孩子去想、去做、去表达自己的想法、去表现自己的本领。对孩子在学习和生活实践中所做的，哪怕是经过一点努力和克服微小的困难来完成的事，我都及时给予肯定和表扬，让他建立自信心。比如我经常鼓励孩子在家里整理自己的房间，即使他做得不一定令我满意，但我每次都会说："宝宝把房间打扫得真干净！""你真能干，是妈妈的好帮手！"我还经常鼓励孩子自己的事情自己做，如让他自己穿裤子，就说："我想你已经长大了，能够自己穿上它了。"在这样的提示下，他努力穿好了，就会感到自己确实已长大了。我鼓励孩子的话主要有"你比上次进步了""你能做好"等，但就这么简单的三五个字，却会在孩子的心灵深处埋下自信的种子，使他逐渐变得自信起来。

我觉得培养孩子自信心还有很重要的一点就是倾听孩子说话。我儿子对军事知识很感兴趣，他最喜欢把自己了解到的有关飞机、大炮、军舰还有火箭等新知识讲给我听。无论我多忙，正在做什么事，我都尽量停下来，认真倾听儿子的话。当儿子讲完以后，我会和他讨论，并对他说："你知道得真多，如果你把这些知识讲给伙伴听，他们一定很佩服你。"在我的鼓励下，在幼儿园里，儿子能够大胆地给小朋友们讲军事知识了，他的自信心有了提高，平时也能大胆发言了。

（张　伟）

[案例二]

让孩子自己走

我儿子已经 6 岁了，每逢观看"六一"文艺汇演或者电视中的少儿歌舞比赛，他都会聚精会神地看，兴奋时还要向我描述某些精彩的细节，我也为他的收获感到高兴。可是当面临自己学生生涯的第一个儿童节时，他却对我说："妈妈，六一那天不上学可以吗？"我好惊奇，问他为什么。他说："我不愿表演节目。"

惊讶之余，我深深地感到了自己教育的失败。以前的我只知道让孩子看节目开阔眼界，就是缺少"你敢不敢上台表演"这样鼓励性的话语，致使儿子在第一次上台的时候竟然不敢相信自己，用他的话说："他们表演得太好了，我不会。"再一个原因就是我给予儿子过分的帮助与保护，剥夺了他在生活中锻炼的机会，使他依赖性太强，缺乏独立解决问题的能力，导致自己不敢上台表演。

亡羊补牢犹未晚。我立刻制定计划，弥补过失。当天晚上，我就组织全家举行唱歌比赛，每人一首，看谁唱得好。儿子在家倒是不忸怩，他很大方地为我们唱儿歌，等唱完了就喊自己唱得好，我们当然也都用不同的语言赞赏鼓励他。第二天放学后，我召集了他的伙伴们来我家吃饭，饭后又举行了一场歌舞比赛。看到他的同学都唱得那么有劲，在我们的鼓励下，他最后一个鼓起勇气唱了起来。虽然声音很低，但毕竟唱出来了，我和他的伙伴们以掌声、赞叹声鼓励他。接着我问："你们能在自己的节日里站在舞台上为大家唱歌吗？"小伙伴们都嚷着说能，连我儿子也想加入他们的喊声了。我接着表扬："你们都是好孩子，真正的男子汉！"后来我对他老师说了这些情况，在我们的共同努力下，终于有了收获。

六一儿童节那天，儿子穿着漂亮的礼服，和伙伴们一起唱歌、演节目……看到儿子幸福自信的笑脸，耳边响起他唱过的但他未必能理解的儿歌："小鸟会飞，小鱼能游，小兔会跑，妈妈妈妈你快放手，我也要自己走……"

（牟希先）

[案例三]

赏识的力量

自信是人生成功的起点，是人生前进的动力。一个孩子如果有自信，他的生活世界将是一片五彩缤纷的天空，而且对人生有一种积极进取的乐观态度。

作为家长，在家庭教育中如何增强孩子的自信心呢？最好的方法就是对孩子进行赏识、鼓励，促使孩子形成自信，走向成功。

多一点赏识。就连大人都爱听别人的夸赞，更别说小孩子了。想当初，我在女儿学吹长笛时，急于求成，可事与愿违。孩子练习时，我在旁边督促着孩子："注意姿势，注意音准，好好练，不行！再来一遍……"全是责怪的语调，结果孩子往往是把长笛一放，坐在一旁生闷气，情绪也特别抵触。后来我用赏识的口气来评价她的笛声。"女儿吹得真好，吹得真棒，妈妈都陶醉了，你瞧鱼儿也跟着你的音乐声在翩翩起舞呢。""等你吹会这首曲子，你也可以当爸爸妈妈的老师了。"结果孩子越吹越起劲。现在已养成很好的习惯，每天放学回到家，第一件事就是吹长笛。听着孩子吹出悠扬的乐曲，我一天的疲惫也一扫而光了。

多一点鼓励。孩子做事之前，家长要说："我相信你一定能做到。"孩子成功以后，要说："你果然做到了，真了不起。"从孩子学步时起，就注意肯定和鼓励，但要避免不符合实际的夸奖，可以换个说法。比如孩子捡起了一块石头，高兴地拿给爸爸看，说："爸爸，你看我捡的石头多么美丽。"爸爸如果说："看你弄得满身是泥。"孩子会不高兴地扔掉石头，垂头丧气地走开。爸爸要是说："这石头是漂亮，把它好好洗洗之后，就可以看得更清楚了。"孩子探索的积极性可以得到发展。

在赏识教育的过程中，我们应注意几个问题：第一，要实事求是。既不滥用赏识，又不吝啬赏识，更不能错误地把孩子的年龄特点当缺点。夸奖要适度，对孩子的良好表现，要根据不同情况，给予恰如其分的鼓励，不能事不分大小，都做过度的夸奖。因为不切实际的过度夸奖，容易造成孩子的虚荣心，效果适得其反。第二，要全面对待。在赏识教育中，并不排斥批评。我们既要充分发掘孩子的"闪光点"，也要根据实际适时适度地指出其"美中不足"，促使孩子明辨是非，分清荣辱。只是赏识和批评的侧重点不能倒置，赏识要讲究方法，批评应考虑艺术。这样，才能使孩子及时得到鼓励，又能知道自己行为的缺点，更有利于良好行为习惯的培养。赏识、鼓励引向成功，抱怨、斥责则导致失败。

赏识是一种理解，更是一种激励。赏识教育，是在承认差异、尊重差异的基础上产生的一种良好的教育方法，是帮助孩子获得自我价值感，发展自尊、自信的动力基础，是让孩子积极向上，走向成功的有效途径。只要我们能够真正理解孩子，尊重孩子，赏识孩子，孩子心灵的苗圃就会阳光明媚，春色满园，孩子个性的幼苗就会一派生机，茁壮成长！

（臧洪秀）

[案例四]

造就孩子的成就感

儿子今年快 4 岁了，在公众场合总是缩手缩脚，小心翼翼，不积极参与集体活动，不善于表现自己，而在家人面前却恰恰相反。

其实孩子天生就有表现自己的欲望，关键是这种欲望能否被积极呵护和培养。我们平时对儿子一方面包办过多，不敢放手让孩子独立做事情，造成孩子对我们的依赖心理，导致进取心不强；另一方面管束过于严厉，孩子做事情稍有差错，就求全责备，加以训斥，造成孩子事情还没做就担心做不好而受批评的担惊受怕心理，导致自信心难以建立。

针对上述原因，我们采取了以下措施：

1. 对于日常生活中孩子能够自我完成的事情，如穿衣、洗脸、刷牙、洗脚、系鞋带、洗手绢等，鼓励他独立完成，做完后及时给予表扬。经过一段时间的培养,"自己的事情自己做"已成为儿子的口头禅。

2. 对于孩子的过错不再严加训斥,而是在肯定他做事情的同时,同他一起分析过错产生的原因,让儿子自己领会到应该怎样做才能少出差错。让他认识到很多时候出错是难免的,不要因为怕出错而不去做,出了错只要认识到并及时纠正,就是好孩子。渐渐地,儿子什么事情都愿意积极去尝试,自信心有了很大的增强。

3. 经常带孩子到公共场合参加集体活动,创造与人交往和自我表现的机会。例如,某培训机构开业一周年庆典之际,我们带着儿子来到现场。刚开始,儿子紧随在妈妈身后,不敢近前,更不用说上台表演了。对此,我们在其他小朋友表演节目时适时鼓励他:"儿子是最棒的,只要上台表演,肯定和其他小朋友一样出色。"结果,儿子不但自己渐渐地站到了前排,还主动上台演唱了一首儿歌,表现自然大方,观众给予了热烈掌声。下台后,儿子非常兴奋并主动要求说:"妈妈,我还要参加这样的活动!"

(康彩霞)

[点评]

  自信心是激励个体自强不息地实现理想的内在动力。孩子需要自信,就像种子需要阳光。自信心对一个人所起的作用,无论在智力上、体力上,还是在处世能力上,都有着基石般的支持作用。一个缺乏自信心的人,便缺乏在各种能力发展上的积极性。而积极性对刺激人的各项感官与功能及其综合能力的发挥起着决定性的作用。孩子拥有了自信就等于成功了一半,也只有自信的孩子才能更好地展示自己,走向成功!

  家长在生活中不要拿自己的孩子和别人的孩子相比,不要对孩子过分保护,要帮助孩子改善自身负面想法与不良习惯行为,变自卑为自信。

  自信心要从小培养。如何培养孩子的自信心呢?

1. 要真诚地爱孩子,尊重孩子的爱好和意见,尽量满足他的合理要求。

2. 信任孩子，赏识孩子，用鼓励和倾听的方法培养孩子的自信心。

3. 要以接纳、宽容的态度对待孩子，给每个孩子创设一个表现自我、展示自我的平台，让孩子体验到成功，形成积极的自我意识，从而充满自信地面对生活。一句尊重的话语，一个信任的眼神，一个鼓励的微笑，一个恰到好处的评价都会帮助孩子正确地认识自己，建立自信。以上案例中家长的做法很可取，值得大家借鉴和学习。

七、怎样发掘孩子的潜能

当你看到人家的孩子表现出色时，是否会埋怨自己的孩子一无是处？其实，每个孩子都具有不同的智力潜能，每个孩子都有一定的潜能等待开发，父母应给他们创造机会。让我们来了解下面几个家庭的父母是如何做的，希望从他们那儿能得到一些启发。

［案例一］

引发孩子的求知欲

在孩子学前期，我没有急于让孩子学识字，也没有强迫孩子去上他所不喜欢的各种特长培训班，而是把精力放在了挖掘孩子的智力潜能、保护孩子的好奇心、引发孩子的求知欲上。

我常常带他走进大自然，让孩子通过观赏自然风光来增长见识。这时，孩子对一切都充满了兴趣，总是有无数的问题要问，对此，我总是耐心地回答，以保护孩子的好奇心。如，当他见到天上飞翔的鸟儿时，他就要问："鸟儿为什么会飞？"我会耐心地告诉他："小鸟会飞，是因为它们有翅膀，它们用翅膀拍打空气，才能飞起来的。"

我时刻注意引导孩子观察生活中的一些现象，启发孩子对日常生活现象的思考，从而引起孩子对科学的兴趣。如叫孩子把白糖放进白开水中搅拌，然后让孩子观察白开水中已见不到白糖的现象。再让孩子尝一尝白糖水的甜味，然后告诉孩子有甜味是因为白糖仍在开水里，只不过变得很小，小得看不见，这种现象就叫溶解。

我还引导孩子做实验，以满足孩子天生的好奇心和他的探究嗜好，培养孩子的动手能力。如让孩子种绿豆，观察豆芽的生长过程；让孩子用放大镜在太阳底下点燃纸；让孩子养蚕，观察蚕的生长过程；养小蝌蚪，观察小蝌蚪四条腿逐渐长出的过程等。

我给孩子充足的玩的时间。因为我知道，孩子玩的过程实际上就是对世界的认知过程。而且孩子在玩中，还可培养动手能力、创新能力、想象能力。因此，我放手让孩子玩沙、玩水、玩折纸等，从不因为顾虑孩子弄脏或弄湿衣服而限制孩子玩。比如，在对孩子玩具的选择上，我很少选择那种高档的电动玩具，而是尽量选择那些需要动手动脑的玩具，比如积木、积塑之类的。

通过我的努力，孩子的智力潜能得到了很好的挖掘。他凡事都爱问个为什么，有着强烈的求知欲，养成了勤于思考、善于动手的好习惯，这为他后来的学习打下了很好的基础。

（尹华贞）

[案例二]

让孩子大胆想象

2岁半的雨雨坐在便盆上，大声地向忙碌着的我汇报着："妈妈，我拉了一条大蟒蛇！""妈妈，我又拉了一条眼镜蛇！""我还有……妈妈，我只拉了一条小蛇！妈妈，我好啦！"她站起来，竟又伏下身子仔细研究，突然欢呼起来："它们全是香蕉！"尽管连着几天我只要看到香蕉就会产生不美妙的联想，以致难以下咽，可当时我是那样由衷地哈哈大笑——为女儿那大胆、风趣的联想。

"语不惊人死不休"的雨雨是那样的让我折服、愉快，实实在在是我劳累了八小时以后的轻松节目。

瞧，刚坐上回家的三轮车，"小喇叭节目"开始了。

"妈妈，为什么车子快了，就把头上的帽子弄跑了？"——我告诉她因为有风。

"那为什么风把帽子吹跑了，雨雨没有被吹跑呢？"——总是要打破砂锅问到底，这倒让我陶醉在"女儿将来可能是科学家"的美梦里。

"今天老师批评我了！"——"残酷"的现实一下子打碎了我的梦。"为什么呢？"我问。"我不肯吃苹果呗。"她答道。从两周岁起雨雨突然不肯吃苹果，我们因水果品种繁多，倒也未勉强她。但在幼儿园里就会有偏食之嫌，看来得做她的思想工作。"那你告诉妈妈为什么不吃苹果？""苹果有毒哎！"她神秘兮兮的。"瞎说！"我立刻否定。"坏皇后放进去的，是有毒的，白雪公主就是被毒死的。"天哪！这个童话她后来一直不爱听，想来就是因为在她两周岁左右我给她讲过《白雪公主》的故事。原来不吃苹果的根源在这儿！真让我哭笑不得。

"我变成了巧克力雨雨，好大的巧克力雨雨！吃也吃不完！妈妈，快来吃我啊！我多想吃巧克力啊！"唉，我还没来得及享用巧克力，就被她拽回了现实中，她太想吃巧克力了，在对我提要求呢。

常常有年轻的母亲指着自己比雨雨大的孩子羡慕我："瞧人家雨雨怎么就那么爱想象呢？"其实我们并未用过什么先进的方法训练她，只是特别愿意沉浸在她的世界里，倾听她说话，耐心地和她说话。"不得了啦，我家失火啦，快来救火啊！"这种胡说八道会招来一些妈妈的呵斥，但是我没有，我看到她手中拿着救火车玩具，能够理解那是她游戏的萌芽，我只会笑脸相迎——童言无忌嘛。

灯下，我认真地记录雨雨每天的惊人之语，幸福地感受着她每一步成长带给我的喜悦。仿佛又看到她一惊一乍的神情，亲吻到她天方夜谭般的思想:"妈妈,我看到一只母鸡!她为什么一个人啊?她的孩子呢?一定是她的孩子不听话,跑啊跑,被坏人抢走了。我要做她的孩子,做她的雨雨鸡!"我又一次哈哈大笑。

(尹华贞)

[案例三]

分享孩子的成果

我的儿子今年6岁了。有一天,他高兴而神秘地跑到我跟前,拿出一个灯泡、一根电线和两节电池说:"妈妈,我能让灯泡亮。"我故作惊讶地说:"是吗?它是怎样亮的?"只见他熟练地对整个线路进行了连接,灯泡亮了。我把握住机会说:"真奇怪,灯泡为什么亮了呢?""因为有电呀!""哪里来的电呀?""电线里呀!""电池是干什么的呀?""你看,压着电线呢!""我们用石头压住电线,看看灯泡亮吗?"儿子不假思索地说:"当然亮了。"他急忙进行了试验,结果不亮。他冥思苦想起来,后来忽然明白了,高兴地说:"妈妈,石头没有电,电池里有电,电池把电传给了灯泡,所以灯泡亮了。"我说:"你真聪明!"他高兴地笑了……

就这样,每当儿子有什么发现时,我都会表现出极大的兴趣,同他一起分享成功的喜悦,并及时引导他探究更深的问题,因此儿子对科学非常感兴趣,而且时常会研究出意想不到的"成果"呢!

(孙培梅)

[案例四]

科学带娃发掘闪光点

在这个世界中,每个孩子都有独特的闪光点和潜能。只要我们用心观察、用心发现、潜心挖掘,每个孩子都可以闪耀出独一无二的光辉。

前一段时间，我们刚搬入新家，结果才入住没几天就发现墙面上多了几道画笔涂鸦颜色。爸爸看到后，顿时火冒三丈，抬起手来就往孩子的屁股上招呼。当时我没在家，事后了解情况，我问孩子为什么这么做？孩子委屈巴巴地说，他想把家里装扮一下，像幼儿园一样漂亮。听完孩子的解释，我们都惭愧地低下了头。

对于孩子在墙上涂画的事件，我们当晚沟通反思了我们前期教育的不合理之处，孩子爸爸的做法打击了孩子绘画的积极性，可能会遏制孩子的绘画潜能，为此，我们商量了补救措施：首先爸爸对于之前动手打人的行为向孩子道歉，并拥抱安慰一番，赞扬孩子的绘画水平。其次让孩子明白画画要选择合适的地方，例如画纸、画板等，如果是想装扮自己的房间，可以先和爸爸妈妈进行沟通协商。最后，我们一起为孩子准备了合适的涂鸦画笔和画纸，肯定孩子的画画行为，以此满足孩子涂画的愿望。

以此为契机，我们也不断学习并摸索出发掘孩子潜能的几点小妙招：

1. 懂得留白，让孩子相信"我可以"。懂得留白，就是创造更多机会，让孩子发现自己的潜能，不断养成"成长型思维"。很多父母在育儿时，会走入两个极端：一个是过度保护，一个是过度管控。父母要么觉得孩子需要很多帮助，巴不得事事为他代劳；要么觉得孩子本性懒惰，需要父母严加管教，他才会懂得学习的重要性。其实，如果我们懂得，留白就是把学习的主动权交回孩子手中，反而可以激发出孩子更多潜能。

2. 循序渐进，激发孩子内心的热情。我们可以通过有趣的情景和游戏来调动孩子的兴趣，同时也要放低对孩子的要求和期待，等孩子在活动中体验到更多成就感和快乐后，就可以适当地加大任务难度。

在循序渐进学习的过程中，我们也要引导孩子树立长远的目标，形成"终身学习成长"的理念。我们抽时间可以和孩子一起坐下来聊一聊孩子的梦想是什么？要实现它，需要先走哪几步？有梦想指引，孩子自然能始终如一保持热情。

3. 营造氛围，让孩子的学习"开挂"。卢梭曾说过："世界上最没用的三种教育方式就是：讲道理、发脾气、刻意感动。"育儿的最高境界，即做到"润物细无声"。向孩子说一万遍"学习很重要""快去学习"，都不如自己先成为"学习型父母"。《论语·子路》有言："其身正，不令而行；其身不正，虽令不从。"育儿说到底，不过就是"言传身教"四个字。

总之，要想更多地发掘孩子的潜能，我们父母首先应该让自己从固定思维中跳脱出来，不能一刀切地去评判孩子的行为，而是要用发展的眼光看待孩子，在适当的机会中发掘孩子的潜能，不畏变化，相信孩子的成长一切皆有可能！

（王晓丽）

[点评]

每个孩子都有无限的潜能。孩子好奇心和求知欲的满足，可以帮助潜能的发掘和开发。

好奇心是孩子求知欲的根源。孩子天生具有好奇心。家长要引导、激发和满足孩子的好奇心。求知欲是每个孩子的天性，是孩子主动学习的一种内在要求，是学习积极性的内在动力。对求知欲的培养胜过知识的传授。"授人以鱼不如授人以渔"，求知欲的培养能使孩子受益一生。

家长要从孩子的行动中发现孩子的求知欲，从别人的眼里发现孩子的求知欲，家长要做唤醒孩子求知欲的老师。

每一个孩子都是天生的科学家，都有强烈的好奇心和探究欲望，作为家长应该做一个有心人，把握机会，充分开发孩子的潜能，发现和培养孩子对各种事物的浓厚兴趣，保护孩子的好奇心。同时，依据每个孩子自身的不同特点，因材施教。遵循孩子的年龄特点，选择合适的方法也非常重要。帮助孩子寻找知识的钥匙，点燃思维的火花，善于发现孩子的闪光点，鼓励孩子大胆做事情，让他们到大自然中去观察、去探究，从中体会到求知成功的乐趣。

八、怎样培养孩子的学习兴趣

兴趣对人的个性形成和发展起着巨大作用，它可以使人的智力得到开发，知识得以丰富，眼界得到开阔，并会使人善于适应环境，对生活充满热情。作为家长，我们应该如何培养和保护好孩子对学习的兴趣呢？下面是一些家长的成功经验。

[案例一]

发现和抓住孩子的兴趣点

好奇心是孩子获得兴趣的法宝，对于一切事物只要色彩好看、语言好听，孩子就会觉得新鲜有趣，不知不觉地就认识了。婴幼儿是分不清什么是学习什么是玩的，只要有趣的事物他就看、听、想、做，没有趣就一概拒绝，强迫孩子学只能使孩子获得痛苦的经验，逃避学习。

儿子2岁半时，就已经认识很多动物，但只是表面上的认知，如最常见的小狗，问他"那是什么"，他会回答"小狗"。再更深层面地讲述小狗怎么叫、爱吃什么，他只是木讷地接受。继续问他，他只是摇摇头。他此时的兴趣远不如玩积木等玩具的兴趣。

正当我不知所措时，有一个动画片《熊猫哥哥病了》给整个事情带来了转机。动画片内容大致如下：一只熊猫病了，小兔子来看它，送来了自己最爱吃的青菜和胡萝卜；小猴来看它，送来了自己最爱吃的桃子。熊猫哥哥说："谢谢你们了，青菜和萝卜是你们兔子最爱吃的，桃子是你们猴子最爱吃的，我最爱吃的是竹子。"看了这个动画片后，他对动物出现了浓厚的兴趣，整天围着我问小鸡吃什么、怎么叫、是什么颜色的等等，也不知他哪儿来那么多的问题。

兴趣是最好的老师。我萌发一个想法:"抓住这个机会,引导和培养孩子的学习兴趣。"我找来了纪录片,买了动物挂图和图文并茂的动物童话故事书,并利用休息日带他到动物园,进一步激发孩子的兴趣。以前去动物园,是我在不停地自问自答:"那是什么?这是什么?""看,那是狮子,这是老虎。"这次他成了主角,不断地问:"妈妈,老虎,看那是老虎,它最爱吃小动物,是吗?它有尾巴吗?""狮子,狮子,还有雄狮……"这都是他从纪录片和书上看来的,可爱的儿子倒当起了我的老师。幼儿园进行的动物主题教育,更加激发了他对动物知识的求知欲和探索大自然的兴趣。

对动物知识的学习,又引发了儿子对动物类书籍的浓厚兴趣。每天晚上8点30分,我们母子俩准时上床,进行每天睡前的讲故事听故事活动。开始时,我邀请他:"儿子,上床讲故事吧?"讲一个他听一个,慢慢地,变成儿子主动邀请我:"妈妈,几点了?都8点半了,今天给我讲三个故事好吗?"兴趣培养起来了。我讲故事一般采取三种方式,一是让他先通过观察图画讲一遍新故事,有时他会讲得失去故事原来面貌,我也会给予表扬;二是我认真讲给他听,在我问他答、他问我答中有趣地进行;三是老故事,我讲上一页,他讲下一页。若几个故事连讲,让他先给我讲一个故事,我再给他讲一个故事。

有时候一边讲故事,他一边指着书主动问我:"妈妈,哪三个字是小白兔?"他对识字的渴望,让本不愿在幼儿早期教育中拔苗助长的我,不得不顺其自然,满足他对识字的欲望。

兴趣使然,现在讲故事、读儿歌、识字、玩电脑等被我4岁4个月的儿子美其名曰:"妈妈,我们学习吧!"——这不正是我所想要的吗?

(刘姝霞)

[案例二]

在游戏中学习

在同龄的孩子中，儿子属于兴趣广泛、特别爱学习的那种。有时我都担心现在学得太多了，会影响他上学后学习的积极性。但是，面对他的好问，我们又没有理由拒绝。

孩子在幼儿园这个年龄还是贪玩的阶段。所以，要让孩子学习得心情愉快、心甘情愿，只有让他们在游戏中轻松接受。下面介绍一下我的一些做法和体会。

1. 在游戏中学。比如在玩扑克牌的游戏中可以熟悉数字大小顺序，完成10以内简单的加减法运算等。再就是在生活中随时随地进行应用题计算的小游戏，用轻松的口气，就像聊天一样把题算好了，而且孩子兴趣盎然。如果你总是工工整整地把题写在纸上，严肃地让孩子做，孩子可能会觉得很枯燥，从而会失去兴趣。

2. 多看书。老师和小朋友都认为儿子认字挺多的，但我们从没有刻意地去教他认字。从儿子几个月起，我给他读书时都是我们一起读到哪儿，就用手指到哪儿，使之将每个字的音、意、形联系起来。慢慢地，儿子认识了书的名字、故事的名字、小主角的名字、故事里特殊字的模样。后来，他特别迷动画片《西游记》，于是他认识了孙悟空、猪八戒、唐僧、如来等人名以及每一集的题目。之后，他对商品的包装、标签上的字也开始感兴趣。儿子不到4岁，就已经看过彩图古典名著《西游记》《水浒传》《三国演义》等。

3. 智力竞赛。儿子很有点儿小英雄主义，凡事都想做好并且能够认真学习，我们就抓住他的这个特点，为他量身定做了很多方案。就说一个与"中国青年歌手大奖赛"有关的方案。在大奖赛期间我们每天必看，特别是综合素质的比赛，比赛中的题目涉及范围很广：天文、地理、历史、音乐、体育、人文、科学、日常生活等。题目出来后，儿子不仅看选手的回答，更重要的是看爸爸妈妈的回答，答对了，他非常高兴，答错了，就重复标准答案进行学习。睡觉前，他必定会缠着我们以电视中的连线、填空、选择、判断等方式给他出题，否则拒绝睡觉。于是在快乐的游戏中儿子既培养了广泛的爱好又学到了很多知识。

儿子已经6岁多了，在他的成长学习过程中，无论做什么事，我认为兴趣和快乐是最重要的。因为喜欢，才能由衷地感兴趣，才能快乐地接受而不是感到负担。

（辛翠芹）

[案例三]

下棋的启示

俗语说，家庭是孩子成长的一面镜子。良好的家庭教育，对孩子将起到至关重要的作用。我儿子今年6岁，有着这个年龄段孩子固有的调皮与活泼。对孩子来说什么都是新鲜的。如何培养孩子的学习兴趣呢？我们的做法是从下棋开始。

我们家里有象棋，有时我和家人下象棋，孩子会拿起棋子乱走一气，这时我们就会把象棋的规则讲给他听，并教他如何摆放棋子以及棋子的正确走法，他玩得很开心。

随后，我们和他去商店，他总是去看棋类柜，叫我们给他买这样那样的棋。我们发现他对棋类有兴趣，就有意培养他的爱好。现在我们家里有象棋、军棋、围棋、跳棋、飞行棋、斗兽棋等等，在这些棋中，我发现他对围棋的兴趣浓厚。我有空就和他练习围棋，他对围棋了解越来越多，围棋的基本术语、战术都掌握了。孩子的兴趣越来越浓，水平也越来越高。我们想进一步提高孩子的能力，于是让他在潍坊晚报棋院开始了更深入的学习。由于下棋所形成的习惯，现在我的孩子做什么事都很有耐心，也很细心，肯下功夫钻研难题，学习成绩也有所提高。

（丰秋红）

[案例四]

培养兴趣从"心"开始

孩子上幼儿园以后想法多了起来,今天向往跳舞,明天喜欢歌唱……我和很多妈妈一样,想给孩子选择一个有"意义"的兴趣班,最终也没有确定好。

一天晚上,女儿自己窝在角落里默不作声,很久都没有动静,我和孩子爸爸喊她几次也没有给我们回应。最后到了睡觉时间,我也变得没有耐心,连续吼她好几声,突然,她站起来,眼睛里面闪着光,让我们看她手里的魔方——已经将三个平面的颜色拼好。我们站在她面前互相对视几十秒,瞬间对自己之前的行为感到愧疚。最后,她理所当然地选择了自己喜欢的"创新思维班"。

兴趣是最好的老师。在选择孩子"兴趣"的问题上,我们一定要适时换位思考,从"心"出发。

1. 给孩子提供多个领域的多种选择。在条件允许的情况下我会为孩子提供多种选择,如在选择乐器方面,我会带领孩子多听各种乐器的演奏会,仔细观察并询问她对哪些乐器比较感兴趣,后期会带她去体验感兴趣的乐器,最后从中选取自己最喜欢的乐器,这也是促使她主动学习的动力。

2. 不要对孩子的兴趣过多评判。每个人的兴趣都值得被尊重,孩子的也一样。凡是孩子真心喜欢的兴趣爱好,又是对他有益的,父母就不要带着自己的偏见或喜好去评判。既然孩子选择的是正确的,我们就应该积极配合。

3. 多给予孩子支持和鼓励。我们要用赏识的眼光来看待孩子的成果,同时也要关注孩子为兴趣爱好付出努力的过程。孩子们的兴趣点虽然易变,但家长的支持和鼓励才是幼儿兴趣持续的动力源。

学习是孩子不断前进的基础,而兴趣是他们获取知识的动力。只有想办法培养孩子的学习兴趣,才能激发他们的内在潜力,使他们快乐成长,日后成为国家的栋梁之才。

(亓 萌)

[点评]

学习兴趣表现为对学习过程本身的喜爱,是孩子求知的内在动力。学习兴趣在孩子的学习活动中起着重要的作用。因为孩子年龄小,自制力差,所以在学习活动中带有很大的盲目性,且易受外界干扰。学习兴趣对学习的成功就显得尤为重要。在活动中发现和抓住孩子的兴趣点,利用游戏法提高孩子的学习兴趣,通过某种活动实现对学习兴趣的迁移,是以上三个案例中家长的观点和做法,值得大家学习。

每一个孩子都是不一样的,我们要根据孩子的自身特点,进行有效的引导和教育。要在尊重孩子个人意愿的基础上,为孩子提供有利条件;要善于观察孩子的言行举止,抓住时机激发兴趣;要和孩子共同活动,在活动中交流引导。我们相信,只要方法得当,每个孩子都会积极地学习知识,成为有用之才。

九、孩子缺乏责任感怎么办

现代家庭中许多孩子缺乏责任感。孩子玩具摆了一地,玩够了也不知道收拾,一走了之;吃饭时间到了,父母三番五次地催促还是叫不到饭桌前,好不容易把孩子哄到饭桌前,孩子也不自己主动拿着吃,非要大人端着饭喂到嘴里,有时孩子做错了事也不道歉,只管若无其事地玩自己的。无论父母怎样强调自己的事情要自己负责,总是收效甚微,孩子依然我行我素。研究表明,一个从小缺乏责任感的孩子,容易养成一些不良的习惯行为。现代家庭中如何培养孩子的责任感,这已是一个不容忽视的问题。在这方面,一些有心的父母,总结出了一些好办法。

[案例一]

利用榜样与环境的作用

责任感对于孩子的成长非常重要,因此我很注重对女儿进行责任感的培养。一方面,我特别注意在女儿面前表现出较强的责任感,非常关心家庭成员,关心他人,做事认真;另一方面,我不溺爱孩子,孩子能做的事,就引导鼓励孩子自己做,让孩子从小就知道自己的事情自己做,要有责任感。

有一天早餐后我和女儿在门前玩,忽然发现地上有很多碎纸屑,我不由自主地蹲下就捡。这时女儿好奇地走过来,问我干什么,我说地上有碎纸屑,我要把它们捡走。我的话音刚落,女儿也蹲下来捡起了废纸,一直把废纸捡干净才去玩。从此以后,只要发现地上有垃圾或纸屑,女儿就会主动地捡起来扔到垃圾箱去。

我还注意让孩子从习以为常的"帮"意识中走出来,为孩子创设一个负起责任的环境,让孩子明白,作为家庭、幼儿园乃至社会的一员,作为一个小公民,有自己应尽的责任和义务,从小学会为自己、为他人负责。除了强调孩子自己的事情自己做以外,我还让孩子一点一滴从小事做起,为家庭、为他人做些力所能及的事。在这一过程中,我注意做个有心人,改变以往"你帮……"而变成"我们一起来……""你能不能……""你……好吗"等商量的口吻,让孩子乐于接受。有时我在为孩子洗衣或者做饭时,就会告诉孩子,家长除了工作以外,回家还要做很多的家务,如帮你洗衣做饭等等,让孩子明白,家长做的许多事都是因为孩子还小不能做而帮他们的,从而培养她的责任意识。有时女儿自己摔倒了,会哭个不停,我就告诉她,摔倒了是因为自己不小心,不要怪别人,也不要哭,以后注意就是了。以此教育孩子不推卸责任,从小明白自己应负的责任。

(刘 宁)

[案例二]

做个有责任心的妈妈

我儿子刚刚 6 岁,是一个很没责任意识的孩子。他在客厅里玩玩具,经常摆得到处都是,玩够了也不自己收拾起来,又看电视去了;到吃饭的时间了,我在厨房里催促了一遍又一遍,他还是待在电视前没动,好说歹说把他哄到饭桌前,他就一屁股蹲在那儿,既不动手拿筷子,也不动手拿吃的,单单等着大人端着饭喂到嘴边,仿佛这些事跟他没啥关系,都成了爸爸妈妈的事了。我想,孩子从小就没有责任感,长大了以后咋办呢?

我为此查阅了大量书籍,发现孩子没有责任感的一个重要原因是现代家庭结构的变化引起的。随着生活水平的提高,几辈人的疼爱,让孩子在家庭中的地位越来越高,责任意识随之越来越淡。

原因找到了,我便有意识地扮演好有责任心的妈妈角色,力图在潜移默化中让儿子建立责任意识。我提醒儿子做人要有责任心,如要尊敬老人,自己的事情自己做,小孩子要自己吃饭、自己穿衣服、自己洗脸洗脚洗手等。我首先注意自己做好表率。公婆过生日,我领着儿子去商场为老人挑选生日礼物;公婆来我家时,我做好了饭,先把热饭送到老人面前;星期天洗衣服,我把全家的衣服包下来,直洗得满头大汗。我告诉儿子,这些都是我的责任。每个人都有自己的责任,每个人必须尽到自己的责任,这样才是一个优秀的人。我就这样事事努力做好表率,并时时提醒儿子,不知不觉中,儿子慢慢养成了一些好习惯:吃好东西时先让爸爸妈妈尝一口,不再只管往自己嘴里塞了;玩具玩够了,自己把它收拾到玩具箱里去;晚饭后我给儿子兑好水,他自己洗脚,洗完脚后再洗自己的小袜子。每次儿子用两只胖胖的小手笨拙地揉搓自己的小袜子,然后又高高举到我面前,像举着一面胜利的旗帜一样,嘴里喊着:"看,我洗好了。"此时此刻我心里就像吃了蜜一样甜。

(姚淑珍 郝忠伟)

[案例三]

把握教育契机

我的孩子今年 5 岁,时常在家中玩完玩具后,地上摆得到处都是,而他却视而不见。面对孩子制造的残局,用什么方法让孩子把玩具收拾好?作为父母对此颇费了些脑筋,办法想了不少,可都不管用。最后我意识到言教不如身教,只好用实际行动去引导教育孩子,让孩子知道应该怎么做。

面对摆的到处都是的玩具,妈妈假装伤心地说道:"小玩具,谁把你丢在这儿了?你是不是感到很孤单?我把你送回家。"边说边把玩具拾起来放回原处。孩子刚开始觉得好奇,便也跟着学,渐渐地形成了习惯,也变得爱惜玩具,对玩具轻拿轻放,不用提醒就能在玩完后把玩具收拾好。

这也使我意识到,孩子对自己的行为没有养成自我服务及自我负责的习惯,需要家长利用生活中蕴藏着的契机及时对孩子进行教育。

(朱九军)

[案例四]

激发内驱力　树立责任感

我和爱人平日里工作比较忙,陪伴孩子的时间比较少,孩子从小由爷爷奶奶带大,平日里老人对孩子宠爱有加,包办的问题严重。近期我和孩子爸爸发现孩子责任感意识薄弱,对自己的事情不上心:自己的玩具玩完后不收拾;老师安排的任务回家转头就忘;经常丢三落四,老人要跟在孩子身后忙东忙西。针对这个问题,我和孩子爸爸通过沟通,以及跟老师、其他父母交流,了解到一些方法,使用一段时间后小有成效。

1. 统一教育理念。我们和孩子的爷爷奶奶进行了沟通交流,改变之前娇惯、过度保护孩子的教育方式。

2. 父母以身作则。孩子的能力是在模仿过程中不断积累的。而父母则是他们的第一模仿对象,父母的言行举止对孩子有着十分深远的影响和巨大的意义。所以，我们在日常生活中特别注意给孩子做好表率，对父母孝顺，对工作负责，对孩子关爱，承担起自己的责任。

3. 让孩子自己承担自然后果。我们会跟孩子提前约定好他需要完成的事情，比如自己整理玩具、完成老师布置的任务等，并且跟他讲清楚，如果完不成他要自己承担玩具被没收、被老师批评等后果。

4. 培养孩子的家庭责任意识和自我服务能力。我们有意识地交给孩子一些简单的家务让他负责，如擦桌子、倒垃圾、喂猫、喂狗、给花儿浇水等，让他意识到自己是家庭一员，培养他的家庭责任感。另外，教给孩子自己的事情自己做，我们也及时地予以鼓励和表扬。当孩子遇到困难时，我们给予帮助和指导，在提高孩子自理能力的同时，培养孩子的独立性和责任感。

"责任是信念之基，担当是力量之源。"一个有责任、有担当的孩子，才能在未来的人生路上走得长远。作为父母，想要提高孩子的"责任感指数"，我们就要做好榜样。

（付敏娇）

[点评]

4～6岁是幼儿责任心产生和初步形成的重要时期。在这一时期，幼儿处在一种最积极的准备和接受状态，如果给予必要的责任感培养，非常有助于孩子责任心的形成。

幼儿的责任感不是生来就有的，也不是到一定年龄自动出现的，责任感的形成需要在日常生活中积累，在各种环境中受到教育或影响，慢慢亲身体验才能产生。对孩子来说，培养责任感的意义在于让他们知道关心别人，关心集体，长大以后关心国家大事；对家庭、工作、社会有强烈的责任心。

家长可以通过以下途径培养孩子的责任感：给孩子创造实践机会，培养孩子的责任行为；通过讲故事等手段对孩子进行责任感的思想教育；陪孩子一起做游戏，逐渐培养孩子的责任心；家长以身作则，为孩子树立榜样，逐渐让孩子形成责任心。

十、怎样使孩子有一个健康的体魄

经常听到一些家长无奈地感叹："我的孩子三天两头跑医院，打针吃药接连不断，花钱受罪先不说，今后的学习怎么办？"儿童最大的资本就是有一个健康的体魄，儿童时期的健康状况直接影响到他今后的生活质量。那么如何使幼儿有一个健康的体魄？下面是几位家长的成功经验，不妨一试。

[案例一]

孩子爱吃饭了

我儿子今年5岁，看起来却只有三四岁那么大，个子很矮，身体很瘦，一副弱不禁风的样子，都快上大班了，小朋友还整天叫他"小矮子"。他整天无精打采的，也很容易生病，我为此很担心。

为了能快快增强孩子的体质，我认真地分析了原因，发现食欲不好是孩子个子矮的主要原因。我进一步分析认为：一是孩子年龄小，根本不知道吃饭对身体有什么好处；二是他每次不想吃饭时，我便会向他许诺，如果他吃饭，我就会给他买好东西，或是给他讲故事，这样造成了他对吃饭的错误认识：吃饭对他来说成了交换物质的条件，淡化了吃饭对身体的意义。

找出原因后，我找来很多有关这方面的书籍和他一起看，把"人是铁饭是钢"之类的道理讲给他听，给他举例说，如果小动物不吃饭会饿死，不给花儿浇水就会枯死等，让他认识到吃饭对身体的重要性，纠正他对吃饭的错误认识。我还告诉他："你知道你们班小朋友为什么叫你'小矮子'吗？就是因为你整天不想吃饭，身体缺乏营养，所以你才长得矮。身体里缺乏营养不但长不高，而且很容易生病，生病就要打针、吃药。"儿子说："我不想让小朋友叫我'小矮子'，我也不想打针、吃药。"我趁机说："好啊，那你就好好吃饭，快快长高，小朋友就不会再这样叫你，你也不会生病打针了。"儿子痛快地点了点头。

从此，每当他不想吃饭时，我就会及时提醒他。现在他已经爱吃饭了，长高长壮了，体质也比以前好多了。

（马燕凤）

[案例二]

帮孩子改掉不良习惯

我女儿今年5岁，从2岁起，三天两头看医生。去年夏天咳嗽还持续不断，当用药效果不够明显时，我才意识到了问题的严重性：孩子的抵抗力越来越低了。我觉得孩子体质下降的根本原因是我们大人在生活中存在一些误区。一是户外活动太少，家几乎是孩子生活的整个世界。1～2岁时，孩子住在乡下的奶奶家，农村空气新鲜，环境优美，为孩子的户外活动提供了一个良好的场所。那时，孩子无论走到哪里，总是蹦蹦跳跳的，欢呼雀跃，身心愉快，连感冒都很少发生。2岁以后我将孩子接到自己身边，因为住楼房，老人上下不方便，加上我们工作比较忙，孩子大多数的时间是在家里度过，经常是一边看电视一边吃零食。二是零食代替主食，好吃却无营养。初为人母的我总会把爱倾注到孩子的吃上。每次去超市，总会给女儿带回一大包包装精美的零食。于是，女儿把薯片、饮料这些有大量糖类和脂肪但是营养价值过于单一的东西当成了主食，而真正的主食却很少吃了。三是用药过繁过滥，破坏了孩子自身的免疫力。每个做父母的可能都有这样的经历：孩子发烧了，不管三七二十一先给服上退烧药，腹泻了先服上止泻药。等到这些药不起作用了,再送孩子去医院,实际上这种不在医生指导下乱吃药的情况会给孩子身体造成很大危害。

既然找到了孩子免疫力下降的根源,就要在生活中彻底改正以前的不良习惯,于是我们在一位中医的指导下制定了以下计划:

第一,以步当车,坚持跑步。以前无论到哪儿,孩子总喜欢我用自行车驮着她。现在只要有机会我们都会步行,有时还会一路小跑,并且每天晚上吃完饭,准时下楼跑几圈。最初的日子,孩子不习惯,觉得累。我便采用讲故事的办法,使她在不知不觉中喜欢上了这种活动。这种运动在一年四季中见效最快的要数冬天,冬天是感冒的多发季节,这时如果坚持做户外运动,孩子身体会变得相当强壮。另外,这项运动带给我们的意外收获就是,孩子变得勤快而有毅力。

第二,痛下决心改掉不良饮食习惯。结合运动,我给孩子在饮食上作了调整:正餐吃饱吃好,三餐间多喝白开水,零食几乎不吃。要把孩子以前本末倒置的进食规律改过来,确实会让孩子沮丧一段时间,但我们可以通过做游戏、讲故事的方式转移孩子的注意力,并讲一些孩子能接受的道理,慢慢地她就会认识到以前她吃得好多是不够营养,甚至有害的"垃圾食品"。

第三,慎重用药。孩子得病时,一定要在医生的指导下用药,如果病情较轻,可用可不用时,尽量不用。例如,孩子感冒发烧时我们可采用物理方法给孩子降温,让孩子多吃新鲜水果、蔬菜,多喝开水来减缓病情。俗话说"是药三分毒",药物在治病的同时,往往会给人体带来意想不到的负面影响,所以用药一定要慎重。

经过一年多的坚持,如今孩子的体质有了很大的改善。看着孩子健康快乐地成长,我们做父母的有说不出的喜悦。

(高 敏)

[案例三]

宝宝成了营养专家

我的孩子宝宝今年已经 4 岁了，可是个子比同龄孩子要矮半头，体重也偏轻。听幼儿园老师讲，孩子上课时喜欢东张西望做做小动作，老师很难吸引他的注意力。为此我领着孩子去看了医生，原来宝宝很偏食，特别爱吃肉，青菜和水果吃得少，所以造成了宝宝"营养不良"。

为了提高宝宝的身体素质，我跟幼儿园的老师统一了目标，不论是爱吃的还是不爱吃的都要让他吃，增加对青菜和水果的摄入量。在家里的时候，我和宝宝比赛看谁先吃完一个苹果，不但有物质奖励，还有精神的：我会亲亲宝宝，夸他懂事了长大了。宝宝一被我亲就开心地哈哈大笑，还不住地亲我脸颊。在幼儿园里，宝宝吃午饭时也和小朋友比赛，以前宝宝吃不上一根香蕉，自从运用比赛形式，宝宝得到的表扬多了，逐渐地更加自信了，还要争着和爸爸比吃饭呢！

宝宝是个很优秀的孩子，利用这一优点，我们就跟他讲青菜和水果的营养成分，每吃一种蔬菜或水果时，都要不厌其烦地给他讲，慢慢地当再遇到同一种蔬菜或水果时，我们让宝宝自己讲它们的营养成分，吃了会有什么样的好处。久而久之，宝宝一看见青菜和水果，如果他自己记住了，他会急忙对我说，这个有什么样的营养成分，吃了会有什么样的好处。宝宝的爷爷奶奶见我换了教育方式，开始不赞同，说孩子还小，依着他吧！但一个多月过去后，见宝宝的饭量大了，还能说出一些营养知识，慢慢地，宝宝和两位老人一起吃饭时，二老还会时不时地考考宝宝，宝宝天天是神气十足啊！

宝宝的个子矮，想要长高，不仅要增加营养，还要加强体育锻炼。早上我们一家三口要出去跑步，开始时宝宝直喊累，我们就硬拖着强制他跑。可这不是办法。我和宝宝谈心，告诉宝宝，如果不运动，吃的东西就会吸收不好，那不是白吃了吗？宝宝懂事地点点头，可是真到跑的时候，宝宝就开始耍赖,于是我们又采取了比赛的形式:看谁跑得快。这一招总算使宝宝坚持了一段时间。

我们院里有一些健身器械,为了加强他的锻炼,我们常带他去玩。总之,为了宝宝健康的体魄,我们全家想方设法地和他在玩中锻炼,不失时机地表扬他。半年多过去了,宝宝明显长高了,和同龄的孩子差不了多少了,体重也长了上去,在幼儿园里还成了"营养专家"。

没想到,家长稍稍用点心,孩子就会进步这么大!

(曹红芹)

[点评]

幼儿期是身体生长发育的关键时期,由于身心发育尚未完善,幼儿对各种自然环境和社会环境的适应能力差,对疾病的抵抗力较弱。因此,锻炼幼儿健康的体魄,养成良好的健康生活习惯,不仅关系到他们现时的健康成长,还会为他们奠定良好的体质基础,对他们一生的健康产生持续的影响。

培养孩子良好的饮食习惯和生活习惯,进行适度的体育锻炼有利于孩子身体健康,案例提供的一些具体做法,值得大家效仿。

十一、如何尊重孩子的秩序感

著名教育家蒙特梭利曾经说过,0~4岁是秩序感发展的关键期。日常生活中,我们经常会看到有的孩子认为玩具一定要按照他设定的顺序摆放,路要按照他设计的路线走等,否则他就会发脾气,让你重新再来一遍,其实这就是孩子秩序感的体现。如何尊重孩子的秩序感呢?下面家长的做法值得我们借鉴。

[案例一]

母子俩的"强迫症"

记得小时候买西瓜,为保证买到又甜又熟的西瓜,人们总是习惯让卖瓜的人在西瓜上挖出一小块瘦瘦长长三角形的瓜,如果挖出的瓜品相不错,就把它再安插回去,反之,则当场退换。小时候的我,总认为切三角形是吃瓜前的必须流程。

一次,奶奶又买西瓜回家,拿起刀就准备切西瓜给我们吃,我却大哭起来。众人不解,我哭着说:"没有小三角形,我不吃。"奶奶说:"这次挑的西瓜特别好,不用切开看,所以没有三角形。""不行,要有三角形!"我哭得更凶了。奶奶有些生气,我也跑进房间不出来了。奶奶总是疼爱她的小孙女,于是从西瓜上挖了一块大三角拿给我。"这不是小三角,太大了!"我依旧不依不饶。奶奶又挖出了一块正方形,这次哥哥边喊边向我走来:"正方形来喽!""怎么不是三角形,呜呜呜呜!"奶奶无法,又重新挖了一块小三角形,我总算笑逐颜开。因为我,大家那次吃的是一个"千疮百孔"的西瓜。

多年以后,奶奶还会说起这件事:"你这个小妮子可真倔,怎么吃西瓜不是吃,哎!"老公听说了这件事,总是打趣我从小得了"强迫症"。

后来,儿子出生,对于这个集两个家庭宠爱于一身的小宝贝,爷爷奶奶姥姥姥爷更是捧在手心,争抢"看护权"。儿子小时候,我们一家三口像候鸟一样,每隔一段时间都要进行一次"迁徙"。

一个周末,我们带孙子去看动物,然后开车赶往婆婆家。到家以后,我们先带孙子到小区幼儿园玩,后来婆婆到幼儿园找到我们,抱着孙子准备回家。孙子拼命挣脱,非要回我们自己的家去。婆婆有些失望,以为孙子不喜欢奶奶了。结果,儿子的解释让大家啼笑皆非,只见他理直气壮地说:"从自己家来是到奶奶家,从动物园来是到幼儿园玩,必须要回去再来才是来奶奶家!"婆婆又好气又好笑,说:"既然来了奶奶小区,就是来了奶奶家了,奶奶都准备好你最喜欢的好吃的了,咱们快去看看吧。"岂料儿子非常坚定,不管我们怎么向他解释,就是坚决不去奶奶家,必须重走一遍。

天色渐渐暗了下来,老公最先"妥协",决定开车带我们回去再回来,婆婆和我坚决反对,认为这样太溺爱孩子了。老公却说:"你小时候不也曾经这么倔强,这孩子肯定是随了你的性格,'强迫症'遗传了。"哎,原来根源还在我这里。开车回来,进到我们小区,老公立即掉转车头,开往婆婆家,儿子终于心满意足了。

第二天,我和同事说起这件事,抱怨自己有个"猪队友"。同事却说,幸好老公这么做了,这是在保护孩子的秩序感。秩序感?我们平时也一直教孩子集体活动要排队啊。同事说:"你看你,平时就应该多学习儿童心理学。秩序感不仅仅是遵守规则。孩子4岁之前是秩序感的敏感期,对周围的事情有强烈的秩序化的欲望。虽然他们小,但他们对事情已经有了自己的看法,我们保护好他们的秩序感,可以帮助孩子更好地适应周围环境,增强安全感和归属感,培养良好的习惯。"

原来,小小的人是在用这种"倔强"的方式适应这个世界呢。这下,我们娘俩可以为自己"正名"了,我们可不是"强迫症",我们是在感知周围的环境。感谢奶奶的疼爱,保护了我的敏感时期;感谢老公的好性格,保护了儿子的秩序感。作为父母,我们不能只凭感情去疼爱孩子,更要用科学的育儿方法养育孩子,孩子在成长,我们也要学习,和孩子一起长大。

(李亚昆)

[案例二]

好习惯 从放手开始

我家老二今年快4岁了,每次遇到不高兴的事就发脾气,玩具乱摆放,怎么说都没用,整理收拾好没几天,又乱成一团。我把孩子的情况和老师进行沟通后，老师的一番话提醒了我，是不是破坏了孩子的秩序感，让孩子感到不安从而情绪变得不稳定呢？

经过和老师沟通，了解到孩子现在这个阶段的年龄特点，本身就对外在事物的秩序有着强烈的要求，他们心中也有自己的秩序感。

记得每次整理家里的物品时，我总会去收拾孩子的玩具，看着整齐的物品，心里很舒服。其实，孩子对自己物品观察力是很强的，他们可以记得自己玩具的位置，我们随意改动，有可能就会破坏了孩子内心的秩序感；当我们在收拾整理时，可以让孩子共同参与，让他们感到自己的秩序感被尊重。

在尊重、认同孩子的秩序感后，我们也要相信孩子的力量，放手给他们自主安排秩序的权利。我在家里特地给孩子创设了有序的环境——温馨小屋，里面摆上了小地垫、自制玩具小橱、小书架等，让宝宝自主装饰小屋、自由摆放自己的玩具、自由安排它们的位置，为养成有序的生活习惯打下了基础。同时，孩子有了自由的空间，就会学会对自己负责，如果是孩子自己能够做的事情，要鼓励孩子去做，不要打破他们的自我管理意识。如果孩子所有的事情都被你安排好了，孩子就会缺乏独立自主的能力，自然也很难学会自律。

每次带孩子出去玩时，我都会有意识地让孩子参与制定家庭计划，或者与孩子一起讨论外出需要带的物品，比如："我们周末打算去哪里玩？再去哪里？还要去哪里？出去玩要带些什么东西？中午想吃什么？"并让孩子自己整理，这样孩子就能提出自己的想法。

在日常生活中，家长可以培养孩子"做决定前思考，做决定后负责"的习惯，让孩子自己做主，成长为一个有主见的孩子。

每个孩子都是有能力的，独一无二的。作为家长，我们要学会放手，让他们去探索、去体验；相信他们、尊重他们、认可他们。只有这样，孩子才能更好、更快地养成好习惯，他们才会健康快乐地成长。

(李 艳)

[案例三]

家有"乖乖女"

最近,4岁女儿生活中的一些行为让我很是头疼。她常常乱发脾气,比如:讲好要去公园玩,可是临时有事去不了,她就会又哭又闹;有人敲门必须她去开,别人开就不行,就哭闹,还必须关上让她重新开。我当时就认为她是存心和妈妈唱反调,恨不能打她两巴掌,心想:怎么就必须你开,别人开就不行嘛!

针对女儿的情况,我翻阅了各种书籍。蒙台梭利的《儿童的秘密》书中提到"儿童是成人之父"的有力证据就是儿童天生存在的"秩序敏感期"。在读完了《捕捉儿童敏感期》这本书之后,我惊奇地发现,原来孩子的每一个行为都来自生命内在的驱动,都是生命自我成长的一个过程。这个时期的孩子思维固执,会按照固定的程序行事,打破了规律就会哭闹、焦虑,表现出不可逆性。当我看到这句话时,我第一时间想到了我女儿,如果一件事没有按照她的想法和意图去办,她的情绪就会产生剧烈的变化,发脾气、哭闹,非常难以变通,有时会到难以理喻的地步。这些都被我们这些成人定义为"任性""胡闹",殊不知,她是到了秩序的敏感期。

针对孩子的秩序敏感期,作为孩子的家长应抓住这个秩序感培养的关键期来培养孩子。

首先,生活作息要规律。给孩子安排一个科学合理且相对固定的作息时间表,并督促他们执行,这样有利于孩子时间观念的形成和秩序习惯的培养。

其次,家庭环境整洁有序。物品摆放要整齐,使用完毕后需物归原处。父母得耐心培养孩子物归原处的能力,鼓励他们自己动手收拾玩具。如果孩子表现得不好,父母要多鼓励,做正面引导。

再次,家庭氛围要和睦。家人间和睦关爱能促使宝宝形成追求文明、秩序的美好心态。好的生活环境,加上父母的言传身教,会激发孩子建立自身秩序感,强化规则意识。这样良好的习惯和品质就产生了,持之以恒,一定会让孩子受益终生。

正好现在女儿幼儿园正在推行培养幼儿良好的生活自理能力《21天好习惯养成》计划,我赶紧报了名,而且每天坚持打卡。从日常的点滴入手,从细节入手,每天和女儿一起做家务,让孩子看到家从凌乱到整洁的过程,多鼓励孩子参与这种劳动会对孩子非常有帮助。还和女儿一起把玩过的玩具放回盒子里;脱下的衣服、鞋袜要叠好,摆整齐;垃圾要扔到垃圾桶里等等。

最后,非常感谢幼儿园为孩子提供这个很好的学习平台,作为家长的我们要积极配合老师,也要不断学习,提升自己,为了使孩子能有一个良好的品格和行为习惯而努力。

(张洪珍)

[案例四]

尊重秩序　助力成长

著名教育家蒙特梭利曾说:儿童对秩序是极其敏感的,秩序是儿童对生命的一种要求。2～4岁是孩子秩序感形成的重要时期,孩子在秩序敏感期到来时,往往会对外部环境和秩序近乎偏执地维护,这背后反映的是孩子自我意识的发展、对世界的思考和对成长的渴望。

女儿4岁那年夏天,有一次她在卧室里玩芭比娃娃,因为她的卧室没空调,特别热,我和她说去客厅玩,凉快。但是她非要在卧室玩,我拗不过她,索性依着她,然后我说要把门关上,不然往客厅里灌热风,她就不愿意了,非得要开着门,我们就僵持住了。于是我静下心来和她沟通,也明白了孩子为什么这么"执拗"。她的芭比娃娃一直是放在卧室桌子上的,每个娃娃都有固定的位置,女儿对芭比娃娃摆放及玩耍位置的"苛刻"是她内在秩序感的一种外在表现,她不允许外界环境和他人破坏这种秩序,否则就会抓狂。想通这个环节后，我耐心地跟她解释她这种行为表现，并且对她的想法表示理解和尊重。慢慢地，她的情绪平复下来，最终我们达成和解，她只拿一小部分要玩的芭比娃娃到外面玩，需要其他的再去拿，要知道一开始她是不愿意这样做的。

如果我们不了解儿童秩序感敏感期的特殊心理和行为，误以为孩子是"任性"或者"诚心找茬"，就批评、斥责甚至"镇压"孩子的情绪反应，就会逐渐破坏孩子的秩序感，阻挠孩子对标准和完美的追求，导致孩子将来在遵守规则和发展道德感方面出现各种障碍和问题。

在孩子的秩序敏感期，我们可以这样做。

1. 尊重顺应，满足孩子对秩序感的需求。在不触及原则性问题的基础上，我们会尽量满足孩子的一些小执拗。比如让孩子安排吃饭的位置，让孩子决定穿衣服的顺序，让孩子安排怎么整理玩具等。遇到事情时，先问一下孩子，把主动权交到她手里，让孩子有一定的掌控感。

2. 理解接纳，对孩子的行为正面引导。我们要正确认知孩子看起来不可理喻的要求和行为，理解和接纳孩子的敏感期状态，孩子因为已经习惯的或者头脑中预期的秩序被破坏而哭闹时，我们要理解孩子对于秩序的强烈要求，耐心地处理问题，"重来"是很有效的解决对策。

3. 给孩子营造一个安全有序的环境，让孩子体会到爱、自由和秩序。比如，把家里常用的东西固定位置，尤其是衣服、水杯等放在熟悉的位置；回家后换拖鞋，鞋子要放在指定的位置；用过的东西不可以随意乱放，要物归原处。这样我们就给孩子营造一个有秩序的成长环境，让孩子掌控自己的节奏和步调，展现出大自然赋予他的力量，顺利度过秩序敏感期，健康快乐地成长。

（李艳霞）

[点评]

3～6岁的孩子正处于秩序敏感期,在这个阶段的孩子很容易关注到物品的秩序问题。有秩序感的孩子会守规矩,懂得做事要遵守秩序。秩序感发展良好的孩子长大后能轻松规划自己的生活,过得充实、快乐、有效率;反之则会荒废光阴,影响生活的质量。

秩序感需要从小开始,从生活中的点点滴滴进行培养。培养幼儿良好的秩序感,家长可以从以下几个方面入手:营造有秩序的生活环境。不论是生活环境,还是游戏环境,都需要整齐干净,才能保证其秩序感,如果家里的环境本身就是乱糟糟的,孩子习惯了待在这样的生活环境中,自然会丧失对秩序的敏感性。每一个日常活动都需要一定的开展秩序,有规律的行为和生活能够带给幼儿最直接的秩序感。家长可以和孩子约定各项活动的秩序和规则,比如玩玩具时一次只选择一种,玩完要先收回去再取其他玩具;多鼓励孩子,给孩子积极的肯定,如果孩子在秩序上做得好,成人一定不要吝啬赞美,在家人面前多多赞扬,让他感到这是一件很棒的事。

十二、如何培养孩子的自尊心

一个孩子只有建立起自尊心,才能建立起自立精神。孩子的自尊心像稚嫩的小苗,一旦受到伤害,会留下难以愈合的伤口,甚至会影响他的一生。因此,我们应注意保护孩子的自尊心,逐步培养孩子的自尊心。

[案例一]

小奖励　魅力大

从女儿懂事开始,我就非常重视孩子自尊心的培养。自她3岁进入幼儿园后,我们就特别注重激发和培养她的自尊心。我告诉她:老师发的小红花、奖状等是她的荣誉,是她经过自己的努力获得的,一定要珍惜荣誉。

此后，幼儿园的几年里，她都把这类奖励保存起来，一有客人来到家里，就会搬出来数给人家看。

一天，孩子的表姐来了，俩小孩在屋里玩了一会，女儿又开始拿出奖状在表姐面前炫耀。孩子的表姐也不示弱，对孩子说，她也有很多奖状、小红花，还有老师奖励的本子呢！这一比不要紧，女儿找不到更多的奖品了，急得大哭起来。

我知道，孩子虽小，却表现出了较强的寻求自我肯定的需要，这也是我们家长培养孩子自尊心的最佳时机。于是，我走过去把女儿抱在怀里，轻轻地说："我闺女是个很懂事、很能干的孩子，在家里和幼儿园里都做得很棒，得到了很多的奖励和表扬，而且，我们的宝贝还会继续努力，做得更好呢。"

为了让女儿从"失败"中走出来，也为了让女儿学会通过正当的竞争增强自尊心，我设计了一个女儿和她表姐参与的小游戏——小小超市：我找来各种大小不同的螺钉、螺母、牙签、纽扣、硬币、黄豆、绿豆、红豆和几个小纸盒。让孩子按属性归类，再在归类基础上按形状、颜色、大小进行分类。谁做得快、做得好，就奖励谁一朵小红花。半个小时后，两个孩子终于完成了游戏，我像个大裁判员一样认真地评判着孩子的作品，最后每人一朵小红花，每人一个大拥抱，俩孩子得意洋洋，开心十足。

要想培养起孩子的自尊心，家长首先要做的就是尊重孩子，尊重孩子的人格、尊重孩子的劳动、尊重孩子的荣誉，并教育孩子学会尊重他人；要信任孩子，相信孩子能做好、肯做好。要及时肯定孩子的成绩，适时鼓励孩子。家长要降低自己的身份，保全孩子的"面子"，学会与孩子平等对话、和谐沟通；更要学会无条件地爱我们的孩子。总之，只要我们家长肯学习、善动脑、想办法，就一定能培养出一个懂自尊、有自尊的孩子。

（王海云）

[案例二]

与孩子平等对话

有一段时间,我发现女儿对布娃娃的衣服特别感兴趣,她只要一有空,就在自己的房间里忙着给布娃娃做衣服。一开始,她只是用现成的纱巾、手绢做,渐渐地她开始把手套、袜子什么的剪开给娃娃做衣服。

有一次,我刚买的一条漂亮的裙子不见了,到处找不到,最后在墙角找到了,可是上面已经破了一个大洞。我正在纳闷,女儿抱着她的娃娃跑过来,说:"妈妈,你看,娃娃的裙子漂亮吗?"我一看,原来是她干的!我气不打一处来,真想狠狠揍她一顿。可我看到她恐惧的表情时,迅速冷静下来,顺手接过她的娃娃,说:"真漂亮,是你做的吗?"女儿小心翼翼地说:"是。"我接着说:"你为什么用妈妈的裙子给娃娃做衣服呢?""裙子上的花太好看了,我也想给娃娃做一条,可是妈妈的裙子太长了,我只好剪下来。""是这样啊。可是你知道吗?妈妈的裙子是刚买的,妈妈也很喜欢呢。"女儿不好意思地说:"我错了。""没关系,以后要知道爱惜东西。你喜欢漂亮的花布,妈妈会帮你找的。"于是,我找出一些做衣服剩下的碎布,送给女儿,女儿非常喜欢,以后没有再乱剪衣服。而且,她装饰的娃娃还多次在学校的比赛中获奖呢,这更加激发了她长大当个服装设计师的愿望。

我很庆幸当时没有发火,没有把自己的观点强加给孩子,而是认真地和孩子对话,使孩子也能和家长一样拥有发言权,能够平等地交流。这样,就了解了孩子的心理,孩子就会乐于和家长交流,愿意说出自己的想法,也愿意听取家长的建议;同时,也维护了孩子的自尊心,发展了孩子良好的兴趣爱好。

(王 芹)

[案例三]

让"心罚"远离孩子

周末,我们全家人聚在孩子奶奶家。吃过晚饭,大人聊天,孩子看电视,不知不觉到了该回家的时间。我说:"走啦,回家了……"我们已经做好走的准备,回头一看孩子看电视正入迷呢。为了让孩子有所准备,我说:"时间不早了,妈妈下楼等你,给你五分钟的时间。"没等孩子答应我已转身下楼。不到五分钟时间,听见哭声由远而近,儿子大声哭着从楼上跑下来,嘴里喊着:"坏妈妈,我就有一点没看完,你干吗非要走。"我一听非常生气地说:"你看看哥哥和妹妹早已经等着你了,这么大的孩子了哭鼻子丢不丢人呀!连小妹妹也不如。那好,我们走,你自己回家吧。"被我一说他哭的声音更大了,委屈地说:"我不如别人,你看谁都比我好。"在回家的路上,孩子情绪低落,一声不吭。

第二天,等我们都平静下来,我和儿子交谈起来。儿子问我:"妈妈,你喜欢我吗?为什么你总说别的孩子好?我不好吗?""你是妈妈的孩子,我怎么会不喜欢你呢?"我有些歉意地说。"那你为什么说我不如小妹妹?那一次还说我不如……"我忽然发现自己深深伤害了孩子的自尊,给孩子稚嫩的心灵造成了阴影。为了挽回对孩子的伤害,我向孩子承认了错误,同时,我也指出了他的缺点,并与他平等对话,约定一起改正。听到这些,孩子的脸上立刻绽放了笑容,搂着我高兴地跳起来。

由此我也意识到,对孩子体罚不好,"心罚"更是不该。我用语言奚落、挖苦孩子,表面上看比体罚"文明",但它带给孩子的伤害绝不比体罚小。体罚伤害的是孩子的身体,而"心罚"更多的是伤害孩子的"心灵"。父母是孩子在这个世界上最值得信赖的人,关心照顾孩子是父母的天职。任何情况下,家长都不应该讽刺、挖苦孩子,不应该"心罚"或变相"心罚"孩子,以免伤害其自尊。

(乔丽霞)

[案例四]

"给我点面子"

有一次，在家里吃饭，我和丈夫在讨论一个问题。谈兴正浓时，年仅6岁的女儿插了一句话。丈夫打断她："小孩子家懂什么？"女儿立即变了脸，眼泪也快下来了。过了几分钟，她嘟嘟囔囔地说："给我点面子嘛，我已经是大孩子了……"我突然意识到什么，赶紧打圆场，帮他们俩"解围"，使气氛缓和起来。

其实，孩子和大人一样，是非常有自尊心的。家长千万不要以为他们还小，什么都不懂，而随意否定他们、打击他们。在孩子的心目中，认为自己已经懂得了很多东西。他们喜欢表现自己、证实自己，迫切需要得到别人，尤其是父母的肯定、理解和支持。

饭后，我和丈夫进行了谈话，我分析了孩子的心理及性格特点，让他明白孩子是有自尊心的，并请他以后注意。丈夫马上改正错误，到女儿面前，郑重地跟女儿道了歉，女儿脸上露出了笑容。

有一天，家里来了客人，我们在客厅里说话，本来在自己房间玩玩具的女儿出来了，坐到了我们面前。我和丈夫交换了一下眼色，我故意大声说："哟，莹莹来了！来，快叫叔叔。"女儿非常高兴地接受了。然后，我让女儿给客人拿水果、倒水，客人走时让她送给客人礼物，并和我们一样跟客人说再见等等，给予她充分的尊重。

所以，要孩子尊重自己，父母要先尊重他们。即使孩子有一些令父母不满的行为或表现，父母也不宜对他们做出无情的指责，而是应该循循善诱，让他们感受到父母是关心和尊重他们的。许多父母无意间在亲戚朋友面前责骂甚至体罚孩子，这样会令孩子自尊尽失，还会破坏亲子感情，更甚者会使孩子产生自卑心理。所以，父母一定要注意培养孩子的自尊心。

(营 华)

[点评]

　　知识是力量，能力是力量，人格更是力量。自尊是一个人人格的核心和基础，对人们的认知、动机、情感、品德和社会行为均有重要影响。从某种意义上说，一个人如果失去了自尊，他的人格就会瓦解。现实生活中，一个人具有坚强的自我，保持自尊，就会得到别人的尊重和认可。

　　自尊心是由自我评价引起的自我肯定，是尊重自己的人格、尊重自己的荣誉并渴望受到他人尊重，不容别人歧视侮辱，维护自我尊严的自我情感体验。案例中家长的做法非常好，他们尊重孩子的独立人格，尊重孩子的荣誉，尊重孩子的思想和行为。

　　孩子的自尊心要从小培养。怎样培养孩子的自尊心呢？

　　1.不要简单粗暴地对待孩子，使孩子在愤恨中失去自尊心，而应该循循善诱，就事论理，使孩子在不知不觉中建立自尊。孩子有强烈的"自我中心"意识，作为爸爸妈妈要善于抓住生活中的点滴小事，向孩子讲清简单的道理，教育和培养孩子学会从他人的角度来考虑问题，逐渐摆脱"自我中心"意识，使孩子觉得人与人是平等的，从而懂得只有尊重别人，别人才能尊重自己的道理。

　　2.不要讽刺、挖苦孩子，应积极鼓励，适当赞扬或给予奖励，使孩子在自豪中建立自尊。不少孩子争强好胜，有上进心，并且希望得到成人的赞许，但由于年龄小，难免出现错误或做事情不如大人意。对此，不能过多责备孩子，而应抓住其微小进步，激发孩子的积极性，使他们克服不足，让他们在不断的成长中增强自尊心。

　　3.不要对孩子冷漠和厌烦，应该给孩子创造表现自己的机会，使孩子在满足之中建立自尊。孩子爱表现自己，喜欢做事，更喜欢成功，成人不要怕烦怕脏，让孩子退缩一角，而应尽可能地给他们创造机会，让他们施展才华，并用爱抚的微笑，诚恳的赞许，鼓励孩子进步。这样不但使孩子增强了自信心，还可以培养父母与孩子之间的感情。

4. 不要对孩子管教太严，应该把孩子当作独立的主体，使孩子在平等之中建立自尊。父母不要把孩子当作自己的私有产品，用命令的口吻跟孩子讲话，用成人的标准要求孩子。作为父母应该鼓励孩子大胆发表自己的见解，鼓励孩子与成人争辩是非。如果成人确实说错了，做错了，应坦诚地承认，并向孩子道歉，使孩子觉得父母是尊重他的，自己也应该尊重父母和别人。当然，一味地表扬、奖励、赞许孩子，会使孩子产生虚荣心。必要的批评以及慎重的处罚，也是培养孩子自尊心的一个很好的手段。它是一种冷却剂，可以使孩子冷静地检点自己的言行，修正自己的错误。

培养孩子的自尊心不是一朝一夕就能完成的，成人要有耐心，始终如一地关心爱护孩子，使孩子的自尊心得到健康发展。

十三、孩子撒谎怎么办

我们经常会见到这样的现象：有些孩子想吃零食了，问妈妈要钱，说是买小人书；打碎了东西，说是家里的小猫弄的。孩子明明做错了事，证据确凿，却就是不承认。"不是我，真的不是我！"一脸的无辜，弄得大人束手无策。孩子为什么要撒谎呢？我们应如何看待？

[案例一]

适当满足孩子的愿望

儿子5岁了，听幼儿园的老师讲，最近他老吃零食，什么雪糕、汽水、糖块等等，还经常在别的小朋友面前拿出一些小玩具之类的东西炫耀。老师问我是不是经常给他零钱。我这才回过神来！儿子说：妈妈，我想吃雪糕；妈妈，我想喝饮料；妈妈，我想买一挺机关枪。我的回答是：雪糕吃了会肚子疼；饮料有添加剂；机关枪不好玩等等。后来，他经常说：妈妈，我想买一本有动物的书；妈妈，别的小朋友都有卡通笔，我也想要；妈妈，我要买个练习本。听到这些,每次我都给他钱,金额甚至超过东西的价值。

现在看来,孩子学会撒谎了,这是一个严重的问题。找到了问题的原因,我就着手纠正他的这个毛病。

我找了一个适当的机会,告诉他:"其实妈妈说了一些错话,雪糕吃多了才会肚子疼,适当地喝些饮料没有什么事,你喜欢机关枪,妈妈就给你买一支。"

后来,孩子想喝饮料就问我要钱说买饮料,这时我告诉他:"这次妈妈可以给你买,但是饮料这种东西不要喝多,以后你想买什么告诉妈妈,妈妈帮你参谋一下。"

再后来,孩子要什么东西就会问我:"妈妈,我能不能要盒画笔……"不是太过分的情况下,我一般会满足他的要求。

从此,孩子再也没撒过谎。

(杜召芹)

[案例二]

与诚实的孩子交往

女儿4岁了,有一次她在我办公室里把我桌上的水杯打翻了,下课回来我问是谁打翻的,她说是旁边的刘老师弄的(当时刘老师不在)。过后,同事告诉我,他亲眼看见是女儿自己打翻的。

还有,那天我下班回家,发现她踩着板凳在接晾衣绳,看见我,她马上说:"这不是我弄断的。"事后,她姥姥说:"是她玩的时候不小心弄断的,还嘱咐我不要对你说。"

孩子为什么撒谎?我开始认真思考原因:每次她做错事,还没等她解释,我就劈头盖脸地责备她一通,原因就在这里。我首先改变了对孩子的态度。我诚恳地告诉孩子:"以前都是妈妈不好,没有耐心地听你解释,委屈冤枉了你。以后,妈妈一定会耐心地听你讲话。"并且告诉孩子,每个人都可能做错事，做错事不要紧，要勇于承认，要做个诚实的好孩子。同时，我还试着多让她和邻居一些诚实的孩子玩，让她转变心态。

邻居孩子在玩球的时候，小强把洋洋的裤子弄脏了，洋洋哭了，小强红着脸主动向洋洋的妈妈承认错误。洋洋的妈妈不但没有责备小强，反而表扬他："洋洋应该向你学习，做错了事主动承认，是个诚实的好孩子。"我趁机对女儿说："你看，小强做得多好！"以后，我有意识地引导女儿与小强玩。现在，女儿已经改掉了撒谎的毛病。

（杜召芹）

[案例三]

女儿的"美丽谎言"

我女儿在小班的时候，小朋友都告她的状，说她撒谎，为什么呢？原来她常说爸爸是警察，有枪，专门抓坏人的。她班主任老师跟我沟通，我说她爸爸不是警察，只是当过几年兵，女儿非常喜欢爸爸穿军装抱着她的照片。有时候，她还会说自己有会跳舞的布娃娃，她坐过飞机什么的，其实，这都是没有的事。

我知道女儿并不是真的在撒谎，是因为孩子年龄小，根本分不清哪是现实，哪是幻想。女儿崇拜警察，就幻想她爸爸是警察；女儿喜欢布娃娃，就幻想她的布娃娃能跳舞；她坐了公园里的玩具飞机，就说自己真的坐飞机了……这些是无意识的美丽谎言。

对于女儿的说谎，我没有批评她，我只是帮她分清了哪些是现实的，哪些是她自己想象出来的，告诉她自己想象的东西不是真实的。

后来孩子慢慢长大，美丽的谎言自然就没有了。

（赵明杰）

[案例四]

如何纠正孩子说谎

生活中,我们常常会因为发现自己的孩子在不知不觉中学会了说谎而感到气愤。发现孩子说谎后,家长不能一顿训斥、一顿打骂就算了,而要分析出孩子撒谎的具体原因,然后采取有针对性的预防及教育措施。

从心理学的角度讲,孩子撒谎的原因很多。从动机上看,可以分为有意撒谎和无意撒谎;从性质上看,可分为恶意撒谎和善意撒谎。对幼儿来说,一般恶意的成分少,善意的成分多。

1. 自我保护。这是孩子说谎的主要原因之一。在现实中,很少有父母能与子女建立起真正的平等、民主关系。孩子年龄小不懂事,一切都得听父母的,否则就要受到批评甚至打骂。所以有的孩子做错了事,为了逃避责备和惩罚,出于自我保护的目的逐渐学会撒谎。

2. 避免矛盾。孩子在家庭中处于从属地位,有时为了不得罪人或出于对某一方的惧怕而不愿说出自己的真实想法。经常有这样的情景,有人问孩子:"爸爸好还是妈妈好?""喜欢爸爸还是喜欢妈妈?"对于这种问题,3岁以前的孩子可能会说出自己的真实想法,但三四岁后的孩子大都会掩饰自己的真实想法,回答"都好""都喜欢",使父母双方都高兴。因此,作为父母本身,尽量不要问孩子类似的问题,以免养成他为了讨好别人而撒谎的坏毛病。

3. 满足虚荣心。现在许多父母对孩子娇生惯养,可以说要啥有啥,生怕亏待了孩子。这在孩子心目中形成了一种"攀比风",别人有的自己得有,即使没有也说有,以满足其虚荣心。比如一个孩子说:"我妈妈给我买了电动火车。"另一个孩子马上会说:"那算啥,我爸爸早给我买了,我还有电动飞机,还有坦克呢。"事实上这些东西他可能都没有。

孩子撒谎有时会带来一些不愉快的事,甚至发生一些不该发生的事。因此对孩子的诚实教育必须从小跟上。事实证明,只要父母采取必要的防范措施，对孩子多一些关爱，孩子撒谎的问题是完全可以预防并可以矫治的。

第一，家长要以身作则，不要欺骗孩子。父母作为孩子的第一任教师，是孩子直接模仿的对象，其言传身教十分重要，因此，父母要做出表率。

首先，不要当着孩子的面撒谎。孩子辨别是非的能力差，有时或许是夫妻之间开玩笑的谎话，也会让孩子觉得你在撒谎。如果一旦在孩子面前撒了谎，也不要爱面子，而要勇敢地当着孩子的面做自我批评，承认自己的过错，给孩子树立一个良好的榜样。

其次，不要给孩子开"空头支票"。有的父母为了激励孩子去做好某一件事情，事先做了这样那样的许诺，而当孩子达到目的后，事先的许诺早已忘记了或者继续开"空头支票"。这样时间长了，不仅会使孩子失去对父母的信任，而且也会使他学着欺骗父母，某件事没有做到他却谎称做到了。

第二，对孩子进行说理教育。要让孩子懂得诚实是一种高尚的道德品质和崇高的思想境界。父母可以通过给孩子讲故事的形式，使孩子认识到说谎的害处：得不到大家的信任，说话无人听，被人看不起。如给孩子讲《匹诺曹的故事》《狼来了》等生动有趣的故事，会起到很好的教育作用。

第三，生活中少对孩子责骂与体罚，让孩子敢于承认自己的过失。家长的打骂是导致孩子说谎的最主要原因。孩子在尚小的时候，时常会表现得不顺从家长的安排意见，惹得大人盛怒而难以克制，采用一些打骂的手段。如孩子不愿到幼儿园去，做家长的就"啪啪"打几巴掌，硬是拽了去。打一顿多半是有效的，然而打之后的听话只不过是压服而不是说服，孩子害怕的是暴力而不是道理。经常的暴力，会让孩子对父母产生极度的恐惧心理，即使不小心做错了事也不敢承认，而是想方设法地撒谎逃避。

第四，认真纠正第一次错误。对孩子的第一次撒谎要紧紧抓住不放，如果教育得法，就可以使他以后不再撒谎；如果第一次未抓紧、忽视了，甚至听之任之，或教育方法不得当，以后再纠正就比较困难了。

（张秀君）

[点评]

孩子说谎是一种普遍现象，也是其心理发展的一种表现，而且随着年龄的增长，说谎的现象会增加，我们不要简单地把孩子说谎贴上道德的标签。我们应该正确认识与处理幼儿的说谎行为。

首先，我们要认真分析一下为什么孩子要说谎，弄清楚孩子说谎的原因。第二，家长再反思一下自己的行为，为什么孩子不愿意和自己说实话？是不是自己对孩子的教育方式出了问题。第三，家长要给孩子应有的尊重和独立的空间，培养孩子责任感。第四，要建立良好的家庭交流关系，让孩子知道父母是最爱自己的，是无条件的爱。第五，家长要做好孩子的榜样，不在孩子面前撒谎。第六，家长可以帮助孩子选择一些优秀的伙伴，让孩子融入他们当中，逐渐改正说谎的行为。

适当满足孩子的要求，可避免孩子的说谎行为，是案例一家长的观点和做法；多让孩子与诚实的孩子交往，可帮助孩子改掉说谎的毛病，案例二家长这样说；案例三女儿的"美丽谎言"是现实与幻想的混淆，聪明的妈妈帮她分清；案例四既分析了孩子说谎的原因，同时对说谎行为的预防和矫治也提出了自己的看法。以上案例为各位家长更好地认识和处理孩子的说谎行为提供了很好的借鉴。

十四、孩子过分依恋父母怎么办

孩子喜欢与父母在一起，这是亲情的一种表现。随着孩子年龄的增长，这种依恋行为会逐渐减弱。但有的孩子却表现出了和实际年龄不相称的过分依恋行为。如：孩子都五六岁了，还形影不离地跟着父母，妈妈上班会大哭大闹，到了幼儿园门口会赖在妈妈身上不下来。回家后就缠着父母抱抱，上厕所要妈妈陪……有的父母为此很着急，但又没有办法，或许下面家长的做法能给您提供帮助。

[案例一]

爸爸我自己来

星期一，我早早起来，为儿子收拾好今天要用的水杯和尤克里里，正准备回卧室给儿子穿衣服，却发现儿子早已坐起来，拿着妈妈提前准备好的裤子，正努力地把胖嘟嘟的脚丫塞进裤腿。可能是因为裤子瘦了的缘故，儿子使出了浑身的劲儿也没提好裤子。我看时间不早了，不能再耽搁，就走过去伸手帮他提，没想到孩子一把将我的手推开，鼓起小腮帮，一本正经地对我说："爸爸，你走开，我自己来！"

一瞬间，"惨遭嫌弃"的我竟"无语凝噎"，心中百感交集。

啊，这一天终于到来啦！

儿子是我和妻子自己带大的，在上幼儿园之前，从未离开过我俩一刻。从襁褓之中，到蹒跚学步，再到咿呀学语，我俩没有错过儿子成长的任何一个阶段，也算是践行了"陪伴是最好的爱"，儿子对我俩自然也充满依恋。每天下班回家，儿子伸出小胳膊冲过来求抱抱，对我来说，这就是辛苦一天的最好回报。

直到儿子要上幼儿园，我们才发现，儿子对父母的过度依恋，竟成了他成长的最大阻力。当别的小朋友已经能开开心心背着小书包入园，我们这位活宝还得像绑肉票一样连拖带拉才能送到幼儿园门口。每天送他上学，就是对孩他妈最大的考验，把哭闹不休的娃塞到老师怀里，对她来说就像是一次次的胜利大逃亡。

生活上，儿子也慢慢表现出了一些缺点，比如不爱收拾自己的玩具，胆小，不敢爬高一点的滑梯，怕黑，睡觉必须关门等等。我想，小孩子可能都是这样的吧,就没放在心上。

随后,儿子在幼儿园出现了严重过敏,我们不得不给他转园。又换新环境,儿子能适应吗?我和妻子十分担忧,于是和新班主任进行了多次沟通,班主任的一句话让我们陷入了沉思:孩子已经长大了,家长和孩子都要学会独立。

是啊,不知不觉,孩子已经长大了,作为父母的我们,还没有发现和适应孩子长大的事实,不仅仅是孩子要学会摆脱对我们的依赖而走向独立,我们也要学会摆脱对孩子的依赖而独立。

从那天开始,我们开始有意识地培养儿子的独立意识和动手能力。从自己整理玩具开始,逐步学会整理个人衣物,后来他学会了吃完东西自己拿着餐具去厨房清洗。我俩也慢慢地让儿子适应爸妈不在身边陪伴的情景,每周邀请邻家小朋友到家里来玩,一群小家伙在楼上的玩具屋玩积木、过家家,玩得不亦乐乎,逐渐地,他有了自己的小圈子,有了小伙伴之间的小秘密。终于,我收获到了来自小男子汉的嫌弃:"爸爸,你走开,我自己来!"

我亲爱的儿子再也不是只会听从爸妈安排的小屁孩儿了,"我自己""我能行"既是我们家小小男子汉骄傲的宣言,也是让为人父母的我们最欣慰的话语。

(曹生昌)

[案例二]

育儿路上　与老师同行

幼儿园的大门早已打开,大朋友们陆陆续续地来到后和爸爸或妈妈说再见,便开心地迈进幼儿园的大门。可是我的儿子两只胳膊紧紧地搂着我的脖子,掰都掰不开,头埋在我的肩膀上一直啜泣着,任凭幼儿园老师和我说什么,就是不松手。劝了十几分钟,随着一波波的大朋友、小朋友不断进入校园,我的耐心也到了极限,我使劲地掰开他的手,把他交给老师,并严厉地说:"要是再哭,再不听话,下午放学我就不来接你了!"或许是我的威吓起了作用,儿子眼泪汪汪一步三回头地跟着幼儿园老师走进了校园。

经过一天的煎熬,终于等到了下午接儿子的时间,那个熟悉的小身影一看见我,都没有和老师说再见,张开双手着急地喊着"妈妈"便飞奔向我,两只胳膊紧紧搂着我。回家的路上没有我期待中的和我分享他的幼儿园生活,不论我问什么他总是安安静静的,两手紧紧抱着我。到家后,我去哪儿他就跟着去哪儿,一步也不离开我。幼儿园老师发来了信息,告知了儿子在园的一天表现。儿子在教室里不哭不闹,但也不听讲,小眼睛总是时不时盯向门口,发一会儿愣后抹一下眼睛,擦去还未来得及掉下的眼泪。幼儿园老师告诉我,是那句"要是再哭,再不听话,下午放学我就不来接你了"让儿子产生了恐惧心理,为了不被妈妈抛弃,儿子遵从了我的意愿进入了幼儿园,但这也带给了他无限的恐惧,让儿子误会了去幼儿园的意义。

我用老师建议的方法和儿子建立了上学的规则。第二天来到幼儿园门口,儿子还是紧紧搂着我的脖子,我没有急躁地让儿子赶紧进幼儿园,而是说:"儿子,我们击掌的时候到了。"儿子想了一会儿然后慢慢地松开了胳膊,我们两个面对面站着,大手小手击掌在一起,然后儿子又与幼儿园的老师响亮地击了掌。"儿子,现在是你陪老师的时候了,妈妈要去工作了,下午放学妈妈第一时间来接你。"然后我转身离开。

到了放学时候,儿子先与老师击掌,老师说:"明天要早早来做我的小助手哦,现在你该去陪妈妈啦。"然后儿子开心地跑过来与我击掌后扑到我的怀里。晚上跟老师沟通时了解到:儿子乖乖地到了教室,除了偶尔会向门口看一下外,其余时间都在快乐地和其他学生一起玩耍、唱歌,还帮老师摆凳子。

孩子的哭闹反映了他们对父母的爱，对父母的依恋。法国心理学家瓦隆指出："儿童对大人的依恋心是发展儿童个性极端必需的。如果儿童没有这种依恋心，就可能成为恐惧和惊慌体验的牺牲品，或者将产生精神萎缩现象，这种现象的痕迹可以保留一生，并影响到儿童的爱好和意志。"

我庆幸儿子和自己遇到了这位好老师，制止了我用恐吓和威胁来磨灭儿子对我的依恋，更感谢老师教我如何用正确的方式转移儿子的过分依恋。

（曹洪霞）

[案例三]

认同情绪　助成长

女儿楚楚今年5岁半了，爸爸在医院上班，工作忙碌下班不定时，老人们在外地，所以从出月子到哺乳期结束一直是我一人照顾她。我上班之后，奶奶来家里照顾她，然而除了工作，其他时间都是我围着她转，只要是女儿的事情，我尽可能地亲力亲为。

有段时间我因为在家养伤没上班，白天躺在床上就不断地构想孩子在幼儿园的各种情况，班级群里一有动静，我就迫不及待地去查看。而女儿呢，刚开始两天接送她放学都很开心，但一周后班主任老师联系我，说哭闹的孩子不少，但像楚楚那样不哭不闹只是不停念叨的只有她一人。白天她就坐着窗户边上，念叨妈妈什么时候来接；午休，大家都躺下了，她就念叨让老师给妈妈打视频，老师笑着说念叨得班里三个老师都觉得要"崩溃"了。

住院期间，我开始反思，一直以来都比较享受女儿的依恋，而这份依恋却成了她迈入成长新阶段的羁绊。我迫不及待地听樊登读书，从各种心理、育儿的书籍中找答案。结合现状分析，我和女儿现在应该是正值自我情绪的混乱期。

我们都拥有两个世界，一个外在的物质世界，一个内在的精神世界。

面对生活的新阶段,我们内心不会波澜不兴。成人可以寻求方法实施排解,而孩子需要家长的助推,帮助其建构平稳的内在世界。

我首先做的是跟家里人达成一致,肯定和认同女儿的情绪,准许她哭,准许她念叨,准许她各种发泄。我努力调节自己的情绪,不焦急、不烦躁,耐心陪伴。当她发泄时,我就说一句:哦,妈妈知道了,你现在不开心,是因为……而不想去幼儿园;你放心我一定提前来幼儿园门口等你,即使妈妈住院,打完针后妈妈就立刻来等你。

此外,我还陪她一起去图书馆、书店,特意挑选了情绪管理、心理类的绘本,晚上我们一边烫脚一边看书,碰到有情绪共鸣的地方,我就停下来问问她有什么感受,同时察言观色,不想说不强求,发现情绪不对就适时引导。我也学着浣熊妈妈在女儿掌心印上一个吻,告诉她妈妈的爱一直陪着她。

就这样经过一个多月的反复,我努力平稳心态陪伴女儿,尽可能地感同身受,往日不愿上学的她逐渐跟我分享起了幼儿园的趣事,老师也经常反馈她们看到的女儿的成长——吃饭不用老师叮嘱、到了幼儿园特别有条理地做事、还主动帮老师分发餐具和食物、能主动结交更多小朋友等等。

成长在家长认同孩子情绪中悄然发生,我们只需安静守候,静待花开。

(孙 飞)

[案例四]

学会放手才是爱

儿子是家里的独生宝贝,又是三代单传,长辈们更是呵护有加。从小一哭就赶紧抱起来,几乎是有求必应。大点了以后,从早起刷牙洗脸,穿衣都是我们全程陪护,他一直是衣来伸手,饭来张口,对我们依赖性很强,我们也舍不得让他自己去做事,担心他不小心磕到碰到或者发生其它安全问题。

儿子到了该上幼儿园的年龄了,我们为他选择了离家最近的幼儿园,家人坚持每天按时接送儿子上下学。儿子在极其安逸和舒适的环境中长大,在家里是个神气十足的小少爷。上了幼儿园没几天,儿子对我说他不想去幼儿园了,问他原因,他告诉我说幼儿园里没有人帮他,上学能不能带着奶奶一起。我赶忙向班主任了解儿子上学的情况,得知儿子非常不适应幼儿园的生活。班级三十多个小朋友,但只有两个老师引导和管理,儿子穿衣服、吃饭、上洗手间都没有办法自己完成,只能等着老师注意到他的时候才能帮他,孩子经常会发生饿肚子或尿裤子等情况,在幼儿园干什么事都是最后一个。儿子产生了厌学情绪。

我认真地反思了一下,觉得这样下去不行,必须改变儿子过分依赖家人的习惯。我咨询了身边的同事,看了一些关于帮助教育孩子养成良好生活习惯的书籍,意识到孩子作为家庭中的一分子,理应承担起家庭的部分责任。我开始培养孩子做家务的能力,拖地、洗碗、整理房间,一开始儿子非常抗拒,长辈们也是不赞同,但是经过我的坚持和劝说,家人们同意了我的做法,齐心协力鼓励儿子。儿子每进步一点,我们都会及时地给予表扬与认可,给他一个拥抱、一个亲吻。我还给儿子买了许多培养独立意识的绘本,每天晚上睡觉前读给他听,再对故事中主人公自己事情自己做和分担家务的优点进行表扬,并让儿子评价一下故事中主人公的做法,慢慢地,儿子越来越向"榜样"看齐,对我们要求他独立的事情也变得没那么抗拒了。

经过一段时间的努力和坚持,儿子已经能够自己独立完成起床、穿衣服、刷牙、吃饭、上厕所等这些日常小事,而且乐于去帮我们分担家务,从家里的小少爷变成了小主人,自主意识越来越强,在幼儿园不仅能自己的事情自己做,还能帮助其他小朋友。连幼儿园的老师都非常惊叹他的改变。包办教育不是爱,学会放手才是爱。

(魏 雯)

[点评]

依恋是指婴儿与成人（父母或其他监护人）之间形成的强烈情感联结。儿童早期形成的依恋关系将影响他之后与其他成人、同伴的社会关系。当孩子与父母，尤其是母亲建立良好的依恋关系时，他会对周围的环境和人产生信任感和安全感，长大后，他就会与其他人建立良好健康的关系，待人友好，受人欢迎。但是，在生活中，由于家人对孩子过度宠爱、过度保护，使孩子养成了过度依赖的坏习惯。这样孩子不仅丧失自主的权利，长大以后生活的自理能力也会很差。

这种过度依恋会让孩子在陌生环境中表现出紧张、脆弱、易怒等行为。对孩子这种过分依恋的行为，家长需要分析原因，及时加以矫正。比如以上案例中家长的做法，统一家庭教育理念，全员参与育儿；培养孩子的独立意识、锻炼孩子的自理能力；鼓励孩子主动交往，与他人建立良好关系等。

总之，父母要通过自身的教导和行为去影响孩子，从培养孩子的独立性入手，孩子就会逐渐变得自立起来。

十五、如何保护孩子的视力

儿童青少年的近视发生率越来越高，越来越多小小年纪就戴着眼镜的小朋友出现在大家的视野里。2018年国家卫生健康委员会发布了青少年近视调查结果，全国儿童青少年总体近视率为53.6%。保护孩子的视力已成为当务之急。那么，应怎样保护孩子的视力呢？

[案例一]

和近视作斗争

不知不觉间儿子已经快5岁了，看着他一天天长大，心里真是又开心又担忧。尤其是几周前，儿子出现了频繁挤眼睛的情况，我内心特别地焦虑，就害怕他出现近视的情况。一时间，我又是给他买各种维生素，又是带他去医院检查一下，生怕一个不注意就戴上了小眼镜。幸亏孩子情况逐渐缓解了。因为有这样一段经历，我也想和各位家长一起来谈一谈如何和孩子的近视作斗争。

首先，时刻关注孩子的情况，一旦发现不好的苗头立刻寻找原因并及时纠正。就像上一次，儿子出现频繁挤眼睛的情况是因为那一段时间经常上网课，用眼疲劳所造成的。发现他出现这一问题后，我就立刻限制了他使用手机上课的时间，每一次只进行 15～20 分钟的学习，然后就带着他做别的游戏，这样调整之后，他的问题就逐渐减轻并消失了。

其次，增加户外活动时间，让孩子多接触自然界中丰富多彩的事物。孩子出现近视的主要原因就是用眼过度，而且长时间短距离地看同一事物会加剧眼睛疲劳。所以，只要有时间，我就会带孩子到体育公园或其他宽阔的场地进行拍球、骑车等运动。每天孩子放学之后，我也会用半个小时左右的时间和孩子在小区里散步，增加运动量的同时也放松心情。

再次，保证充足的睡眠时间，给予孩子充分的休息。以前听别人说过，最好的休息是睡眠。这一点我深信不疑。相比较于白天，即使夜晚的灯光再明亮，对于眼睛来说也是超负荷工作。所以，每天我都会陪着孩子在九点之前上床休息。刚开始的时候孩子睡不着，但是坚持下来，孩子的睡眠形成规律后就养成了早睡早起的习惯，更重要的是第二天起床后孩子的精神也更足了。

最后，饮食方面也要注重合理均衡，避免过量的油脂和糖分的摄入。作为家长，虽然我们已经能够意识到糖对眼睛的危害，但是现在孩子们接触的食物更加多种多样，对糖分的摄入也比以前多。所以在饮食方面，不仅烹饪时少盐少油少糖，更要从自己做起，平时只吃三餐，不吃零食，帮助孩子养成良好的饮食习惯。

保护孩子的视力，不仅平时要做好预防，更要按时进行视力检查，请专业的人士提出专业的意见。让我们共同努力,还孩子一双明亮的眼睛!

(徐璐璐)

[案例二]

引导孩子少看电视

现在电视节目种类繁多,少儿节目精彩纷呈,牢牢地吸引了孩子的目光。许多孩子一回到家就打开电视,由于看电视时间过长,用眼过度,造成幼儿视力下降,影响了孩子正常的生活和学习,因此如何保护幼儿视力成了众多家长都十分关注的问题。

我的孩子一看电视就被电视节目吸引。开始我们也是强制性地关掉电视,但是效果并不理想。后来我们在她高兴的时候,就给她讲述一些因眼睛近视带来的不良后果和烦恼,使她对近视的概念和危害有了一些初步的认识。同时,利用她的爱美心理,以妈妈戴眼镜影响美观来引导和启发她,让她认识到近视的危害性。

其次,在她看电视十分着迷时,想办法转移她的注意力,如和她一起做一些新奇的游戏,下楼玩耍等等,这样就缩短了她看电视的时间。时间一久,她就逐渐养成了一个好习惯,当看完喜欢的节目后,就自觉地关掉电视,去做别的事情。

第三,当孩子躺着看书或看电视,或在光线暗淡的环境下看书识字时,我们就及时地给予纠正。同时家长也要以身作则,给孩子做好榜样,让她养成良好的习惯,注意用眼卫生,保护好视力。

(许 冰)

[案例三]

预防近视有妙招

近视这个词大家并不陌生,这是每一个孩子在成长过程中有可能出现的一个拦路虎。家长们大都"谈虎色变",不希望自己的孩子"中招"。作为一名幼儿园大班小朋友的妈妈,我也有相同的担忧,特别是生活中电子产品泛滥,如何让孩子远离电子产品,预防近视的发生就显得尤为重要。

在儿子的成长过程中,我会有意识地保护他的视力,并且总结了一些经验。

1. 陪伴让孩子远离电子产品。都说陪伴是最长情的告白,在孩子成长的过程中,陪伴是最强有力的保护伞。在这个科技时代,相信孩子们对于电子产品都或多或少地有所迷恋,大人们也是一样。以前每个节假日我们家庭成员几乎是人手一款电子产品,互相之间并没有交流。长期使用电子产品是近视形成的最大原因之一。所以,家长应放下手机,高质量陪伴孩子,如进行一些亲子游戏,多多接触大自然,多进行户外活动。这样不仅会预防近视的产生,最重要的是,在这个过程中亲子之间的感情会快速升温。

2. 做好孩子的榜样。想要孩子不玩手机不看电视,首先家长就要以身作则。孩子是家长的影子,家长的不良习惯,不知不觉中都会被孩子复制粘贴。所以每当孩子们出现不好的用眼习惯时,我和丈夫先反思和改变自己,再潜移默化地影响孩子。

3. 饮食预防有成效。孩子现在处于身体发育的重要阶段,网络上许多文章都提出有益视力的多种食品。如蓝莓、黑枸杞、橘子、甘蔗、香蕉、火龙果、甘蔗、胡萝卜、圣女果等,这些食物中含有丰富的维生素a,对眼睛有很多好处,还有预防和治疗眼干燥症的作用。所以在孩子饮食中我会有意识地添加这些食材,让孩子能够吃出健康视力来。

4. 良好习惯常提醒。良好习惯的形成离不开老师和家长时时刻刻的提醒,从小培养孩子正确的读写习惯,做到"一尺一拳一寸"。尽量避免长时间近距离用眼,在看书或者是看手机的时候,一定要有一个正确的姿势,不在光线过强或过暗的地方看书,用眼一个小时左右的时间,应该做一下眼睛保健操，目视远方。这样能够起到一个预防的作用。同时，充足的睡眠是抵抗近视强有力的武器，培养孩子早睡早起，及时午睡的好习惯。让眼睛在睡眠中得到充足的休息。

以上就是我的一些小妙招，孩子的成长过程中，会遇到很多问题，但家长的陪伴和用心，一定是解决问题的灵丹妙药。

（丁玉红）

[点评]

随着电子产品的普及与应用，儿童的视力也受到严峻的考验，近视逐渐出现低龄化现象。家长必须高度重视孩子的视力保护。综合上述案例中家长的做法，为大家提供几点建议：第一，提高孩子对眼睛的保护意识，使孩子认识到眼睛对他们的重要性；第二，定期做好视力检查，经常做眼保健操，多参加户外活动，保证眼睛的健康明亮；第三，注意用眼时间和正确的用眼姿势，在孩子学习、生活中多增加一些适当的游戏，注意劳逸结合；第四，补充眼部营养，及时给孩子补充含有丰富叶黄素精华、DHA藻油粉、β-胡萝卜素的产品。

情况不同，矫正的方法也就不同，家长们要切实做到对症下药，让孩子远离近视的困扰。

十六、如何教育孩子关心帮助别人

孩子在家中地位优越，受到父母长辈的百般宠爱与呵护，只知道要人关心要人爱，而不知道关心体贴他人，不知道主动去同情别人的困难与不幸并给予帮助。如何教育孩子从小就懂得关爱他人，或许以下家长的做法能给您一些启示。

[案例一]

让孩子捧出真诚的心

我的儿子今年 5 岁了,他活泼开朗,非常调皮,常被我说成"不听话"的孩子,而且他不会关心人。那怎样才能改变孩子的状况,让他变得有爱心呢?我把我的做法作了一个简单的总结。

第一,为孩子树立好的榜样。孩子年龄小好模仿,父母的言行对孩子会产生潜移默化的影响。因此父母应注意言传身教,为孩子树立好的榜样。电视上有这样一则广告:妈妈工作一天,下班回来要忙诸多家务,晚上要为孩子洗脚,然后又给老人洗脚。孩子看见了,随后也给妈妈端来了洗脚水。我也坚持每天给孩子的奶奶洗脚,这件事对孩子影响很大。身教胜于言教,我们夫妻相亲相爱,孝敬老人,关爱孩子,生活在这种爱的气氛里,孩子自然受到爱的熏陶,养成了关爱别人的好习惯。

第二,建立平等的家庭成员关系,不让孩子搞特殊。现在大部分家庭,孩子是"小太阳",家长是围着孩子运转的"月亮""星星",这就为孩子形成以自我为中心的性格提供了土壤。我认为,孩子是家庭中的一个成员,不能特殊优待,应平等地对待他。比如,买了好吃的东西,让他分给每人一份,没在家的人要留一份,使他明白好东西要一起分享。让他从小学会爱别人,凡事都要想着别人。

第三,注意日常生活中爱的教育。利用日常生活中各种小事来对孩子进行随机教育,这样对培养孩子的爱心是有裨益的。例如,姥姥择菜时,让孩子搬个小椅子给姥姥坐;我生病时,孩子很听话,主动照顾,说说宽慰的话。从这些生活小事入手,有利于给孩子树立"爱"的观念。

第四,教育孩子关心同伴。我经常让孩子拿出自己喜欢的玩具给小朋友玩,见到摔倒的小朋友主动去帮忙,在帮助别人的过程中,激发孩子的爱心。

孩子的心是天真无邪的。只要我们家长教育得当,引导得法,孩子定会捧出一颗真诚的爱心。

（焦 敏）

[案例二]
晓之以理　动之以情

女儿今年快 4 岁了，她从小就在爷爷奶奶身边，是爷爷奶奶唯一的孙女，自然有些任性和娇惯。时间长了问题就出来了，家里不管是吃的还是玩的，总是她说了算；不管大人为她做什么，她都认为是应该的，从来不知道去关心别人。

有一次，我因为加班比较累，回家后坐在沙发上对孩子说："恬恬，帮我拿个橘子好吗？"她坐在原地伸了伸手说："妈妈，我够不到，你自己的事情自己做吧。"说完继续看她的动画片。望着孩子冷漠的神情，我心里不由得一惊。虽说孩子现在还小，可长此下去，后果不堪设想。为了培养孩子关心他人的观念，我决定从两点做起，即晓之以理，动之以情。抽时间我买了几本儿童读物，有故事、成语、典故，每天晚上睡觉前，我会选择其中的故事细细讲给她听。故事讲完后，我会提出问题让她回答，比如：书中的小朋友做得对不对呀？换了你会怎么做？让她慢慢领会"帮助别人就是帮助自己"的道理。电视里常播的两则公益广告"一个小孩给妈妈端洗脚水""在公共汽车上给老人让座"，每次播出，女儿都会认真地看，然后还会付诸行动。她高兴地跑到洗手间端水："奶奶、妈妈，我也帮你们洗脚！"看着女儿慢慢进步，全家人感到由衷的高兴。当然，孩子还小，许多事情都是跟身边的人学的。

家长是孩子的第一任老师，要以身作则，对孩子有耐心，还要保持家庭和睦，使孩子永远有一颗健康的心灵，这才是最重要的。

（宋悦华）

[案例三]

抓住时机　爱心教育

现代社会,往往一个大家庭守护着一个孩子。孩子在爸爸、妈妈、爷爷、奶奶、姥姥、姥爷的庇护下,享受着无微不至的关怀和照顾,地位高高在上,俨然一个"小皇帝",这让孩子养成了自我至上的个性。他们觉得只要是自己的要求,就应该得到满足,而不顾别人的感受,这给孩子以后的发展造成了不利的影响。我老家是农村的,受经济条件的影响,长辈们有什么吃的都留给孩子。每当回家带点吃的,儿子分给奶奶的时候,奶奶总是拒绝,意思是要留给孩子吃。后来有一次分香蕉,儿子从奶奶身前走过,竟没分给奶奶,而是分给叔叔、婶婶。我感到奇怪,便问:"你为什么不给奶奶呀?"儿子说:"奶奶不爱吃!"我感到一阵心酸,便揽过儿子,把奶奶不吃的原因一五一十地告诉他。儿子听完以后,马上拿起一个香蕉,放在奶奶怀里,转身跑了回来。以后每次分东西,他都会硬塞给奶奶一份,然后看看我们,我们也会报以微笑。

去年冬天,我们带儿子去买电动玩具车,那天很冷,儿子兴致却很高,自己梦想已久的电动玩具车就要到手了,一路上有说有笑。就在到达超市的时候,他看到一个老太太背着一个小孩在马路边乞讨,他们衣衫褴褛,在寒风中瑟瑟发抖。妻子看着可怜,拿出几元钱,想去给她们。我便问儿子:"把给你买电动车的钱给他们一些行吗?"儿子便问:"为什么给他们呀,那我怎么买车呢?"妻子说:"你看那奶奶和小弟弟没有东西吃,没有地方住,多可怜啊,给他们一点,我们买一个小点的车子不就行了吗?"儿子看了我们半天,虽然很不情愿,但还是点头同意了。妻子拿出5元钱让儿子给了老太太。当然,儿子还是得到了想要的电动车,回到家里还不停地问:"现在小弟弟有饭吃了吗?"

父母是孩子的第一任老师。要想教育孩子关心别人,首先父母要想到别人,给孩子做出好的榜样,并随时抓住时机,对孩子进行爱心教育。

(宋悦华)

[案例四]

强强的朋友多了

我们两人因工作忙，儿子强强自小跟着爷爷奶奶长大。在入幼儿园之前，强强任性得很，他想要什么得赶紧给，不然就又哭又闹，愿意打谁就打谁，不出够气决不罢休。起初，我没觉得是什么大不了的事，小孩子嘛，娇惯点，有点任性是正常的，上了学就好了。谁知不然，入学后的第一天他就把小朋友打哭了八次，被我狠狠地批评了以后虽有所收敛，但积习难改，还是经常与小朋友们吵闹。逐渐地小朋友们都不愿和他玩耍，强强被"孤立"起来，脸上笑容越来越少。老师几次找我沟通并查找原因，我们都觉得是因在家养成的骄纵性格所致，得让他从思想上重视，从行为上改变才成。

找到突破口，我便收集了许多相关的故事，先从讲故事入手，让他明白以前自己的做法伤害了别人。看到他已经意识到了自己的错误，我又针对具体的事，教他应该怎样做大家才会喜欢。我说你喜欢人家和你玩吗？他说可喜欢了，我说好啊，可小朋友们都不喜欢霸道的人啊！我给他讲了一个故事：一个女孩走过一片草地，看见一只蝴蝶被荆棘弄伤了，她小心翼翼地为它拔掉刺，让它飞向大自然。后来蝴蝶为了报恩化作一位仙女，向小女孩说："因为你很仁慈，请你许个愿，我将让它实现。"小女孩想了一会儿说："我希望快乐。"于是仙女弯下腰来在她耳边悄悄细语一番，然后消失无迹。小女孩果真很快乐地度过一生。她年老时，邻人要求她："请告诉我们吧，仙女到底说了什么？"她笑着说："仙女告诉我，我周围的每个人，都需要我的关怀。"

经过一段时间的训练，儿子现在随和多了，也学会了关心人，任性的毛病改掉了不少。与此同时，他的朋友多了，不合群的现象消失了，脸上的笑容也多了起来。

(姜洪泉)

[点评]

　　从小培养孩子关心别人、帮助别人的行为品质,对孩子道德行为的养成意义重大。心理学研究表明,受欢迎人的个性特点首要的是尊重他人、关心他人,富有同情心。所以有一颗爱心是孩子最大的财富,会使孩子受益终生。要做到这一点,父母必须言传身教,并且有意识地在生活中培养孩子的爱心意识。因为一个具有爱心的孩子,不一定是一个伟人,但一定是一个幸福的人。

　　以上案例中的各位家长针对孩子缺乏爱心,不懂得关心别人的具体情况,采取了不同的做法,均取得了不错的效果,家长们可以从中借鉴成功经验,帮助孩子培养关爱他人的品质。

十七、孩子逆反心理严重怎么办

　　不少家长都有这样的体会:孩子的成长大致有这样几个阶段,从三四岁的"可爱"阶段,到五六岁的"可气"阶段,再到七八岁的"可恨"阶段。"可气""可恨"两个阶段其实就是孩子逆反心理严重的阶段。叫他做的,他偏不做;不让做的,他偏去做。该怎样纠正孩子的这一逆反心理呢?

[案例一]

敲响孩子的生物钟

　　孩子出现反叛心理时,家长不妨"放纵"他一下,等瞅准时机,再帮助孩子纠正。我女儿4岁以后,有一段时间拒绝睡午觉,晚上也不愿意上床,很多时候实际上她已经很困了,可她内心却把睡觉当作了一件耻辱的事情,认为是精神不足的表现。怎样才能让孩子按时休息呢?我采取了一些措施,效果并不明显。于是,我只好在周末时由着孩子,中午不睡就不强迫她,晚上她不想上床也不管她。但第二天晚上,她就支撑不住了,不到 7 点就倒在沙发上睡着了。第二天我告诉她昨天晚上的事情，她感到很不好意思。我趁机告诉她，人人体内都有一个生物钟，这个生物钟专门管着人的休息、学习等事情。人的休息时间是固定的，如果今天睡得少，第二天一定会睡得多，这是体内生物钟发出的命令——把"觉"补回来。女儿听了，尽管似懂非懂，还是相信了我的话。以后的几天，我依然把她的日常行为归结为生物钟向她发出的命令，告诉她若中午不睡，生物钟一定会命令她晚上早睡的。若中午能够睡上一个小时，她就会有精神干很多事情的，可以看动画片、听故事等。她彻底相信了我的话，现在养成了中午午休、晚上自觉上床睡觉的好习惯。

（胡美丽）

[案例二]

变着花样教孩子

前段时间我们的孩子很不听话，叫他做事情总要叫上好几遍才有反应，我们有时声音高一些，态度严厉一点，他还跟我们怄气，搞得我们很恼火。有时我会恼羞成怒，甚至拳脚相向。可是这样很长时间也没能解决问题，相反孩子的脾气也大了。怎样才能让孩子听自己的话呢？于是我们决定改变教育方法，在孩子不听话时，不要总用一种说理的方法教育他，孩子会感到厌烦。变换一种方法，因事制宜，变换花样，孩子就比较容易接受。

首先我们用友善的态度和孩子说话，讲究说话的技巧，以友好的口吻教育孩子应注意自己的言行和举止。比如，他随处把玩具乱丢时，我不再大声呵斥他，而是温柔地对他说："玩具架子才是玩具的家，玩完的玩具应该让他回到自己的家，对不对？"听到这些话后，他没有说什么，而是默默地收起玩具来。以前我让他刷牙，喊几遍他都不去，可当我说："你打算什么时间去刷牙，我想知道你能刷干净吗？"他便悄悄地去刷牙了。

其次，说话要讲究策略。如果你并不想听到孩子说"不"字的话，就不要对孩子说询问的话,你完全可以用果断但并不专横的口吻做指示。你还可以使用激将法,比如,你可以说:"我敢说我从一数到十你就能走下汽车。"说话时给予孩子一定的缓冲时间有时也很有效,比如:"你再玩5分钟就要收起来了!"让孩子心里有所准备。等过了5分钟以后,你再提醒他,他会比较容易接受。

第三,跟孩子说话要讲点心理艺术。比如,孩子放假了要睡懒觉,你不想让他起太晚了,可以说:"起太晚了不好,假期里也要在7点半之前起床。"孩子不大乐意接受,"讨价还价"之后定为8点起床。这个钟点其实正是你所要的,一开始是故意说成7点半的。这种先提一个较高要求,然后退而求其次,往往让人容易接受的现象在社会心理学中叫"拆屋顶效应"。再比如,你想培养孩子爱劳动的习惯,让他接受应该爱劳动的道理,那么,你就让他从最低的要求做起,如吃饭时负责搬椅子,进而可以一点点地提高要求,这样孩子也较容易接受。这在心理学上叫"登门槛效应",意思是先进门再说。对方往往可以一点点地接受自己的要求。

最后,对不好的行为进行严肃谈话。当孩子不听话时,成人用"责骂"或"惩罚"来处理,常常很容易把主观因素如气愤、激动、疲倦、厌烦等渗入行为的处理中,致使孩子的身体感到痛苦不适(体罚),心理产生恐惧,意志遭到压制,因此孩子很难接受成人长篇大论的说教,更别说反省和纠正自己不良的行为。此时利用"严肃的谈话",会让孩子心领神会。例如,先暂时停止他的工作,请他到一个角落,好好地跟他谈,可能会比大声责骂和处罚更能启发他,让他思考自己的不当行为。

(李学贞)

[案例三]

孩子变得听话了

随着孩子长大,我的孩子越来越不好管了,我说什么他都不听,有时我刚要说话，他就非常烦，不愿听下去。

带着这个问题，我去咨询了幼儿心理专家。专家同我一起分析了原因，专家说，这种现象大多是由孩子的逆反心理造成的。很多家长都有一个误解，认为这种心理是一种不健康的心理反应，所以要消除孩子的逆反心理。这种认识和做法恰是不科学、不正确的。因为逆反心理并非不健康的心理，逆反心理是人适应外在环境的一种正常的心理机能。幼儿时期，孩子的语言发展尚未完善，大多不能和家长讲理，只能以反向的态度和行为来对待父母的劝导、说教，这些常常是基于自我保护的本能和对事物的强烈欲望，也就是说家长使用了不正确的教养方式对待孩子，才引发他们的逆反心理，所以要改变孩子的逆反心理状态，首先应该改变的恰恰是我们家长自己。

回到家里，我和爱人讨论研究了我们的教育方案，并开始实施。

首先我们使用了实践体验法。夏天一天晚上，我们全家出去散步，孩子要买西瓜，我们解释说天气太热，离家太远，抱个西瓜太累，不买，他马上不走了。没办法，我对他说："买了你抱回家？"孩子同意了。随后，孩子抱着西瓜，一会儿累得满身大汗，在路上歇了好几次。孩子感叹地说："吃个西瓜真不划算。"

其次我们用了顺水推舟法。一个星期天，我们计划在家里做家务、打扫卫生。孩子叫我们出去玩，我说不去了，他很不满意地说："我叫你做什么你不做，以后，你叫我做我也可以不听。"我顺水推舟地说："你不要我管，太好了，我确实不想管你了，以后洗衣服、买小书、买吃的都是你自己来……"话还没说完，孩子变得嬉皮笑脸地说："妈妈，我要你管。下次去好吗？"

第二种我们使用了分析说理法。一天我见他画画不认真，就叫他好好画。他说："我们班上某某小朋友画得不如我认真，老师却表扬他了，没表扬我，我不好好画了。"我马上给他分析："班上那么多的小朋友，老师没看到你呢。从今天开始，你认真画，老师一定会表扬你的。"过了两天，孩子对我说："妈妈，今天老师表扬我了，还给了我一个小红花呢。"

　　逆反心理并不是不可思议的东西，它只是一种单向、固执、偏激的思维习惯，经常是家长对孩子限制过多造成的，家长应从孩子的角度去认识孩子、理解孩子、尊重孩子。随着孩子独立意识的不断增长，他的独立愿望促使他想摆脱成人的干涉。要对孩子的不合理反抗行为进行合理引导，家长可以采取改变孩子认知的方法，也可以采取冷处理转移注意力的方法，因势利导，改变孩子的逆反心理。

（张素林）

[点评]

　　孩子在3～5岁时出现逆反心理是正常的，这是他们心理走向成熟的反映。孩子出现适当的、轻度的逆反心理很正常，因为它是成长过程中心理独立的标志之一。但是逆反心理如果引导、处理不好，会影响孩子成长。

　　以上案例中家长的做法都能针对孩子的个性，采取有效措施，取得了良好效果。家长还可以尝试以下几种方法来应对孩子的逆反：

　　1. 不要针锋相对。父母首先要尊重孩子，了解孩子的心理特征，不要给孩子贴上"不乖""不听话"的标签，更不要随意打骂孩子，而应该采取温和的措施，帮助孩子顺利度过逆反期。

　　2. 提供有限选择。父母可以将想让孩子做的事情和孩子不太愿意做的事情放在一起，让孩子选择，可以有效避免孩子脱口而出的"不"字。

　　3. 把握教育尺度。对于处在逆反期的孩子，父母既不能一味地满足孩子的需求，也不能过分地限制，一定要在两者中间找到平衡。

　　4. 因势利导。父母应善于发现孩子的闪光点，尊重孩子的发展意愿和独立需求并加以引导，必要的时候及时施以援手。

十八、孩子做事磨蹭怎么办

现在很多孩子做事情磨磨蹭蹭，没有时间观念，家长为此很着急。怎样才能让孩子克服做事拖拉的毛病呢？

[案例一]

让孩子亲身体会

女儿缘缘今年4岁了，做事磨磨蹭蹭，叫她，她不理你；拽她，她嫌你粗鲁、不礼貌。如果理性地将时间的重要性告诉她，她不一定听懂，因此我常常结合身边的例子和孩子的亲身体会讲时间的重要性。

有一次，小朋友天天在楼下玩，我希望女儿也下去玩，但缘缘不是很情愿，因为她更喜欢和琛琛玩，于是磨磨蹭蹭，等到她听到楼下有琛琛的声音，赶紧下楼时，天天和琛琛已经一起走了。缘缘很沮丧，我和她一边找小朋友，一边讲时间的重要性，最终还是没找着那两个小朋友。从此，缘缘做事的速度比以前快多了。

另外，找一些日常小事和孩子一起比赛，比如一起喝水、一起吃饭、一起穿衣等。为了得第一，孩子总是尽快地去做，慢慢地习惯就养成了。

现在，缘缘比以前好多了。

（荆巧玲）

[案例二]

用好鼓励的武器

儿子是一个调皮的孩子，让他做事情总是磨磨蹭蹭，就是吃饭前洗手也要玩一会儿水，结果手也没洗干净，只好回去再洗；做作业时，我在跟前他就快做，不在跟前他就玩，不是玩纸片、乱画，就是摆弄算盘。我每天都为了这些事情去训斥他，但他就是不听话。

一位从事幼教的专家告诉我，孩子毕竟还小，没有时间观念。要让孩子做好一些事情必须根据孩子的性格进行引导与鼓励，这样孩子就会慢慢懂得一些道理，单纯的训斥、唠叨是不行的。

我依"法"执行，告诉他早上如果不按时到幼儿园，就赶不上早饭，老师和我都不喜欢这些不听话的孩子。我发现孩子有所改变了，早上起床后洗刷完就穿好衣服等我送他上幼儿园。平时，对孩子要做的事情，我们列好计划表，当他做好一件事情时就奖励一个小贴画，当做不好时便拿下一个贴画。这样他做事情的速度加快了，做得也更好了。

（王聪睿）

[案例三]

克服孩子磨蹭的四大"法宝"

女儿3岁半时上幼儿园了，从此每天早上成了家里最混乱的时候。我赶时间上班，她却能磨蹭会儿就磨蹭会儿，真让人着急。很长一段时间，我对孩子的磨蹭束手无策。孩子磨蹭不仅消耗了许多不必要的时间，而且打破了我对时间的正常预计和安排，造成很多被动；更重要的是，我深感磨蹭的习惯一旦养成，对孩子今后的成长很不利。于是我仔细观察、分析孩子，找到了一些对付他磨蹭的小办法，效果还不错。

1. 采用激励法，让孩子自己不愿意磨蹭。激励的效果常常是惊人的。我发现孩子磨蹭的主要原因是没有时间的紧迫感，她既不知道磨蹭有什么不好，也不知道把一件事情尽快做完后能有什么好处。于是我就想尽办法让孩子知道快速做完事情后，会得到一个她非常想要的好的结果。这个好的结果有时是一句精神上鼓励的话："真是个动作快的好孩子！""你真棒，做得又快又好！"有时是一次小小的物质奖励，如她很想要的小玩具、图书等；有时则是早早赶到幼儿园多玩一会儿她最喜欢玩的滑梯；或节约时间多听一个好听的童话故事……只要用来激励的结果是孩子想要的，根本不用紧盯着督促，孩子会很愉快地加快做事情的速度。

2. 采用游戏法，让孩子在不知不觉中不再磨蹭。孩子都喜欢游戏，有很多事情可以通过和她玩竞技游戏提高她的做事效率。例如，早上起床和晚上睡觉时我就和她比赛洗脸、刷牙、穿脱衣服，而且每每在游戏中制造我马上就要胜利的紧张气氛，给孩子造成紧迫感，却又总在最后的紧要关头故意输给她，然后不失时机地真诚夸奖她："你长大了，会做得比妈妈快而且好。"这些小游戏极大地激发了孩子的进取心，时间长了，他做事情时常会主动提出比赛的要求，并且对自己的"快速""敏捷"引以为荣，"小磨蹭"在快乐的游戏中不知不觉就不见了踪影。

3. 采用计数法，让孩子没时间磨蹭。有些事情是需要孩子自己完成的，这时如果孩子磨蹭我就会计数，来督促她抓紧时间。"让妈妈看看，你能在 x 分钟内把这件事情做完吗？"然后开始计数，一边数，一边看着孩子，孩子为了赶在规定时间内完成任务，就会尽量加快速度。计数法简单方便，随时可用，用时还可根据孩子动作的快慢，加快或减慢计数的速度，巧妙地使孩子在计数快接近尾声时把事情做完，使孩子体会到成功的快乐。

4. 采用讲道理法，让孩子知道做事为什么不能磨蹭。除了具体的小方法，我觉得还应该让孩子知道做事情不该磨蹭的道理。小故事中蕴含的道理孩子往往更容易在不知不觉中接受。我有意识地给孩子讲一些她这个年龄能听懂能理解的小故事，让孩子知道磨蹭是不好的习惯，有很多害处。做一个行动快速、做事效率高的孩子是很值得骄傲的，让孩子从主观上有不磨蹭的愿望和想法。

每个孩子的个性不同，克服磨蹭的方法也很多，只要我们善于观察分析，就一定能帮助孩子找到一把克服磨蹭的钥匙。我觉得，我们更应该用积极的眼光看孩子。磨蹭多数是因为孩子小，还没有明确的时间概念，或是还没有养成良好的习惯，这需要我们慢慢地引导，切不可轻易对孩子发火，更不可轻易责备孩子，以免在孩子幼小的心灵中留下不良的心理暗示。

（肖璐云）

[案例四]

让孩子在体验中成长

儿子今年 6 岁,调皮又贪玩,在幼儿园上大班。大班的孩子放学回家偶有一些作业,如小制作、画画之类。前一段时间,我突然发现儿子做作业不是很积极,回家后总是先玩,而作业则一拖再拖,迟迟不去完成。有时周五带回的作业一直拖到周日晚上才"被迫"完成,加之周日又玩了一天,在身心疲惫的状态下完成作业,其效果也就可想而知了。

面对这种状况,我通过与孩子交流,分析和总结了以下两方面原因:一是孩子年龄小,可能还不明白学习、作业是怎么回事,没有明确的目的性,没有树立起明确的学习目标;二是孩子在学习的过程中可能遇到了一些挫折,从而觉得完成作业是一件很困难的事情,所以不愿去完成。

针对这些情况,我决定试着从以下两个方面着手来激发、调动孩子的学习积极性。首先,培养孩子的学习兴趣。儿子已经 6 岁,即将升入小学,培养孩子的学习兴趣变得尤为重要。于是,我通过讲故事、讲道理让孩子明白学习是自己的事情,是作为一个学生必须要做好的事情,明确这是自己的责任。其次,鼓励孩子克服困难。作业前我会鼓励他:"儿子,你大胆地去完成作业,如果遇到解决不了的问题,还有爸爸妈妈在呢!"于是儿子遇到问题就请求我们帮助,我们总是耐心给予指导,让他亲身体验到困难总是可以克服的。久而久之,孩子树立起了战胜困难的信心和决心,也就不惧怕困难了。现在我经常问儿子的一句话是:"这个困难你能克服吗?"这时他总会坚定地说:"能!"

现在儿子的学习积极性有了很大的提高,真正把学习当成了自己的事情。除了能够认真完成从幼儿园带回的作业,自己还主动做一些手工,背诵一些古诗等等。有一次,恰好是周五的晚上,由于特殊原因,时间较晚了他才开始做作业,这时他已经开始打瞌睡了,爸爸让他睡觉,等第二天起床后再做,他坚持不肯,还说:"今天的事情必须今天完成。"

(宁志英)

[点评]

孩子磨蹭现在已经成了一个令家长们十分头疼的问题，纠正孩子磨蹭的毛病，关键在于观察和了解孩子。作为父母，应当善于与孩子沟通，知道孩子在想什么、干什么，然后通过激发孩子的主观能动性来改造他们。当孩子做出一些成人难以理解的事情时，父母不应当一味地批评或训斥，甚至打骂孩子，而应当平心静气地从孩子的角度思考一下：孩子为什么会这么做？找出原因后再选取合适的方法，如提前计划，给孩子预留充足的时间；避免唠叨，用简单的语言提醒；用游戏的方式鼓励孩子；和孩子一起做计划表，提高时间管理能力；采用正向鼓励和强化的方式等，就能帮孩子慢慢养成良好的自律习惯。

十九、孩子胆小怎么办

孩子胆小主要表现在：害怕与人接触，不敢在陌生人面前讲话，家里来了客人一言不发，把他叫出来也是躲躲闪闪；小朋友在一起玩耍时，不合群，怕生人，说话结结巴巴，声音很小，小朋友欺负他的时候他不敢大声讲理，更不敢反抗，而只是一味地忍受、哭泣；害怕单独睡觉，害怕小动物等等。这些表现令家长着急、担心，他们怕孩子得不到很好的发展，或因为胆小失去许多展现自己、锻炼自己的机会。

[案例一]

在与人交往中锻炼胆量

我的女儿今年6岁，从小和奶奶住在一起。她平时沉默寡言，很少与外人接触，胆子较小，一般不与其他孩子玩耍，有事很少与父母交流。去年她上了幼儿园。刚入园时，老师说她很少与小朋友玩，爱一个人在角落里玩。为了改正她这个缺点，我每次去接她都不和她立即回家，而是让她在幼儿园的小花园里尽情地玩,尤其是和小朋友接触,多交几个好朋友,在玩中锻炼胆量。出去购物,她想要什么,我都让她自己和售货员说。刚开始她不敢,但发现她自己不说我就不给她买时,慢慢就开口了。有时叫人声音小,我就让她再大声重复一遍。现在亲朋好友见了她,都说她变得大方而且有礼貌,也比以前敢说敢玩,胆子大多了。她在幼儿园里也积极参加各项活动,能和同伴友好相处了。

[案例二]

抬起头,大点儿声

女儿性格有点内向,说话细声细气,为此,我没少锻炼她。一次到商店买东西,6岁的女儿要吃松子,此时,售货员不在旁边,我说:"去把阿姨叫过来。""妈妈你去吧,我不去。"女儿不动步。"那就不买了。"我态度很坚决。女儿见我这样,犹豫了很长时间,最后还是松子的诱惑终于战胜了她的羞怯。她冲着售货员走过去,眼睛盯着地面,怯怯地说:"阿姨,我要买松子。"但说话声音太小像蚊子在叫。我走过去:"来,看妈妈怎么做!"我大声说:"您好,买松子。"售货员过来称好松子。要去收款台交钱,我掏出钱递给女儿,让她去交,她四下张望问:"妈妈,收款台在哪儿?"我故意说不知道,又点拨她:"你可以问问商场里的人呀。"女儿又小声地问售货员:"阿姨,收款台在哪儿?"在售货员的指点下,她找到了收款台,顺利地交了钱。

走出商店,我告诉她:"女儿,你进步了,下次要记住,说话时要抬起头,大点儿声。你一定是好样的!"女儿兴奋地点点头。从那以后,我有意识地锻炼女儿的胆量,尽量让她多出去办些力所能及事儿。如今,女儿已经承担了买酱油、牛奶的任务。有时碰到问路的情形,女儿会抢着说:"让我来问。"

(庄夕英)

[案例三]

循序渐进　克服胆小

以前，我女儿胆子特别小，我主要从以下几方面入手，指导、帮助她克服了胆小的毛病。

孩子不敢在陌生人面前讲话，我就告诉孩子，只要想好了说什么、怎么说，就大胆去说，任何人都是欢迎你的。别的小朋友能做的事，你也一定能做到，而且能做得很好。孩子有准备地迈出了第一步后，家长及时给予肯定，第二步、第三步就好办了。

为了能让她在客人面前说话，我先教她几句话，准备让她送茶送水，并演练了一下。当客人到了以后，她照着去做了。我们的鼓励和客人的表扬，对她的言行就是一种强化。几次之后，她就能大胆应酬了。

为了培养她自己办事的胆量，我选择了她能办的一件事，告诉她应该怎样办。她自己不敢去办，我就陪她去，事情由她办。由小事到较大的事，由简单的事到较复杂的事，几次下来，她的勇气和能力都增强了。

为了能让她在班里大胆发言，我们决定请几个与孩子关系较好的小朋友到家里来，练习讲小故事，一人讲一个。事先帮助孩子准备一个简短故事，她讲了一次，下次就会勇敢一些。然后我又跟老师联系，请老师在课堂上提问她。事先让孩子准备好，回答之后，教师会表扬她，而且提出希望，下一次孩子就会跃跃欲试。也可以在孩子预习功课时，让她写出几个不懂的问题上课提问。班上有联欢活动时事先与老师联系，让孩子准备一个小节目，或者参加一个集体节目，从而得到锻炼。

孩子现在上幼儿园，我们感觉她不再那么胆小了，能主动与陌生人说话，这与老师的正确教导也是分不开的，在此向老师表示深深的谢意。

(李永顺)

[案例四]

从分床开始

女儿出生后就自己睡小床,但是和我们一个房间。女儿 4 岁半时,我们决定给她分房。先是提前"吹风",让她有思想准备,和她讲明 5 岁生日时,就让她单独睡觉。然后我们着手给她布置房间,当然要她亲自参与和动手。我们给她挑选了一张双层床,因为小孩子对这些新奇的东西非常感兴趣,所以一开始她就对这张床充满向往。接着她就把自己的玩具,尤其是各种娃娃都搬到了双层床上。在接下来的日子里,我们经常对她说 5 岁以后就是大孩子了,大孩子就应该很勇敢,能够自己在一个房间睡觉了等等这一类的话。有空时,我们陪她画了一些画,做了一些手工作品,用来装饰她的房间。

在向往和期盼中迎来了女儿 5 岁生日,我们热热闹闹地给她庆祝了生日,祝贺她又长大了一岁。晚上她搂着我们送给她的生日礼物——大娃娃(她最喜欢的玩具就是娃娃)愉快地进了自己的房间。关上房门,我听见她还和娃娃说了些话,就是我们平日对她唠叨的那些话,这一夜顺利地过去了。由于原来在我们屋里睡觉时,她也是自己起来小便,所以她自己睡觉也轻松地过了这一关。第二天也没风没雨地过去了。第三天,她不干了,吵着要回我们房间。我早想好了对策。我也学她的样子,噘着嘴说:"我也要找妈妈睡觉。"结果她倒乐了,说:"你都是大人了,还找妈妈睡觉,丢丢丢!"我们又顺势和她讲了一番,什么"你都 5 岁了,是大孩子了"之类的话,然后又加上两条奖励措施:一、每天睡觉前给她讲故事,故事的数量由上床时间的早晚来决定(上床时间越早,讲的故事越多);二、如果每天都做得好,周五晚上可以跟爸爸妈妈一起睡。由于我们俩态度坚决,观点一致,女儿一看没有妥协的余地,只好乖乖地上自己的小床了。

偶尔,我也陪着她入睡后再起来,但是我发现她常常会"得寸进尺"。所以,一般情况下,我们还是按照"规定"办。每个周五的晚上,她就挤到大床上，眉飞色舞，兴高采烈，像过节一样。来客人时，只要女儿在家，我就刻意先征得女儿同意，然后叫女儿领客人参观她的房间，在客人的夸奖下，女儿也感觉自己很了不起。她的小伙伴来后，她总是把他们领进自己的房间，在里面玩。有了自己的房间，她还主动要求自己叠被子，整理房间。就这样，女儿单独睡觉快一年了，可以说是成功地完成分房的任务了。她的自理能力也有了很大提高。

总之，要想跟孩子分床，越早越好。但是我们一定要给她一个思想准备的过程，要逐渐过渡。同时睡觉前我们最好能在孩子的房间给她讲讲故事，陪她说说话，让她充分感受到父母对她的关爱，使她有足够的安全感。

(张晓英)

[点评]

让孩子在交往中锻炼胆量，培养勇敢精神，循序渐进，克服胆小……案例中家长的做法具体可行，值得推广。

孩子胆小一般有以下几个原因：一是生活范围小。由于孩子生活经验比较贫乏，对很多事情不熟悉、不了解。有的孩子一直在很小的范围内活动，不常与外界接触，所以认生。二是教育方法不得当。如当孩子不听话时，成年人就恐吓孩子，使孩子产生恐惧感，失去安全感，从而胆小。三是大人在日常生活中对孩子限制过多。如孩子摸摸茶杯，大人就嚷："别动，别摔了！"孩子摸摸扫帚，大人就说："多脏啊，快放下！"造成孩子不敢尝试，不能在实践中获得经验，因而胆小。

胆小的孩子，一般勇敢精神不足，创造性也差。因此，家长应教育孩子不该做的事不做，应该做的事就要勇于尝试，不要伤害孩子的探索精神。解决孩子胆小问题时家长应注意以下几点：

1. 随着孩子年龄的增长，应扩大孩子的眼界，使之多接触生人，多认识世界。

2. 让孩子多和小朋友交往，还可以和稍大一些的小朋友玩，以获得更多的知识。

3. 鼓励孩子去探索与尝试。不要一个劲儿地发布禁令，这也不行，那也不许。

4. 在生活中不要恐吓孩子。如果我们去了解孩子，用孩子的眼光来看待事物，就容易帮助孩子克服因不理解而产生的恐惧。此外我们必须记住，大人对安全和危险的看法，和孩子是不完全一致的，我们应该帮助孩子避开那些看似安全其实危险的事和物；同时，还要帮助他们去探索他们看似危险，其实很安全的事和物。

二十、如何培养孩子的观察能力

观察能力不仅可以帮助孩子获得感性知识，为学习理性认识打下基础，而且能够促进智力的发展。巴甫洛夫曾经对他的学生说过："应该先学习观察、观察。不会观察，你就永远当不了科学家。"观察力如此重要，我们应该怎样培养孩子的观察能力呢？请看下面家长的做法。

[案例一]

培养观察力的三条渠道

随着孩子渐渐长大，我认识到培养孩子观察能力的重要性，下面把我的几点做法分享给大家。

1. 从兴趣中培养孩子的观察力。

我们都知道，小孩子都很喜欢通过各种方式去摸索、了解在他四周的人、事、时、地、物。这是年幼孩子的共同特征，这样可以使孩子更加了解已知世界、探索未知的世界。

作为小孩子，大都对有生命力的小动物感兴趣。作为家长，我就抓住这一点来培养孩子的观察力。很有效的一种办法是通过观察"蚂蚁搬家",来培养孩子观察力。在假日里,我经常领着孩子走进大自然,找一处有蚂蚁踪迹的地方,放一些饼干屑,然后和孩子一起观察工蚁们把饼干屑搬入蚂蚁窝的有趣情形,我一边给孩子讲解,一边让孩子独立观察。因为蚂蚁是一种相当有组织的生物,它们的分工相当精细,每只蚂蚁各司其职。这就是我引导孩子最自然、最方便的教材!

2. 从游戏中培养孩子的观察力。

孩子一出生就对周边的事物充满了好奇。相信家长一定有过这样的经历:盯着孩子无邪的脸庞,看着他的眼睛骨碌碌转,看着他观察周边环境,看着他用小手触碰着他好奇又陌生的事物。随着孩子渐渐成长,他开始尝试许多新鲜的活动,虽然在追逐、游戏中不小心的碰撞会让他嚎啕大哭,但也让他知道了什么是疼痛。感觉是人脑对直接作用于感觉器官的客观事物的个别属性的反映,包括视觉、听觉、嗅觉、触觉、味觉以及痛觉六种主要的感觉。

在日常生活中,我经常与孩子一起通过比赛、游戏来培养孩子的观察力。例如,我将一大堆不一样形状的积木倒在地板上,与孩子一起,看谁先找出同样形状的积木,并且分类放好;或者拿两张相似的图片,看谁先找出细微不同的地方。在活动中,我故意让着孩子,以激发孩子的进取心。这样一来不但训练了孩子的观察力,同时也培养了他的归纳和分析能力,让他变成一个细心且有组织能力的人。

3. 从做家务中培养孩子的观察力。

做家务也能够训练孩子的观察力。作为二三岁的小朋友,他们可以开始学习分担一些简单家务了。在日常生活中,我会把洗净晒干的衣物通通收进屋子里,然后请孩子帮我一起做分类的工作:哪些是爸爸的,哪些是妈妈的,哪些又是自己的。别小看这些分类的工作,如果我们的孩子从小就和我们一起做这样的分类游戏,不但可以培养他的观察力、秩序感,而且可以在无形中让他变成一个整洁且有责任感的人。观察力虽然只是生活中的小细节，但是却掌控着孩子成长学习的成败。因此，有效地培养孩子的观察力，是当今父母责无旁贷的责任和任务。

（陈耀磊）

[案例二]

让孩子眼中的世界更精彩

我的孩子今年两岁半了，可是我发现他对周围的事物总是持一种漠不关心的态度。他从不会主动去发问、去观察，你给他什么，他只是接受，很少提出自己不同的意见。虽然这样的孩子不劳我们费神，但这种态度，对孩子以后的成长是不利的。我要让孩子眼中的世界变得精彩起来。

我翻阅了许多教育类书籍，制定了自己的教育计划。

一天，我买了许多草莓，那红红的色彩着实让儿子高兴了一番，然后他拿起来尝了尝，可能感觉挺甜，高兴地笑了。于是我就抓住这一教育契机，问："宝宝，你看这是什么颜色的？什么形状？吃了以后是什么味道的？"他一一回答了我的问题。以后每次买来水果，我都是先让他看一看，摸一摸，尝一尝，说一说。后来不用我问，他竟然形成了一个习惯："妈妈，这是桃子，一边儿红，一边儿绿，身上有毛毛……"

以后，我经常带他到商场、公园，在不同的季节里带他去郊游，参加一些画展、花展等有趣的活动。在这些活动中，我都会引导他把看到的、听到的、闻到的、摸到的都一一说出来。慢慢地，孩子的话多了起来。

总之，家长应在日常生活中多为孩子提供观察的机会，选择一些容易理解的事物，循序渐进地启发他们思考，使他们从小养成认真观察事物的习惯，才能提高他们的观察能力。我相信，在我们的不懈努力下，孩子眼中的世界会变得更加精彩。

（郭 芳）

[案例三]

让孩子具备敏锐的观察力

我儿子小的时候，特别喜欢绘画，他每天都要坐在小凳上，拿着一支笔和本子不停地画上一两个小时。但有时，也因自己想画的物体画不出，急得找妈妈帮忙，可我的绘画水平也有限，有时也不能达到他的要求。这可怎么办？于是，我为他请了一位绘画老师。在老师的指点下我认识到，孩子年龄小，观察事物不够具体、详细，只了解大体的特征就想用笔把它表现出来，这肯定是有很大的难度。所以说，家长要从生活中的每件小事和细节中来引导孩子正确的观察方法，以提高孩子的观察力。

从此以后，我便时时以游戏的方式来引导孩子：看看自己坐的小椅子上面是什么漂亮的图案，数数它有几条腿，摸摸喜欢的玩具有几条棱，花手绢是什么图案，饼干是什么形状的，它上面印着什么……

我常常挤出时间，带孩子到室外散步或旅游，多为孩子创造接触大自然的机会。我时常引导孩子用各种感官探索自然，将美好的景象印在脑海中。如，我带孩子散步时，引导孩子观察发芽的小草，开放的迎春花，小河里融化的冰，从南方飞回来的燕子……让孩子知道这是春天到来了。而小草长高了、变绿了，大树上的树叶更茂盛了……这是夏天来到了。每次下过雨后，我再引导孩子观察外面的景色，孩子会高兴地叫起来："大树、小草像刚刚洗过澡，身上还有水，真干净！"而当我带孩子到北京动物园游览时，孩子又被海洋馆里触摸区的动物所深深吸引，他兴奋极了，好似置身于无人的世界，自己全身心地投入到寻找、发现、感觉中。他不断试探地触摸海龟，后来竟仔细地观察起海龟的脚，还认真地数着它外壳的条纹。回到家后他能非常逼真地把自己的所见所闻画出来，还能津津有味地讲述给小朋友听。经过不断的引导培养，孩子的观察力正逐渐增强，他总是很主动地把自己的所见所闻用绘画或语言的描述形式向大家展现出来，每每都能赢得大家的鼓励和赞赏，从而激发了他对事物的观察兴趣，促进了他进一步探索世界的欲望。

(张 伟)

[案例四]

随机观察养成欣赏的习惯

"生活中不是缺少美,而是缺少一双发现美的眼睛"。我们生活的世界五彩缤纷丰富多彩,家长应把握机会引导孩子仔细观察,从中体会到欣赏的快乐和满足,萌生对生活的热爱、对生命的珍视、对大自然的无限向往。

比如,户外活动时,我总是细心观察孩子的举动,捕捉着她的一言一行,抓住时机带动她细致地观察。这天,女儿正仰着头看天,我随着她的目光看去,由衷地赞叹起来:"蓝天白云好美呀!"女儿会心地一笑,继续仰着头观察,忽然她开始了一声声感叹:"妈妈,天好蓝呀,云好白呀,这朵像大象,那朵像恐龙,那朵像棉花糖……"接下来的几天里,每当到户外活动时她总会仰头看天,或神往或喜悦,那纯真眼神里流露出的神情令人感动。一天,她发现了一群南飞的大雁,激动地大叫:"看,大雁大雁!"我立刻和她交谈起来:"大雁要飞到哪里去?南方远吗?它们为什么排得这么整齐?"通过引导,敬佩之情写满了女儿的脸庞。她仰着小脸大声地喊:"大雁你好!"大雁慢慢飞远,她挥动小手说再见,眼中满是喜爱与不舍。

蓝天白云大雁,花草树木风霜雨雪,通过观察,女儿在欣赏万物的过程中感受到自然的奥秘、生命的神奇,萌生了对世界的热爱之情。

(赵彩凤)

[点评]

培养孩子从小养成观察的习惯,用欣赏的眼光看待世界,案例中家长的做法具体且有操作性。

观察力虽然只是生活中的小细节,但是却掌控着孩子成长学习的成败。因此,培养孩子的观察力是当今父母责无旁贷的使命!

1.应该向孩子明确地提出观察的目的、任务,教给他们观察的方法,家长要引导孩子学会按照一定的规律,多方面对事物进行观察。比如按照从整体到局部,从上到下,由远及近的顺序进行观察,或者按相反的顺序观察。这样既能抓住主要方面,又不忽视次要的内容,从根本上提高孩子的观察能力。

2.应该培养孩子观察的兴趣和主动性。兴趣是最好的老师。孩子有了浓厚的观察兴趣,就会主动持久地去认识周围世界。家长要善于运用各个领域的丰富知识,启迪孩子去探索。

3.让孩子多参加实践活动,提高孩子的综合观察能力。比如外出参观游览,可以让孩子带着观察任务,调动多种感官,听、看、闻、触等,边观察边思考,回来后说一说、写一写。孩子观察得越细致,印象越清晰,描述就越生动、越有真情实感。这对于促进孩子的智力发展有重要作用。

二十一、孩子沉溺电子产品怎么办

随着电子产品的推广和普及,孩子们沉迷电子产品的现象也日益突出。小小年纪看视频、刷抖音、玩游戏……这些行为严重影响了孩子的身心健康。那么,应该怎样解决这一难题呢?不少家长对此采取了有效的方法。

[案例一]

沉迷电子莫着急 健康陪伴我做起

电子产品对于孩子的成长来说,是把双刃剑。我是一名幼儿园孩子的家长,我的两个孩子都不同程度地沉迷于电子产品。我以前在家生气时经常说一句话:"手机是你亲妈,看见手机和电视比看见妈妈还亲。"如果从他们手中拿走手机,他们每次都得大哭一场,搞得全家人心情都不好。

有一天,女儿对我说:"妈妈,你别看手机了,再看我就给你扔掉,快陪我玩。"这时我恍然大悟,我每天在孩子面前拿着手机有时办公,有时购物,却让孩子自己玩,还强调理由说:"妈妈是在工作。"家长要以身作则。许多家长在平时的生活中,也会整天拿着手机或对着电脑上网聊天、玩游戏等,而这些举动也影响着孩子。所以,要想孩子不沉迷于电子产品,家长首先就要做一个榜样,这样对孩子来说才有说服力。后来我除了有紧急的事情,在孩子面前一般不看手机,孩子沉迷手机的机会也降低了。

虽然看电子产品的次数减少了,但孩子们每次拿到手机或打开电视,都得看一个小时以上。老大有段时间时不时地眨眼睛,老二拿着手机一动不动,可以坐一个小时,谁叫都听不见,可专注了。后来,我和孩子爸爸开始和孩子商量玩电子产品的时间。我们尊重孩子,提前与孩子约定好使用的时间,每次 15-20 分钟,周一到周五每天晚上不超过两次,周末每天不超过三次,让孩子养成良好的使用习惯。这样,不但能满足孩子的好奇心,也不会伤害到宝宝的视力、骨骼等方面的发育。刚开始有点难,后来慢慢降低次数,现在周一到周五每天一次,周末每天两次,这个过程大概持续了半年,孩子们逐渐适应过来了。

孩子的爸爸工作比较忙,很少陪伴孩子,回到家又想放松一下,经常回到家就开始刷抖音,孩子们就跟着凑上去看。我提醒孩子爸爸要多和孩子交流,爸爸很爱孩子,于是收起手机和孩子玩耍。以前他们都不太喜欢爸爸,现在爸爸一回家就搂住爸爸脖子,要求一起做游戏。家长与孩子多交流,多沟通,这样才能及时了解他们心里的想法,正确引导他们健康快乐的成长。

自从两个孩子上了幼儿园,在小区里有了自己的玩伴后,他们吃完饭就要找好朋友玩,玩得很开心,只要不憋在家里,孩子就不会触及电子产品。

我们发现了这种现象，只要天不是很冷，就带孩子进行户外运动，天冷了就和同龄人在家玩耍，现在孩子不再沉迷电子产品，而是适量适时观看。

三岁看大，七岁看老，幼儿园时期对于孩子的未来影响很大，我们作为家长更应该以身作则，给孩子树立榜样，多和孩子沟通、交流，陪伴他们健康快乐成长。

（陈丽娜）

[案例二]

妈妈，我要看手机

半年前，我经常会在多多从幼儿园回家后听到他哼唱一些奇怪的歌曲："红伞伞、白杆杆""小朋友你是否有很多问号"……起初，我并没有很在意，但当频次逐渐增多，我开始留意他放学后的活动，发现多多总是抱着手机看。

为了了解孩子的动态，我这位"落伍"的老母亲也开始打开手机观看视频，我发现孩子嘴里冒出来的时髦梗都来自于一些娱乐APP，我惊讶于电子产品带给孩子的巨大冲击。

为此，我偷偷卸载了自己手机上几个孩子经常关注的软件，随之换来的是孩子们无休止地哭闹和灵魂拷问，"你们为什么能看手机呢？"这句话的确把我问住了。于是，为了对抗手机瘾，我开始研究怎么做才能让多多把注意力转移到其他事情上去。尝试各种方法后，我逐渐打开了思路。

孩子沉迷手机，除了电子产品带来的新鲜刺激外，重要的一点就是孩子缺少了父母的陪伴而感到无聊。接下来的一段时间，我每天都会和聊聊他幼儿园里有趣的事情、说说他还有什么没有实现的小愿望；当他主动跟我聊起自己困惑的时候，我都会尝试跟他一起解决；而当他偶尔情绪崩溃时，认真倾听能让孩子感受到自己是被接纳的。

回想以前的自己，很少和孩子交流，多多经常自己玩自己的，久而久之,刷手机也就成为了他的"爱好"。渐渐地,我抽出更多的时间陪孩子搭积木、拼乐高、做手工,把自己当成他的玩伴,和他一起尽情地玩从手机上学习到的好的亲子游戏,让孩子更多地感受到父母的关爱。当我把手机当成是一种扩展思路的手段时,曾经一度让我感觉苦恼的手机成了能给我支招的"小百科"。

亲子共读是父母对孩子最温暖的陪伴。每晚固定的亲子阅读时间是我们俩一天中最期待的时光。当我静静地坐在他身边,搂着这个小大人一起阅读绘本时,我会引导他想象图画中的故事,同时鼓励他参与进来,请他翻页或者是"你说一句我说一句",他通常热情满满;在阅读过程中,当多多关注一个问题的时候,我都会鼓励他提问并和他一起讨论。我发现这种互动性的阅读,才是孩子真正需要的。

现在,多多的手机风波已基本平息,当他发现更多有意思的事情以后,电子产品带给他短暂的欢乐已经被他遗忘。所以,沉迷手机不可怕,我们需要带着爱,帮助孩子从那里走出来,而且是充满电,更好地走出来,重新面对这个世界。

(李梦茹)

[案例三]

和孩子一起管理电子产品

我的儿子瑞瑞今年 5 岁,之前我一直没让他过多地接触电子产品,他能自主地看书、玩建构类积木、拼图等。我今年从网上购买了识字类游戏,也一同购买了平板电脑,里面的图像和画面让他感到新奇,他也很喜欢玩里面的识字游戏。这虽然增加了孩子的识字量,但是也打破了我们原来定好的规矩,他已经控制不住自己玩平板电脑的时间了,不管做什么事情都会分心。有一次,幼儿园老师告诉我:在集体游戏的时候,瑞瑞说好想回家看平板电脑啊。我也非常担心孩子会沉迷于电子产品而伤害眼睛。

于是我和孩子约定,周一至周五每天玩一次,每次 20 分钟;周末可以玩两次，每次 20 分钟，如果能连续两周使用时间不超时，还可以得到一个小奖励。开始几天，瑞瑞容易忘记时间，不能及时关平板电脑，我就时常口头提醒，也跟他发生了不少冲突。

冲突也让我意识到这不是解决问题的好办法，还得从根本上解决问题。于是我们一起从网上购买了孩子喜欢的时间沙漏，用沙漏来解决问题。孩子也非常开心，每次在使用平板电脑前自己都能主动摆好沙漏，并且与我一起设计了使用时间记录表，由他自己来填写；每次我也和他做简短的回顾，用问答的方式鼓励他。自从有了时间沙漏，瑞瑞基本上能在沙漏漏完时自觉停下来，还会很认真地填写使用记录表。一段时间后，再发现有好玩的游戏时，也不会出现超时的情况。

于是我们俩经过协商，决定使用番茄钟的时间铃来代替时间沙漏，每个番茄钟 25 分钟，时间铃响起后，他就会停下来，有时还很得意地对我说："妈妈，零误差哦。"这之后，我们之间再也没有因为使用平板电脑而发生不愉快的事情。

使用平板电脑的这个过程其实也是家长帮助孩子建立规则的过程。这个年龄段的孩子正处于社会性和抽象逻辑思维能力快速发展的时期，规则意识逐步形成，但孩子对于规则的认识还没有达到自律的程度；同时又喜欢问"为什么、怎么做"，对电子产品充满好奇心。所以家长和孩子建立明确的规则尤其重要，包括什么时候可以用、用多长时间，都要有一个预先的计划，达成共识以后，家庭成员在日常生活中就要严格执行，当孩子用各种行为反抗时，家长的态度也一定要坚定而和善。

当我和儿子约定好使用规则后，也会出现孩子不遵守规则的情况，这就需要我们家长时常注意观察孩子的行为动态和变化，及时调整策略并给予正确的引导，与孩子一起来管理使用。我们既要满足孩子对电子产品的好奇心，又要帮助孩子养成良好的使用习惯，让孩子有规律、有计划地接触电子产品。

（孙文燕）

[案例四]

约法三章

小儿航哥拥有敏捷的思维能力和广泛的兴趣爱好，因为识字比较早的原因，2岁的他已经可以独立阅读书刊和报纸。也正因为如此，当电子设备普及到家庭时，孩子便无师自通，不论是下软件还是玩游戏，玩得那叫一个得心应手。但电子产品的使用对儿童来说是一把双刃剑，有利有弊。

记得孩子在幼儿园中班时，因为感冒住院治疗，为了转移孩子身体不适的注意力，就给他玩平板电脑。等他身体康复出院后，航哥似乎不再喜欢以前看的儿童书籍。从白天在幼儿园到晚上回家，孩子始终处于游戏世界当中。相信很多家长也都遇到过类似的情况，毕竟手机、iPad对孩子的吸引力真的太大了，仅仅因为我们一时的疏忽，孩子便会沉迷其中，甚至影响到健康。

对此我进行了深刻的反思，为什么会出现这样的情况？游戏拥有一定的交互性，给了孩子被陪伴的感觉。孩子在游戏世界当中，触摸点击之后，游戏会给予孩子一定的回应，这种回应，使得孩子感受到自身拥有一定的掌控权，电子游戏让孩子感受到很强烈的陪伴感。倘若我只是没收掉电子产品，但对孩子基本的心理需求没有满足的话，也是没有用的。所谓"无规矩，不方圆"。我决定和孩子就手机、iPad这类电子产品的使用，举行一次家庭会议。家长千万不要觉得上幼儿园的孩子小而认为他们不懂事，他已经是家庭的一分子，我们可以通过辩论的方式进行一次讨论，得到更好的方法。这样的会议会让孩子更有参与感，孩子在遵守约定时会更有积极性，成功率也更高。与父母强加给自己的命令相比，孩子会觉得约定的方案是自己的主意，对自己参与制定的方案有更强的执行动力。经过讨论，我们和孩子达成了如下的约定：

1. 每天使用电子设备控制在半小时内。前提是在每天阅读图书和骑单车一小时之后。

2. 坚持一周，可以奖励看电影或是购买喜欢的图书。

3. 若违反上述规则，接受相应惩罚。

我们将约定书面化，并张贴在家里的显眼处，孩子时刻可以看到，当孩子完成了约定，哪怕是阶段性的约定时，我们也给予他鼓励。当孩子没有完成约定，需要承担的违约责任也绝对要承担，如果不追究，约定就丝毫没有的约束力了。

在达成约定的过程中，我们也尽量听取孩子的意见，这就是为什么家庭会议时要孩子参与的原因，不能把"约定"变为父母单方的"命令"。经过和孩子的共同努力，慢慢地，航哥对电子产品的依赖性明显减弱，取而代之的是阅读和骑单车。

教育家陈鹤琴先生说过："人类的动作十之八九是习惯，而大部分习惯是在幼年养成的，应当在幼年时期特别注意习惯的养成，习惯养得好，终身受益。"孩子的第一任老师是父母，好习惯让孩子受益终身。

（成伟娜）

[点评]

生活中，有相当一部分的家长为了换取轻松，主动让电子产品成为孩子的"保姆"，当孩子沉溺电子产品，家长无法约束的时候，又开始与孩子斗智斗勇。电子产品的声音刺激、图像刺激等，都是抓住小朋友注意力和兴趣点的关键。如何引导孩子正确使用，家长可以借助有限的使用电子屏幕的时间来帮助孩子养成正确的使用习惯。

多一点兴趣陪伴，少一些电子游戏，可以找一些孩子感兴趣的书或玩具转移孩子对电子产品的依赖，或者邀请孩子参与到家长正在做的事情中，如帮助家长择菜、搅拌鸡蛋等，给孩子一个可以完成的小任务。多一点适时提醒，少一些自由安排，在公共空间使用，家长可以适时地提醒孩子。多一点规则意识，少一些唠叨说教，提前和孩子一起对使用电子产品的合理时间达成协议,让共同制定的规则来约束孩子的行为。多一点正面引导,少一些负面示范,家长尽量不要在孩子面前使用电子产品,以身作则给孩子树立一个好榜样。

二十二、孩子注意力不集中怎么办

孩子平时在家里十分好动、调皮,进了幼儿园后上课注意力不集中、爱低头、做小动作、对周围的事情也很敏感、爱管闲事、爱说话、好动、坐不住……这些都是孩子注意力不集中的表现。如何纠正孩子的这些不良习惯呢?根据孩子的具体情况,大家不妨借鉴以下几位家长的方法来培养他们的注意力。

[案例一]

适度引导很重要

我家宝宝今年6岁,总喜欢看别的宝宝玩,注意力一点也不集中,即使玩也在不停地换玩具。他为什么不能长时间地玩一样玩具?针对这一情况我采取了以下措施:

一、在孩子玩玩具时,尊重孩子,让孩子自己选择玩具。只有孩子自己选的,才是孩子喜欢的,孩子才有可能专心地去玩。

二、为孩子提供一个安静的学习环境。父母说话时声音要轻一些,并尽量让孩子自己摸索玩具的玩法。这样孩子不但玩的时间长了,而且还动了脑筋。父母每次提供给孩子玩的玩具不宜过多,孩子喜欢的两三样玩具即可。

三、给予孩子适度的引导。如果孩子自己选择了一样玩具(这表明他喜欢这件玩具),但玩不了两下就不玩了,这既可能是因为玩具太难了,孩子玩不了;也可能是因为太简单了,孩子觉得没新意。这时我就试着介入,引导孩子继续玩下去。玩具太难了,降低一下难度,让孩子"跳一跳够得着";玩具太简单,就变换一下玩法,让孩子重新喜欢上它。如,刚开始玩剪刀的时候,孩子不会剪,尝试了几下就想放弃,这时我就会过来和孩子一起玩,我拿着纸条,让孩子剪,这样孩子从原来一手拿纸一手拿剪刀需要双手配合变成只需拿剪刀剪,动作难度降低了,孩子就能越剪越好,自信心也越来越强,玩的时间也就变长了。

我的宝宝现在已经能自己集中精力玩玩具,并且能玩很长时间,有时玩的花样连我都想不到。

(李 华)

[案例二]

创设环境　集中注意

我女儿今年快 4 岁了,上幼儿园小班。她的注意力一点也不集中,干什么事都是"三分钟热度",一会儿想做这个,一会儿又想做那个。玩的时候也是这样,一会儿玩洋娃娃,一会儿玩小汽车。画报只看几页就不看了……

就这个问题我阅读了儿童教育方面的书籍,发现主要问题还是我们家长没有给孩子创设一种良好的环境。孩子的行为是由环境决定的,也就是说任何一种行为都有其所要求的环境。注意力集中也是一种行为习惯,所以家长需要创设"注意"的环境。于是,我们全家人特别注意给孩子创设一种不被打扰的环境。作为家长我们首先要起到表率的作用,每天不管多忙,都要抽出一定的时间来陪孩子玩。孩子画画,我和她比赛,爸爸当裁判。孩子玩洋娃娃,我和她爸爸当医生,女儿做妈妈;孩子要看画报,我们全家跟她一起读,读完之后还要分角色扮演……总之,无论女儿做任何事,我们都尽量减少干扰和刺激,她注意力就会慢慢地集中起来。

[案例三]

不要随意打断孩子的活动

我女儿是独生女,自然成了爸爸、妈妈、爷爷、奶奶等众人关注的对象,女儿的一举一动都备受瞩目。孩子注意什么,大人就会注意什么,而且会赶快提供什么。比如,女儿有时正沉浸在翻书中、画画中,我会立刻赶过去"指导"宝宝,翻书要一页一页地翻,或者是欣喜地夸奖:"宝宝,你好乖啊!在画画呢,哎呀,小鸡怎么上了天上去了呢……"结果往往是我兴趣盎然,女儿却不耐烦了。

据专家介绍,当孩子正专心做某一件事情时,你千万不要去打扰她,除非是非做不可的事情。如果孩子活动经常被打断的话,她对什么事情都不会有很浓厚的兴趣,也不可能把一件事情做到底。

所以,平时女儿做任何事情时,我都是先跟她讲好,自己认真画,认真做。有时也给她规定好时间。前一段时间,女儿要参加幼儿园里的绘画大赛,所以,我在家里辅导了几天。第一天,我们先练习画个体,我采取的方法是和女儿比一比谁画得好;第二天,女儿自己照着画,我采取的方法是给女儿规定好时间(因为女儿不会看时间,我就说时钟上的长针指到几就要完成),这样,女儿在时间上就有了一种紧迫感。所以在画画的这段时间里,她良好的注意力习惯也就慢慢地养成了。

(栾 静)

[案例四]

讲故事培养安静习惯

儿子是剖宫产出生的。刚出生时,没有发现他与其他孩子有什么不同。2岁以后发现孩子有些好动,注意力不能集中。随着年龄的增长,儿子更加顽皮好动。儿子喜欢听故事,除了听故事时较能集中注意力外,其他时间一刻都不能安静。为了让儿子减少好动的行为,我利用儿子最喜欢听妈妈讲故事这一特点，训练他静坐、专心听讲的习惯。

我给儿子买了《恐龙大百科》《精选世界童话》《寓言故事等丛书》，我们几乎每天晚上都要讲这些书，有时半个多小时，有时一个多小时，儿子表现得很专心，作为家长我们也感到非常高兴，明白只有孩子兴趣所在，他才会专心，所以我们特别重视这一方面，尽量抽空和他一起看书。在讲的过程中，我用手指着字，一个一个字地念，一方面吸引他的注意力在书上，另一方面，让他在无意中认识了好多字。有时讲完后，我们还会根据故事内容，扮演不同的角色，进行游戏。通过这种游戏，还能测试出儿子是认真听了，因为每一个词他也都记得很清楚，我说错的地方他也都会指出来。有时候，我要求儿子讲给我听，他讲得很流利，很投入，吐字也很清楚，这样同时也锻炼了他的表达能力。在这一方面我的表扬使儿子信心大增，而且他也非常快乐。现在儿子时常会自觉拿起书，安静地看上好一会儿，有时我催他睡觉他都舍不得放下书。

通过以上的训练，效果非常明显，儿子好动、注意力不集中的问题比以前有了很大的改观。

（李 芳）

[案例五]

用正确的心态帮助孩子克服多动

朋友的孩子今年 4 岁，是一个爱说爱动的男孩。他的父亲由于工作原因常年出差在外，在家的时间很少，母亲工作也较忙，很少管孩子。孩子做错事，父亲则认为打骂是较有效的方法，故导致孩子常认错，但屡教不改。他在家玩的玩具主要是电动玩具，喜欢看刺激的动画片。老师反映他做事不认真，学习注意力不集中，动手能力很差。

为了帮助纠正孩子的多动行为，我咨询了一些教育专家，查阅了一些资料，帮助朋友制定了一些措施。

首先，要建立和谐的亲子关系，不要频繁地责备孩子。如孩子因为好奇去动了电源开关后，朋友没有再对孩子打骂和说教，而是和孩子一起收集关于触电引起的一些事故的图片资料、录像等，从而让孩子自己认识到问题的严重性。

其次，父母应建立合理的期望值，期望值不要过高，孩子有了点滴的进步就应进行鼓励。作为父母应该根据自己孩子的发展水平建立合适的期望值，同时要细心地捕捉孩子的点滴进步并给予及时的鼓励。比如为了培养孩子的专注性，朋友每天引导孩子玩夹豆子游戏，最初在玩游戏的时候，他只能全神贯注地坚持2分钟，此后的注意力便分散了。之后的很长的一段时间里，孩子没有什么进展。朋友并没有因此而失望，而是和孩子一起坚持着这项训练。忽然有一天孩子坚持了3分钟，这点滴的进步朋友欣喜地看在眼里，并及时地表扬了孩子，就这样3分钟、4分钟……孩子专注时间不断地延长。

再次，制定科学的矫正训练计划并和孩子一起训练。(1) 专注性训练，用筷子夹花生米、黄豆、绿豆等，由大到小，由少到多，时间由5分钟到10分钟。(2) 精细动作的训练。锻炼他用剪刀剪纸，找一些宣传画或买一些他喜欢的数码宝贝的图书，开始不约束他让他自由剪，后来要求他按照图形剪，还可以买一些他喜欢的恐龙、汽车、航天、武器等方面的涂色填充画，让他安静地坐下来涂色，然后慢慢让他学着画一些简单的线条。

另外，顺应孩子好动的特点，家长可以适当地引导孩子做一定的家务劳动，让他的好动通过正确的途径得以施展，将孩子无目的多动引向完成一件完整的可获得成就感的有意义的事，从而在这一过程中建立一种成就感。如可让孩子倒垃圾，洗小件衣服，饭后收拾桌子、刷碗等。

最后，对孩子的要求要始终一致，以强化孩子的正确行为。如每天的精细动作的训练（这个训练内容是孩子同意的），在训练的过程中，有时孩子会提出一些不当要求，企图逃避训练，而这时朋友夫妇会配合起来，要求一致，引导鼓励孩子完成训练时间与训练内容。

现在孩子的进步很大，好动、注意力不集中现象比以前有所改观。下一步我们还会继续努力，相信在我们的帮助、引导下孩子一定会有更大的进步。

(李 芳)

[点评]

注意力分有意注意与无意注意两种。前者是有目的的、特意的注意，而后者则是没有明确目的的注意。一般来说，孩子注意力不集中，往往是指他的有意注意不够集中，不能按特定的目的来集中，或者是集中的时间不够长。以上案例中，这两位家长找出了孩子注意力不集中的原因，及时纠正，取得了很好的效果。

造成孩子注意力不集中的原因很多，纠正的方法也就不同，可以从以下几个方面来纠正：(1) 从兴趣入手；(2) 不要随意打断孩子正在做的事情；(3) 让孩子养成做完一件事情后再做另一件事情的习惯；(4) 适度把握时间；(5) 要给孩子一种紧迫感；(6) 多给孩子一些"美妙"的好话。

总之，对孩子的教育是一个循序渐进的过程，切不可操之过急，也不可轻易改变原则。家长应该经常赞扬孩子在注意力集中时的表现，尽量减少对他的批评。这样对孩子良好习惯的形成会起到积极的作用。

二十三、如何帮助孩子养成运动的习惯

生命在于运动，运动不仅能使人愉悦，也能够促进孩子的身体发育，增强体质，间接促进孩子的智力提升、自我意识和心理健康。如何让孩子爱上运动，养成运动的好习惯呢？

[案例一]

剑山游记

八小时的徒步，踏过岩石河道——钻过乱草荆棘——穿越松山野林——攀上峭壁悬崖，儿子的表现超出想象，前方有困难，但不会他阻止前进的脚步。

当爱运动的父亲遇到对运动毫无兴趣的儿子，就会是一场斗智斗勇的持久战。深秋跟着"驴友"爬野山、赏红叶已经成为我多年的运动习惯。今年儿子豆豆上一年级，我计划带他深入大自然，感受一下户外运动的魅力。"爬山有去游乐园好玩吗？"这是儿子听到我周末要带他去爬山后的第一反应。以我对他的了解，倘若强制要求他前往，他会不满地一路叨叨不停。从"远上寒山石径斜……霜叶红于二月花"的诗词意境，到蜘蛛、蜈蚣、小昆虫的吸引，再到小伙伴的邀约，三重诱惑下，儿子终于答应前往。

随着时间的推移，兴奋和好奇逐步被爬山的疲劳感取代。看到豆豆和小伙伴们的畏难情绪后，我和领队商量开始寻找午餐的地点。小家伙们把自己最喜爱的零食拿出来相互分享，躲在树荫下，躺在树叶上，沉醉于绚丽的秋色之中。

午饭后的山路需要穿越一段荆棘丛林，一不小心就会被树枝划到脸，成人要半蹲才能通过。看到扎人的树枝后儿子就想退缩了。我告诉儿子：现在你就是睡前故事《少年特种兵》中的"剑齿虎"！现在的任务就是保护妈妈穿越丛林！儿子瞬间感受到责任感，不再犹豫，反而领头前进了。经历丛林后我们到达了第一个小山顶，领队考虑到队伍中部分"驴友"体力不支的情况，兵分两路前进：一路直接左行缓坡下山；另一路直行到达剑山山顶再从后山下山。看到小伙伴们大都选择了下山，豆豆的眼神也看向下山的路。我把他拉到一边告诉他："只有越过山顶，才能算是征服这座山！'会当凌绝顶，一览众山小'的感觉只有到了山上才会体验到，并且山顶上有个'秘密基地'现在下山就半途而废了，回去你会后悔的。和爸爸一起翻过山去，回家有奖励！"经过我一番"忽悠"，儿子最终和一个小朋友与我们一起踏上了登剑山山顶之路。

我们到达剑山山顶，回看上山的路，已是在脚下很矮的地方。向远处望去，群山环绕，连绵起伏的大青山，点缀着团团红叶，美色尽收眼底。我带着儿子参观了山顶的信号发射基站，并和儿子在山顶立碑旁合影，告诉他这是我们爷俩征服的第一座山。

回到车上时，太阳已经下山。儿子看到分开的小伙伴时，已经累得没有精力再去分享山顶的见闻了。回程路上我生怕他对爬山运动产生阴影，使劲地夸奖他今天顽强的表现。豆豆靠着我说："爬山虽然有些累，但是挺有意思，下次得多带点好吃的才行。"

陪伴儿子成长的过程，也是我深刻体验生活、反思生活的旅程！但又何尝不是儿子在陪着我成长呢！

（刘德鑫）

[案例二]

运动习惯养成记

俗话说"生命在于运动"，对于幼儿园的孩子来说，运动更加重要。运动不仅能促进孩子心血管系统发育和大脑发育，还能让孩子长个子、锻炼孩子的意志性格、让孩子更加乐观活泼。好玩是孩子们参与运动的最大也是最持久的动机。运动是一种健康、快乐、积极向上的生活方式，想要让孩子养成爱运动的习惯，一定要让他充分体会运动的快乐。

儿子今年5岁了，上幼儿园中班，原来一点也不喜欢运动，能躺着就不坐着，能坐着就不站着，运动更是想都别想。我深知运动对孩子尤其是对幼儿的好处，于是我就通过以下措施让孩子喜欢上运动。

首先，提高孩子体育运动的兴趣。为了提高孩子体育运动的兴趣，我和他们一起观看体育比赛，与孩子一起跑步、打球、做操，培养孩子对体育运动的兴趣。在和孩子锻炼身体时，我把体育锻炼同游戏娱乐结合起来，教孩子一边唱儿歌，一边跳橡皮筋；郊游时，和孩子比赛看谁最先到达目的地。这种锻炼方式使孩子满心喜悦，充满激情，整个身心都得到发展。慢慢地，孩子喜欢活动了，体育兴趣也就养成了。这时我又为孩子的体育活动创造物质条件，如给孩子买球拍、跳绳、小足球、小篮球等运动器材，使孩子更经常地锻炼身体，把体育兴趣转化为稳定的体育爱好。

其次，督促孩子坚持运动。幼儿园的孩子太小，自觉性和毅力不强，经常出现"三天打鱼，两天晒网"的情况，这时候我就督促并鼓励他，跳绳时，虽然他不能做连贯的动作，我也会夸奖孩子握绳子的手形真好，跳得真高等。另外，我还帮孩子制定锻炼计划，明确锻炼的内容、时间和次数，如规定每天早上六点半钟起床做操，每天下午放学后踢球半小时；双休日安排爬山、远足或参与半天的体能集训。当然，我制定的计划也是从孩子和我们家庭的实际出发，循序渐进，使孩子乐于接受，自觉执行。其实我们和孩子一起锻炼，就是对孩子的最好鼓励。即使家长不能天天与孩子一起锻炼，也要在和孩子交流时了解孩子运动情况，并给予鼓励，直至孩子养成热爱运动的好习惯。

最后，指导孩子科学地锻炼。运动会引起身体机能的深刻变化，过少的运动量对身体机能无刺激作用，超负荷运动又会对身体造成损害。幼儿园的孩子不懂这些，因此我就告诉孩子要注重身体的全面锻炼，玩得高兴固然重要，但也要适当休息，不能因为贪玩而超负荷运动从而损害身体健康。孩子在运动时，配上优美乐曲的伴奏，能起到消除运动疲劳，增强运动乐趣的作用。

（王 强）

[案例三]

增强孩子体质　从运动开始

生命在于运动,生命因运动而精彩,体育让梦想成真。女儿雯雯在幼儿园的时候就显露出超出同龄人的运动天赋,能跑能跳,各种活动从来都是只争第一不要第二。此时我也非常欣慰,仿佛已经看到了几年以后奎文区小学生篮球联赛上那个年龄最小的队员在运球飞奔的场景。雯雯爱跑爱动的天性也预示着她小学以后在各项体育项目上必定领先于同龄人,幼儿园三年一切都在向着我预想的方向发展。身为人师的我更加懂得对孩子兴趣培养的重要性,也深深知道这个时期孩子对运动项目的喜爱可能还是一种生理的本能反应或者说是一种对自己身体优越条件无意识地运用和发挥。日常生活中,我有意识地增加雯雯参加各类活动的机会,只要适合儿童参与的体育项目都让她尝试一下。这样做有两个目的:一是作为家长,我想观察出雯雯的身体条件最适合的体育项目,以后有针对性地加以引导;二是感受孩子对各项运动的兴趣浓厚程度。"欲速不达"是每个家长都应该牢记在心的,特别是在孩子兴趣培养方面上,最忌讳的就是急于求成,这样往往会扼杀了孩子的兴趣点,那就适得其反了。我深深懂得这个道理,在不断观察的同时加强和雯雯的沟通交流。让我欣慰的是她对各运动项目的兴趣越来越浓,自身优势也逐渐凸显出来。通过观察和交流,我逐渐了解到她对篮球相当热爱,对自己的跑、跳的爆发力相当自信,于是我也有了自己下一步的引领方向。

小学一年级秋季运动会,在 50 米套圈跑项目中,她遥遥领先于其他同学,毫无悬念地摘得全年级女生第一名。班主任悄悄跟我说,在班里,所有男孩子都跑不过她。雯雯过人的爆发力天赋也引起了学校体育老师和篮球队教练的注意,并和我约定三年级后让她直接进入学校篮球队,提前培养,这可是篮球队从来没有过的年龄。越是如此,在以后的兴趣引领和陪伴中我愈加小心谨慎地观察和思考,把握方向尺度,掌握雯雯身体成长的方方面面。

小学二年级，雯雯弹跳优势又露了出来，获得了年级女子跳远第一名。她出色的爆发力、过人的奔跑速度加上良好的弹跳，配上日常对篮球的爱不释手，注定了这是一个篮球队好苗子。在学校老师的重点关注下，他们提前针对雯雯制定了培养计划，引导孩子自己通过努力加入了学校女子篮球队。这份入队的艰难磨砺和成功的喜悦更加提高了孩子的自信心，自此以后孩子对篮球的兴趣愈发浓烈了，篮球技术也越来越成熟。更为难得的是，通过运动兴趣的培养，她的性格越来越阳光向上，学习成绩也越来越好，真正实现了兴趣引领，以点带面全面发展。

当然，雯雯的运动之路还只是刚刚开始，她对篮球的兴趣相信也会随着年龄的增长而愈加浓厚。作为家长，我也会全力陪伴她的成长，多给她鼓励和引导，并希望她将此运动爱好永远坚持下去，养成良好习惯，塑造强健体魄，做一个爱运动性格开朗的阳光女孩！

（谢国辉）

[点评]

运动对孩子智力、健康发展的好处自不用说。家长对孩子运动习惯的培养也越来越重视，引导孩子爱上运动，养成运动的习惯，以上案例中家长的做法都取得了很好的成效。我们在借鉴效仿的同时，可以根据孩子的具体情况，着重做好以下几方面：

1. 带孩子感受运动之美。欣赏运动类活动，可以让孩子感受到运动的乐趣。家长平时多带孩子一起观看一些体育比赛或参加一些体育活动，感受现场的氛围，让孩子了解各种形式的运动。比如和孩子一起观看奥运会，不仅能促进孩子对体育运动的兴趣，而且能让孩子体会拼搏向上的体育精神，感受运动的魅力。

2. 带孩子做一些趣味运动。父母可以创设一些有趣的情境和故事，吸引孩子投入到运动中；也可以和孩子一起做一些运动类的小游戏，比如"小青蛙跳荷叶""小猴运桃"等，和孩子进行一场小比赛，充分调动孩子运动的积极性。

3. 坚持并形成运动习惯。家长可以和孩子商定一个每天运动的固定时间，在这个时间段内鼓励孩子尝试不同的运动项目，从中发现孩子最喜欢的项目，然后坚持下去。

家长和孩子一起，从点滴日常做起，相信将每日运动坚持下去，孩子就能够逐渐养成运动的好习惯。

二十四、孩子任性怎么办

现在很多孩子比较任性、不听话，让很多家长感到无奈，不知道该如何去面对任性的孩子。当孩子任性时，很多家长只好去满足孩子，也有为数不少的家长只有一味地打骂。那么，当孩子出现任性、不听话的行为时，家长究竟应该怎样对待才算是明智、有效的呢？下面案例中的几位家长各有高招。

[案例一]

"冷落"是处理任性的好办法

我女儿陶陶今年6岁，上幼儿园大班。陶陶从小是我们的掌上明珠。孩子乖巧的时候，着实惹人喜爱，能歌善舞，表达力强。在家里，爸爸妈妈、爷爷奶奶、姥姥姥爷都争着疼她。陶陶呢，也真争气，凡事只要大人说过一遍，就都记住，而且做得特别好。

可是陶陶有一个挺大的问题——太任性，什么事情都得依着她，一不如意她就会发脾气、哭闹，谁说都不管用。我和她爸爸为此伤透了脑筋。尽管我们一再告诫孩子"你下次再也不许重犯了"，可不愉快的事情还总是发生。在感到有点束手无策的时候，我发现了一个问题，女儿即使是在哭闹最凶的时候，也还常常在偷眼观察大人们的反应。这一发现让我有了高招。

有一天，天气乍暖还寒，我送女儿上幼儿园时，她非要我给她穿裙子。不管我怎么解释，她就是不听，又哭又闹，在地下打滚，并偷偷地从指缝里看我的反应。这一次，我没有像以前一样，为了不耽误上班而满足她了事，而是对她说："你就哭吧，我要上班了，你什么时候想好了，你再去我单位找我（距离很近），我送你上幼儿园。"说完我把门重重地关上走了。女儿哭得更凶了，我加快脚步向前走，怕走慢了就狠不下心来又要妥协。到了单位我有点坐立不安，就怕女儿不停地哭下去会出事，好几次要回去，同事们劝住了我。

过了五六分钟，女儿来找我了，还有点抽泣，我没有像以前一样快跑过去抱她，而是让她自己过来。"妈妈，送我上幼儿园吧！""好吧。"我没再说她，送她去了幼儿园。

晚上回家的时候，我看女儿情绪很好，就问她："陶陶，你今天怎么没穿裙子就去幼儿园了？"女儿看了看我说："你又不给我穿。""天气还这么冷，你穿裙子会怎么样，你知道吗？""会感冒的。""你既然知道，那为什么非要又哭又闹呢？""我喜欢穿嘛！""那没穿怎么去了？"孩子看了看我有点不好意思了。"孩子，什么事情不是你想怎么样就怎么样，妈妈不让你穿一定有不让你穿的道理，你再哭再闹也没有用。"女儿看了看我，没有说什么，有点面服心不服，但勉强接受了。

从此以后，只要她有了任性的苗头，我就走开，冷落她一段时间，让她自己有反思的时间，长此以往，孩子逐渐改掉了任性的毛病。我的体会是：遇到孩子任性，家长的态度不仅要旗帜鲜明，而且要坚持自己的原则，决不能因孩子的哭闹而改变，否则就会前功尽弃。

（张燕　张蓓）

[案例二]

教育孩子要一致

我的孩子3岁,聪明伶俐,人见人爱,但是他最大的毛病就是任性:不管提出什么不合理的要求,都要我们满足他,一旦达不到目的,孩子不但会又哭又闹,还要自己打自己,不达目的誓不罢休。由于孩子是三代单传,爷爷奶奶百般溺爱,我只要对孩子高声说话,公婆就会横眉冷对。所以孩子只要提出要求,不管合理不合理,我们就必须满足他。要是我不满足他,公婆就会说:"快点吧,要不他又要打滚了。"要是我坚持不满足孩子,让他哭闹,公婆不但会满足孩子,还会一个劲地数落我,说我不爱孩子,就像后娘等等。时间久了,孩子一有什么要求,就用哭闹和自残的方式迫使我们就范。我一度感到无奈又无助,我哭过,伤心过,更深深地反思过。我不能让孩子就这样下去,必须采取措施。

于是我特地咨询了心理学专家,他们认为我们主要是对孩子过于溺爱,又加上家庭成员教育的不一致性,导致了孩子的任性。孩子知道,即使爸爸妈妈不答应他,爷爷奶奶也会满足他。专家建议要改正孩子任性的毛病,必须一家人达成共识,做到教育的一致性。我首先要求搬出公婆家,回到了自己的家,这样当我采取措施时就没人护他了。第一步做到了,我又和爱人达成共识,做到教育的一致性。不管是谁教育孩子,另一个一定不要护短,让孩子没有靠山,断其后路。有一天要吃饭了,孩子非要吃冰糕,我说先吃饭,要不会把牙弄坏的。结果,孩子就又在地下撒起了泼,还用手拍打自己,任凭我们怎么劝说,就是一副"视死如归"的模样。我强压着怒火,没有威胁他,也没有责骂他,我给爱人使了个眼色,就在他面前又吃又喝,表现出快乐满足的神情。这一次,他哭喊了一阵后,见我们没有像以前一样去哄他、满足他,就自觉没趣地爬起来,到洗漱间洗了洗手,自己坐到餐桌前,一声不响地吃起饭来。这顿饭,他比任何时候都安静,都吃得多。吃饭后过了一段时间,我给他拿出了冰糕,他有点不好意思地接过去说:"刚才你怎么不给我?""我已经说了,你先吃冷的接着吃热的会吃坏你的小白牙,你却不听。以后你记住了,你的要求如果不合理,你再哭再闹,也没人理你的。如果你的要求合理,不用哭闹我也会同意。我相信我的宝宝以后会听话的。"孩子笑了。

  从此以后,只要遇到孩子任性,我不再和以前一样和他讨价还价,而是和爱人采取一致不理睬的态度,不迁就他,有时候采取回避的态度,迫使孩子感到无趣而让步,事后再给孩子讲原因,讲道理,这样慢慢地治好了孩子任性的毛病。我的切身体会是:家长最好一开始时就狠狠心,不迁就孩子,防微杜渐。

(张燕　张蓓)

[案例三]
转移孩子注意力

  儿子喜欢晚上到操场上玩。一天晚上,操场上有许多小朋友,儿子也骑着滑板车去了,玩了不一会儿,他就跑过来了说:"妈妈,我想骑自行车。"我一看,明白了,操场上的小朋友都在骑自行车,他肯定眼馋别人的车了,我就说:"是你自己要求骑滑板车的,怎么又反悔了?""不,我就是要骑自行车。"我说:"今天骑滑板车,明天再骑自行车,行吗?"儿子接着用强硬的口气说:"不,就是不,我要骑车,你给我拿去。"他这种命令的口气完全没有商量的余地,简直就是一个小霸王,无论我怎么说都无效。我就想,他想怎么做就怎么做,如果照这样下去,我们还怎么约束孩子?想来想去,见说服不了他,我只好另寻他招了。正好看到小朋友们都停下了,我就蹲下来跟儿子商量说:"不如这样,我们跟小朋友们一起来做个游戏吧?"他一听,高兴了:"做游戏,做什么游戏?""丢手绢吧?""好啊。"接着,儿子就去邀请小朋友一起来玩游戏。这个晚上,儿子玩得可高兴了。其他小朋友走时也不停地说:"我们明天再来玩,好吗？"儿子的得意劲儿甭提了。

在这件事上，儿子肯定是看到其他小朋友骑自行车很开心，没有跟他一起玩的，他感到了孤独就想加入，所以这时家长说什么他都是听不进去的，这时家长只能采用这种转移注意力的方法，让孩子去干点别的事，将他的兴奋点转移。根据儿童注意力易分散、易被新鲜的东西吸引的心理特点，我们把孩子的注意力从他坚持的事情上转移到其他新奇、有趣的事情上来，这样就避免了与孩子发生冲突，让孩子不自觉地忘记了任性，改变了任性的心理。

在以后的玩耍中，儿子依旧经常遇到这样的问题，只是儿子不再任性，有时不用我说，他自己就会说："我们来玩这个吧，我们来……"

（齐素梅）

[案例四]

孩子任性　我们有对策

在当今社会，任性是幼儿普遍存在的问题。我的孩子也不例外：不愿做的事情坚决不干，想买的东西撒泼打滚也要买到……等到孩子出现了这些任性行为时，我开始反思、分析，找寻解决途径。

孩子的任性，一般是由父母对孩子过分宽容娇纵所导致，是在日常生活中逐渐形成的。过度的溺爱、无节制地满足孩子所提出的要求，没有形成生活常规和行为准则，成了孩子任性的温床。

由于孩子处在幼儿期，所以他们的自制力差，情绪不稳定，易冲动，思维带有片面性与刻板性。父母如果用训斥、打骂等粗暴方法压制孩子的正当需要和意见或对待孩子的缺点，就会使孩子产生逆反心理，以执拗来对抗粗暴，发泄不满，这更助长了孩子任性行为。

作为家长，我们该如何正确对待幼儿的任性行为，帮助幼儿形成良好的性格？

一、我们要树立正确的观念面对孩子的任性问题

我们要充分理解幼儿独立性的发展规律是至关重要的。在幼儿成长过程中，3～4岁是人生的第一"反抗期"。这时期的孩子不再像以前那样听话，经常和大人"闹独立"，总是力图摆脱大人的约束。发展到4～5岁时这种情形依然延续，孩子经常表现出不服管教的特性。当大人提出某种要求时，他们往往会说"我不"或"不要你管"，如果大人加以干涉，孩子就容易变得非常暴躁。孩子的这种独立性倾向常常被我们大人认为是不听话，实际上这是孩子的"反抗"心理的表现，是其独立性发展的重要标志，是一种正常的心理发育现象。因此我们要因势利导，因材施教，关注孩子反抗心理的同时，对孩子的合理行为与要求，既要满足且要鼓励；对孩子的不合理要求则要采用适当方式加以引导，避免采用强硬手段。

二、正确冷静地对待孩子的任性行为

当孩子提出不合理、过分的要求时，我们应注意采取正面教育的方式，给孩子把道理讲清楚：这样做不对，为什么不对，怎样做才是对的，帮助他提高分辨是非的能力。孩子的是非观念正是在学习处理各种具体事情的过程中逐渐形成的。在这一过程中，我们可以采取转移注意力、冷处理、适当惩罚等方法把难题巧妙化解。

1. 预先提示。在我们已掌握自己孩子任性行为规律后，用事先"约法三章"的办法来预防任性的发生。如：在游戏之前，对孩子讲清楚游戏规则，如何违反游戏规则就要停止游戏。只有能够遵守规则才可以加入到游戏中。

2. 冷处理。当孩子由于自己的要求没有得到满足而发脾气或打滚撒泼时，大人可暂时不予理睬，给孩子制造一个无人相助的环境。当无人理睬时，孩子自己会感到无趣而作出让步。事后，我们要对孩子认真地说明这件事不能做的原因。我的孩子从3岁开始就经常因为一些小事没有得到满足而坐在地上嚎啕大哭，甚至用摔板凳的方式来发泄自己的脾气。比如，

有时因为自己贪玩，出门时没有第一个出去，他就会大发脾气。这时，我们通常会采取冷处理的方式，等他哭闹过慢慢冷静下来之后，我再把道理讲给他听。慢慢地，我们发现孩子任性发脾气的情况越来越少。到5岁时，孩子能够经常保持愉快的情绪，知道引起自己某种情绪的原因，并努力缓解。

3. 榜样示范。家长可以运用多种正面的、积极的方法（活动前提示、活动中观察提醒、活动后进行表扬和鼓励）来帮助孩子体验遵守集体规则的快乐和与人友好相处的快乐。当孩子在某件事情的情绪上有所改进时，我们要给予及时的肯定与鼓励。孩子每次和小朋友一起搭积木时，如果别人不能按照他的想法去摆放积木，他就会生气、哭闹。当有一次搭建积木时，我意外地发现孩子和小朋友一起合作商量积木摆放的位置。于是，我就及时抓住这一瞬间拍了照片，然后肯定了他的分享、合作行为，从那之后，孩子愿意主动与小朋友一起做游戏了。

4. 适当惩罚。孩子的年龄小，只靠正面教育是不够的，适当惩罚也是一种极为有效的教育手段。当我的孩子任性不吃早饭时，我就把所有的食物都收起来。当孩子说饿时，我告诉他肚子饿是早晨不吃饭的结果，孩子尝到饿的滋味以后就会按时吃饭了。

三、主动与幼儿园协作，健全孩子性格

家长积极与幼儿园配合，教育才会取得事半功倍的效果。我们首先要做的是与幼儿园的老师主动交流，了解孩子在幼儿园的表现和幼儿园的教育观念、教育方式。然后营造民主型的家庭氛围，与孩子共同商讨制定家庭公约，并共同遵守。

总的来说，孩子的任性行为一旦出现，我们家长也不必太紧张，重要的是疏导。对孩子的任性行为切勿姑息，孩子不被允许的行为、不合理的要求一次也不能放纵。只要我们坚持原则，明确是非观念，就一定能帮助孩子形成良好健全的性格。

（徐 琳）

[点评]

任性是孩子成长过程中普遍存在的现象。对孩子任性行为的处理，可以采取冷处理、转移注意力的方法。案例中家长的做法可供参考。

日常生活中，由于家长的教育理念不同，对孩子的任性行为和自主性行为的区分是不同的。要正确区分哪些行为是孩子自主性的表现，哪些行为是孩子任性的表现。只有这样，教育才能有的放矢。

从心理学的角度来看，任性是儿童意志薄弱、缺乏自控能力的表现。孩子任性并非天生的，任性是由多种原因引起的，有的孩子把任性作为一种获取情感的手段，有的孩子任性是为了满足某种物质的要求，有的孩子任性是想得到别人的承认，有的孩子任性是因家长的教育不当……对孩子任性，有些家长抱着侥幸心理，认为等孩子大了自然就会好的。另一些家长则以自己的任性来对付孩子的任性，你越不听，我非要你听不可。还有一些家长互相推卸责任，爸爸说是妈妈惯的，妈妈说是爸爸宠的。这几种态度对孩子都是不利的，因为孩子的任何不良性格与行为，都是从小慢慢形成的，都要从小抓起，做到防微杜渐。

当孩子任性时，首先，大人不能急躁，因为急躁以后容易不冷静而产生过激行为；其次，大人要了解孩子任性的原因。当我们遇到孩子任性对孩子进行教育时，既要承认孩子某些要求的合理性，又要告诉他有些要求是家庭和社会条件所不容许的。要让孩子懂得，自己的物质需要，父母的宠爱，竞争中的胜利，别人的承认等，都不是任性就能得到的，要靠自己的努力。

由于孩子任性的表现千差万别，家长解决孩子任性的方法也应多种多样，不可套用一个模式，应因材施教。

二十五、孩子爱打人怎么办

孩子们在一起玩耍时吵吵闹闹,甚至抡拳打架,是让家长们头疼的事情。有的家长采取粗暴态度把孩子呵斥痛打一顿,有的家长放纵袒护自己的孩子,还有的家长不闻不问。这些方式都不利于孩子良好道德品质的形成,对孩子心理健康发展也会造成不良影响。我们来看看这几位家长是怎样做的吧!

[案例一]

不能纵容孩子"赚便宜"

我儿子大宇4岁,长得很壮,比同龄的小朋友高大,平时爱和小朋友玩,可有时总会"欺负"人家,害得常常有家长找到家里来。我打也打了,骂也骂了,可就是不管用,没过多久他又惹祸了。这天,在跟小朋友玩的时候,他又动手了。这次,我没有打他,而是耐心地听他说明原因。大宇说:"小晖不听我话,我让他当怪兽可他非要当奥特曼,所以我就打他了。"我知道,儿子是个"领导欲"很强的孩子,仗着自己比较高大,凡事都要小朋友听他的。我对大宇说:"小朋友一起做游戏要相互商量,不能只听一个人的,如果一个人说了算,那还有什么意思呢?以后别人肯定不喜欢跟他玩了。"儿子眨眨眼没说话,我接着说:"凡事要讲道理,好朋友之间要和睦相处,打人是不对的,没人喜欢跟一个经常打人的孩子做朋友。"通过耐心地教育,大宇终于认识到自己的错误,向小朋友道了歉。在以后与朋友游戏时,大宇学会了听取别人的意见,身边有了一群"铁杆"好朋友。

当儿子"赚便宜"时,如果纵容孩子,就容易使孩子形成粗野的性格,不利于孩子今后的社会生活。家长要适当引导,让孩子克服缺点,增进与其他小朋友的友谊。

我觉得,孩子之间的吵架、打闹是很正常的,这也是他们交往的一种方式。当儿子受"欺负"时,我没有教孩子以牙还牙,也没有让他不再和小朋友玩,而是了解打架的原因,通过合理的引导,让他试着自己去解决问题。孩子虽然"吃亏"了,但他得到的会更多。

(马丽萍)

[案例二]

父母是最好的榜样

一位朋友家有一个5岁男孩,经常与人打架,朋友就老跟在后面给别人道歉,实在没办法,于是向我请教。通过交谈、了解,我发现原因在朋友两口子身上,因为两人都是急性子,一有意见不一致的时候,就会大吵大闹,甚至是大动拳脚,而在气头上的时候,也不避讳孩子,结果时间一长,孩子也不知不觉地学会了用拳脚来解决问题。

找出原因后,我向他们提了两条建议:

1. 坚决杜绝在孩子面前争吵,更不能让孩子看到父母动手打架。实在有解决不了的问题,要避开孩子。

2. 通过角色互换的形式,帮助孩子体会被欺负的孩子的感受,从而使他了解打人的害处。

一段时间后,再见到朋友一家,发现孩子不但不霸道了,而且变得有礼貌了。原来就是因为他们两口子的关系和谐、融洽了许多,为孩子做出了榜样。

(张 岩)

[案例三]

专家的建议

其实,几乎没有不打架的孩子,主要原因是孩子自我控制力很差,容易冲动,眼睛老盯着自己的利益,一旦别人对自己有妨碍,便想用武力来解决。还有可能是，孩子打架是为了发泄内心所压抑的情绪，而打架是向外发泄的最痛快、最直接的形式。父母也不必把孩子打架看成是多么严重的问题，但是，这并不意味着父母可以不管。对于打架的孩子，父母应该做到以下几点：

1. 教育孩子懂得做事要公正，不要强词夺理，当然自己有理也不要随便妥协，不讲原则。

2. 产生问题要当场解决，决不能采取暗中报复的手段。

3. 教育孩子不能随便动手打人，如果别人故意欺负自己，自己应进行必要的还击。

4. 告诉孩子凡事忍耐，但不要教他"吃亏常在"，更不要助长孩子心理上的自我解嘲。

5. 父母对孩子之间的争执，要尽可能站在中立的立场加以解决，不可使用高压手段。

6. 培养孩子自己解决纠纷的能力，大人如能不过问，尽量不过问。

[案例四]

打人的孩子　更需要关心

很多父母会在孩子3岁过后发现这样一个问题，就是孩子好像不好管教了，不仅会在言语上下意识地拒绝别人，还学会了发脾气，而且喜欢打人。这让很多老师和家长都很懵，不知道哪里出现了问题，可爱温柔的"小天使"怎么突然就变成了暴力"小怪兽"。

其实，3～4岁这个时期，是幼儿社会交往的关键期。他们渴望与同伴进行语言交流及身体接触，有的孩子活泼好动，经常会无故跟其他小朋友进行不必要的肢体接触，同时又不能控制好自己的力度，他完全没有意识到这个行为会让别人不舒服。

至于打人，其实是孩子的一种下意识的行为，因为对于孩子来说，打人是吸引别人注意的最直接的方式。特别是对于语言表达还不是特别流畅的孩子来讲，他们其实是不知道"打人"这一概念的，因此，就更分不清"打人"这件事情的对或错了。所以在这种情况之下，爸爸妈妈应首先制止，直截了当地告诉孩子打人是不对的。但是，作为父母不可以采用体罚的方式让他知道被打的人很疼，因为这样会让孩子产生错觉：爸爸妈妈也打人，看来我打人也是可以的。这样反而不利于孩子改正喜欢打人骂人的坏习惯。

作为一名男孩的妈妈，我也曾经因为孩子不经意间的"打人"行为而苦恼，家有"打人小怪兽"，作为家长的我们应该怎么做呢？

要多多陪伴孩子，建立情感。父母和孩子有天生的血脉亲情，但是如果不加珍惜，也会淡薄。多跟孩子玩玩游戏，多听听他心里的想法，就像往亲情账户里存款，存款越多，你和孩子的情感联结才越深，你讲的话他才愿意听。所谓"以理服人"首先要建立在"以情动人"的基础上。

要改变教育方式，树立威信。父母的威信不是靠打骂来树立的。父母要"和善而坚定"，从平时的小事开始，制定一些规则，温柔地坚持，让孩子树立守规矩的意识，养成守规矩的习惯。孩子一时之间可能做不到，或者有一些反复，这些都是正常的，父母要坚持以理服人，而不能放纵自己的情绪去打骂孩子，因为这样等于是在教孩子用打骂来解决问题。

父母要多帮助孩子建立良好的人际关系。孩子从小就是通过与人打闹建立关系的。因此，父母可以带孩子参加一些亲友聚会、社会活动、公益活动等。在适当的条件下也可以邀请一些同学到家里做客，参加孩子的生日会，或者组织一些假日活动等等，这样让孩子在实践中学会良好的交友模式，替换以前的模式。

不管是采用哪些方式，父母都要营造一个和谐友爱的氛围，慢慢引导孩子纠正过来。父母一定要有耐心，要知道奇迹不会在一夜之间发生，只要父母坚持正面引导，孩子一定会越来越好。

（李梦如）

[点评]

打人是一种攻击性行为，在低幼儿尤其是男孩中比较常见，也可以说是这个年龄段儿童的特点。孩子爱对别人动手有多种原因，大致如下：

1. 幼儿遇事自我控制力差，容易冲动。

2. 孩子沟通交往技能欠缺。当小朋友之间发生矛盾时，不会通过沟通、交流、协商等合理方式协调关系，解决矛盾。

3. 孩子的性格因素。有些孩子欺软怕硬，有些孩子"领导欲"特强，别的小朋友不听他的指挥，则拳脚相加，逼人就范。

4. 有些孩子是因为内心受到压抑，对别人动手是发泄不良情绪。

5. 受家庭环境的影响。有些家长发现孩子有问题时，不是耐心倾听孩子的解释，而是采取打、骂等简单、直接、粗暴的处理方式，导致孩子模仿。

作为成人，当发现孩子爱动手打人时，应先分析动手的真正原因，然后对症下药。

二十六、家长怎样和幼儿园相互配合

孩子入园后我们会发现：原本不听话的孩子，一下子变得懂事了，而且老师在他们心目中占绝对的、无可比拟的地位。再过一段时间，又会惊奇地发现：孩子常常拿幼儿园的规矩来对付家长，只要遇到与家长意见不一致的时候，孩子们就会以"我们老师说……"来对付。遇到这种情况，很多家长不知该如何是好。于是家长与幼儿园的配合协调，成为摆在家长面前的重要课题。

[案例一]

家园携手　从心开始

9月，孩子入园了。从孩子入园初始的哭哭闹闹，到现在唱着"背起小书包，我去上学校"的欢天喜地，经历了三个月的时间。就是在这三个月里，我深切地感受到了信任学校、理解老师、家园携手、共同努力，对促进孩子成长的重要性。

孩子入园前试园时，我们全家一起到了孩子的班级，班主任亓老师介绍了幼儿园的基本情况，领着我们看了孩子的教室、寝室和活动场地，看到孩子从陌生到扯着亓老师的衣角不松开，我知道孩子喜欢上了老师，有点接纳幼儿园了。

入园第二天，孩子却完全改变了。在幼儿园门口哭哭啼啼，拽着我的衣角不松手，说什么都不进门。我知道孩子初到陌生环境，没有朋友、缺少玩伴、大小便不能自理等障碍让孩子生畏了。无奈之下，我电话求助亓老师，孩子终于进了大门。此后，沟通成了我们和老师共育孩子的第一步。在与老师们的沟通中，我注意了以下两点：一是主动但不跨界不越位。我一般采取留言的方式，尽量不影响老师们上课和休息。二是尊重和信任，沟通从心开始。我尊重老师们，在老师给出建议时耐心倾听，并及时回应和反馈，能体谅老师们的辛苦和不容易，从不对老师提出超越界限的要求，也不随意打扰老师。

随着孩子入园时间的增加，家长需要参与的活动多起来。这给了我第二点启示，配合幼儿园教育好孩子，我们必须无条件地支持学校工作，参与学校活动。于是，学校组织孩子们开展食育活动，我们第一个报名参加；幼儿园举办亲子游园会，我主动参与装饰教室；需要执勤导护，我工作再忙也不推辞……可不要小看了我们家长的参与和支持，就是在这些小小的活动中，孩子多了份责任、自豪和踏实，他开始觉得幼儿园是自己的家了，爸爸妈妈也来幼儿园工作了，老师和爸爸妈妈一样爱我了，渐渐地喜欢上幼儿园了。

孩子入园后，我参加了园里召开的家长会，这才进一步体会到老师工作的繁杂：孩子吃喝拉撒与学习生活习惯养成、疫情防控与注射疫苗、处理家园矛盾、提升办学满意度等等。于是，我有了自己的第三条配合幼儿园工作的体会，那就是要学会换位思考，遇到事情多想想其中的原因，多转换一下角度，多为别人考虑一下，特别是当孩子之间出现矛盾冲突时，从自身反省是最好的办法。

当然，要想孩子发展得好，我们家长还要有正确的教育理念，做好孩子的第一任老师，要把家庭教育和幼儿园教育结合起来，及时了解幼儿园的办学方向和举措，明确老师对孩子的要求和规定，努力学习，提升自己，才能与幼儿园一起共同培育孩子，让孩子健康成长。

（陈 雨）

[案例二]

注意技巧　主动沟通

孩子进入幼儿园后，一天中大部分时间是在幼儿园中度过的，家长应及时了解孩子在园情况，以便更好地配合幼儿园对孩子进行教育。了解孩子在幼儿园的情况，沟通就成了经常性的活动。作为家长，我们在与老师沟通时，一定要主动且要注意沟通技巧，这样才能取得良好效果。

第一，选择合适的沟通契机。如果我们想了解自己孩子的情况，可以提前到幼儿园接孩子，看看孩子的活动情况，跟老师沟通，这样老师的时间会比较充分，我们也会了解到更详细的信息。此外，现在钉钉群、微信群也比较方便，我们可以随时和老师交流。

第二，问题描述具体清晰。当家长向老师询问时，问题应提得具体一些，不要泛泛地问"表现怎样"。可针对孩子的情况问"他现在愿意和小朋友们交往吗？""他吃饭怎样？"这样老师才可以具体回答你。

维护老师的权威。平时家长不要在孩子面前评论老师，家长对老师的评价会影响到老师在孩子心目中的威信，也影响到老师的教育效果。孩子不尊重老师，将导致老师教育的失败。

第四，信任老师。孩子做了错事，受到老师的惩罚时，不要护着孩子，应该相信老师一定会公平公正地处理好孩子的问题，老师的目的是为了孩子健康发展。如果确是老师做法不当，可以婉转地提出来共同商量。

（丁莹莹）

[案例三]

寻找共同的教育目标

幼儿园是按照国家规定的教育目标和任务要求，有目的、有计划地对幼儿进行教育的。而家长则往往没有明确的目标意识，在教育过程中随意性较大，有些家长对孩子另有期望与要求。

如，有的家长希望孩子多识一些字，多学到一些知识，而幼儿园则注重在游戏中促进幼儿的全面发展；幼儿园教育小朋友之间要团结友爱、互相帮助，有的家长却教育孩子不能吃亏，"别人打你一下，你就狠狠打他两下"；幼儿园培养孩子自己能做的事尽量学着自己做，而家长则往往包办代替。如果家庭和幼儿园在教育目标上不能取得共识，就谈不到形成合力去教育孩子，也不利于孩子的健康发展。

在培养目标上取得共识，首先需要家园双方在教育的总目标上取得一致的认知，教师与家长都应在体、智、德、美、劳诸方面对孩子进行全面和谐发展的教育。为了实现总的教育目标，幼儿园根据不同年龄段的特点设计教育目标（即大、中、小班教育目标），并且将各年龄段的教育目标分解为每个学期、每月直至每周等更为具体的教育目标。例如，在小班阶段的教育目标中，关于培养孩子初步的生活自理能力方面就规定了诸如学会自己穿衣服、自己吃饭、自己独睡等。如果家长在这些具体教育目标上与幼儿园取得共识，做到家园同步教育，就能有效促进孩子的健康发展。

（王晓红）

[案例四]

家长主动参与　孩子健康成长

为了达到家园同步配合教育，双方要围绕着孩子的发展经常联系，相互沟通情况。家长与幼儿园联系可通过多种方式。

1. 经常性沟通联系。家长在接送孩子时可与老师作简短的情况交流，把孩子在家里的表现告诉老师，同时也可从老师处了解孩子在园的表现，以便配合教育。一般幼儿园设有家园联系册，有关孩子在幼儿园的发展情况也可通过联系册达到交流目的。有的家长不能亲自接送孩子，平时工作又很繁忙，也可以用电话联系方式或利用自己的休息时间和幼儿园老师联系。如果孩子在性格上有明显缺陷或行为习惯方面问题较大，仅采用上述联系方法尚显不足时，则可与幼儿园老师约定时间专门进行交流与探讨，共同制定教育方法。

2. 积极参与幼儿园活动。幼儿园常常邀请家长参加一些活动，如"元旦""三八""六一"等节日庆祝活动。有时开展一些教育活动也欢迎家长参与，至于举办"开放日"更是面向家长的。通过这些活动，家长可进一步了解幼儿园的教育内容与方法，亲眼目睹自己的孩子在集体生活中的种种表现和发展水平，从中发现许多在家里看不到的情况，知道孩子的优点和各方面能力，同时也看到孩子的差距与不足，从而更深入全面地了解自己的孩子，更主动地、有针对性地与幼儿园配合教育。

3. 主动参与家长会和家长课程。幼儿园会定期或不定期地召开家长会，还会开设家长课程，举办家庭教育讲座，举行家教难题研讨会和家庭教育经验交流会等活动。家长要积极参与，主动了解幼儿园的教养工作情况和对家园合作的要求，提高自己科学育儿的水平，解决自己在教育孩子方面的困惑，增进对幼儿教育的认识，更新家教观念，提高家教水平，从而能更好地与幼儿园同步教育好孩子。

（王启真）

[点评]

家庭和幼儿园是影响幼儿发展最主要的两大环境,父母和教师分别是这两大环境的施教者。实现家园共育,需要教师与父母以儿童发展为中心,进行经常性的双向沟通。教师要随时向父母介绍孩子在园里的生活、学习情况,进步与不足;父母也要向教师反映孩子在家里的表现与变化。双方相互商讨、沟通、理解、支持,取得共识,才能做到共育。

作为家长,应该明确家庭教育对幼儿成长的重要性,提高家园共育的意识,主动参与幼儿园组织的各项活动;其次,应该建立对幼儿园的信任,支持老师的工作;第三,主动沟通,明确育儿目标,与老师共同做好家园共育工作。只要家园配合一致,就一定能培养出身心健康的孩子。

二十七、如何养成孩子认真吃饭的习惯

现实生活中有很多孩子吃饭时喜欢干别的事情:看电视、看书或边玩边吃等,不仅拖延吃饭时间,而且对孩子的成长也十分不利。家长不住地催,使劲地喊,但效果不佳。孩子们还是我行我素,家长们也是奈何不得。如何帮孩子改掉这一不良习惯呢?家长们在一起,难免发发感慨,但细细琢磨,是能够总结出一些行之有效的方法的。

[案例一]

和孩子比赛吃饭

女儿是个"慢性子",吃饭时总是边吃边玩。这样,费时还吃不好,平时难免要买零食吃。由于这个不好的习惯,她上幼儿园常常迟到,早晨在家被我们训斥,到幼儿园后又被老师批评。而且,根据老师的反映,她参加活动时也经常分神,手里拿着玩具,眼睛却看着别处,不是要吃火腿,就是想喝牛奶,游戏时精力很不集中。

我们与她的老师分析，这主要还是孩子吃饭问题的延伸。她小的时候跟老人生活，她在前边玩，老人们从后面撵着喂饭，一点也不少吃。可上了幼儿园才知道吃饭的时间很少，不能像以前一样。改变已有的习惯本来就难，而我们又把对孩子的不满表现在批评、发牢骚上。后来我们明白了：训斥、发牢骚都不是解决问题的办法。

于是，我们和孩子一起制订了一张每日食谱表，上面列出了一天的饮食安排，如早晨吃什么，中午有什么菜，什么时候吃火腿等等，内容广泛而详细。同时，我们还制定了一个相互监督计划，妈妈负责做饭，爸爸负责炒菜，三人同时吃饭，看谁最早吃完，最早吃完的可以得个水果奖励。为了激励孩子好好吃饭，我们常常让她赢。这样，女儿有了信心，吃饭的时候往往主动摆碗筷、拿凳子等，准备好吃饭的一切，并且吃饭速度也有了一定的进步。

半年下来，女儿迟到、做事不专心的不良习惯全改了。

[案例二]

善意的"惩罚"

女儿跟老人生活时养成了吃饭时不专心，中间随时饿了随时吃的坏习惯，上幼儿园了，吃饭时间紧，开始时往往吃不饱。每天早晨弄得全家人都很忙：她吃着饭，我们就帮忙穿衣服、收拾书包，要不就是喂她吃饭。如果孩子迟到了，我们因为疼孩子，总是跟老师解释说："都怪我，钟表忘上弦，做饭晚了。"

后来，我们就此事请教了有关人士。他们一致认为：孩子长时间改不掉吃饭随便的坏习惯，主要原因是父母为孩子承担了太多的责任。这样的做法使孩子有了"靠山"，她知道自己不用着急，反正有爸爸妈妈替她解决问题。因此，在她的眼里一切都不是问题了。他们说这种时候做父母的最好少一些爱，多一些"惩罚"。

于是，第二天早晨，我们不管她吃饭有多么漫不经心，谁也没有像往常一样催促她，也没人帮她穿衣服。饭吃了一半，她一看表心急了，一个劲催促我们送她上学校。到了学校，她自然是迟到了，挨了老师的批评。一个上午肚子饿得咕咕叫。晚上，我们给她讲道理："你已经长大了，应该下决心改掉吃饭拖拉的毛病。这样浪费时间，挨批评是小事，将来做什么都会受影响。"当然，习惯说改也并非易事。后来，虽然她又出现过几次吃饭拖拉的现象，但和以前比，已经有了比较大的进步。

[案例三]

进餐"经验"

潜潜3岁半了，每次带他在外面吃饭，几乎同桌吃饭的每个人都会说上一句："你们儿子吃饭好乖。"在我看来，这很正常，没有什么奇怪的，和在家里一样，从吃饭开始，他就会乖乖地坐在餐桌旁，一直到吃饱为止。吃菜不挑食，放到他碗里的饭菜他一般都吃完，而且是自己独立吃，吃鱼还能吐出我们没发现的鱼刺。

好多朋友抱怨自己的孩子吃饭时习惯不好。有的边跑边吃，有的吃了两口就不再吃了，有的边吃边玩，有的不肯自己吃而要大人喂……有时他们向我取经，我说出了自己的做法：

1. 给孩子一个固定的位子。我在潜潜1周岁时，买了婴儿餐桌，桌面的高度和我家的餐桌差不多，我把它摆在我们餐桌的旁边。每到吃饭，我就让他坐在他的座位上，放上他的小碗。家里吃饭时每个人都有固定的座位（除了有客人的时候），让他从小就习惯，每人吃饭都有位子，不能乱跑。

2. 给孩子上桌的权利。有的人觉得孩子在餐桌上会弄得一塌糊涂，所以就不让孩子在桌上吃饭，我看是得不偿失。孩子在餐桌上用手、用小勺、用筷子乱弄，不要带他离开，采用逃避的方法，而要告诉他应该怎样做。也许一次无效，也许需要十次，也许更多次，但只要坚持下去，总是会有效果的。

3. 要营造一个积极的就餐氛围。所谓积极，我的理解是成人要做好榜样。因为孩子的模仿力很强，所以成人不要挑食，要吃得香甜。孩子一看爸爸妈妈吃得那么开心，他吃起来也就来劲了。所以，我们一到吃饭时，就大喊："吃饭啦！好香呀！"然后一家人高高兴兴地坐好，每个人都吃得有滋有味。其实有很多菜，我也不喜欢吃，但我从来不表现出来，对于儿子应该吃的那些菜，我都装出十二分的兴趣。儿子2岁以前，是由我喂，之后他要自己吃，我就让他自己吃。一开始，吃进去一半，桌上地下一半。大概是2岁半时，他就可以独立吃饭了。

4. 要让孩子有一定的饥饿感，让孩子自己掌握饥饱。做父母的都希望孩子多吃点，长得壮实一点，殊不知这良好的愿望有时对孩子来说也会变成一种负担。有时他吃饱了，你还让他吃，他不仅吃得不舒服，而且还会对吃饭产生一种反感的情绪。现在潜潜在幼儿园里吃饭，下午把他接出来，我们吃晚饭时，从不强迫他吃，只是问他："你要不要再吃点饭？"如他说不吃了，我就把他的碗拿开，不再管他了，我想他饿了总会自己吃的。

（秦玉冬）

[案例四]

对女儿的两次"修理"

女儿3岁时，有一段时间不认真吃饭，每次吃饭都是边吃边玩。好话说了一箩筐，也没怎么见效。妻子担心孩子吃不好影响长身体，就端着碗追着喂。一顿饭下来，得个把钟头，好好的饭菜吃凉了，大人还累得够呛。

这样下去可不行，该"修理"了。

我们商量后决定：3岁的孩子已经懂事了，先和她讲清道理提出要求，共同制定吃饭规矩，即按时吃饭，每次吃饭时间不得超过30分钟。孩子小，没时间观念，怎么办？每次吃饭时，妻子就把钟表放在餐桌上，边吃边告诉孩子，5分钟过去了，10分钟过去了……到点了，孩子没吃完，妻子很坚决地把碗拿过来，让孩子看着收拾了桌子。接下来的几天里，都采用这个方法督促孩子吃饭，而且两顿饭之间除去定量的水果和牛奶，其他零食一律收起来。几天下来，孩子切身感受了吃饭是一件重要的事，必须在规定的时间内吃完，否则就没饭吃，所以再也不用大人端着碗到处追了。

女儿慢慢长大，独立意识和自理能力增强了很多。有一段时间又迷上了看电视，该吃饭了，我们叫个十遍八遍她跟没听见似的，不看够不吃饭。也不能为了她看电视改变全家人的吃饭习惯呀，再说这样也不利于身体健康和家庭生活秩序。我想，女儿又该"修理"了！

于是新的制度出台了。每天，饭菜做好，最多叫她三次，吃就吃，不来吃也不等，也不给留饭。又是一个傍晚，孩子放学回家后看动画片，看得如痴如醉。饭菜按时上桌，已叫了女儿三遍，还没过来。怎么办？我说："要修理，就得有决心才能见效果。咱俩吃，都吃完，一点儿也不能留。"然后就打扫战场，把所有能吃的东西都藏到她找不到的地方。女儿终于看完了心爱的动画片，习惯性地径直走到餐厅。一看，桌子上啥也没有，有点奇怪，大声叫："妈，饭呢？"妈妈说："没了。""没了？我还没吃饭呢。""刚才叫了你三次，你没过来吃，我们以为你不饿，就都吃完了。"女儿没说什么，看来也不是很饿，玩去了。该睡觉了，孩子饿了，到处找东西吃，零食一样也没找到，急得哭起来，毕竟是才6岁的孩子。我们劝她："今天晚上是没有饭了，忍一忍，明天早上再吃吧！"孩子忍着满腹委屈睡了。睡到半夜，我听到有响声，睁眼一看，黑暗中，女儿站在床前，拉着妈妈的手边哭边说："妈，我要吃东西，我快要饿死了。"我在旁边悄悄地说："关键时刻到了，要挺住！"妻子劝女儿："好孩子，还有几个小时天就亮了，你就再忍一忍吧！早上再吃。"天刚蒙蒙亮，妻子心疼挨饿的女儿，悄悄起床想早去做饭。走进餐厅，吓了一跳：只见6岁的女儿端坐在餐桌前，右手拿筷子，左手扶一个空碗，只等着开饭呢！

从此以后，女儿很重视"吃饭"这件事。每天按时认真吃饭，再不用大人跟在屁股后面追着喂饭、喊着吃饭了。

我们是孩子最亲近的人，对他们的成长负有不可推卸的责任。爱孩子，但更要学会科学地去爱，让理性引导我们去爱，只要是对症下药，有时"狠心"点也是必要的。

（赵彩凤　赵俊荣）

[点评]

现在的孩子娇生惯养的多，特别是年轻的家长都忙于工作，孩子多数都寄养在老人那里，隔代更亲，难免使孩子从小养成一些不良习惯。特别是吃饭问题，小孩子好随兴致行事，这样逐渐形成边吃饭边玩的现象就不足为怪了。

案例一家长的做法能针对孩子的情况进行教育，效果显著。但在日常教育中，和孩子比赛吃饭的做法却不可取。案例二、四家长的处理方式堪称"狠心"，但成效显著。案例三家长的经验是我们学习的榜样。

孩子吃饭不安心的习惯，有一个形成过程，不是突然出现的。概括地讲，大致有这么几种情况：第一种情况是家长溺爱，从小吃饭随便，稍大后不能立即纠正；第二种情况是"慢性子"，吃饭慢不要紧，反正有零食撑腰；第三种情况是由于父母过于溺爱，包办过多，造成孩子时间观念差，缺乏责任心，吃饭拖拉。

造成孩子吃饭不安心的原因不同，矫治的方法也就不同，家长要切实做到因人施教。第一家长要正面引导，重在习惯养成；第二在合理膳食上做文章，家长要以身作则；第三家长要注重时间观念的培养、责任感的教育，孩子只有懂得时间的宝贵价值，才能从吃饭中节省时间，养成良好的吃饭习惯。

总之，孩子的一些不良习惯总是很幼稚的，只要我们做家长的耐下心来，与专家、学校、社会多一些沟通，多给孩子一些鼓励、自信与信赖，孩子的一切不良习惯都将成为过去，他们最终会以崭新的姿态健康活泼地成长。

二十八、孩子不敢与同伴交往怎么办

在生活中我们经常发现有的孩子喜欢独来独往，不敢与同伴交往，即使在外边，也只跟大人在一起，不主动去找小朋友玩，有的甚至当同伴主动找到他时，他也会采取"回避策略"。孩子不敢与同伴交往怎么办？

[案例一]

静下来就会"花开"

像往常一样，今天我带着孩子来到商场。刚走进大门，此起彼伏的音乐声，很快就吸引了身旁的小家伙。涵涵拉着我们往那边走去，原来是商场组织的游戏活动，小孩子们配合完成游戏后有奖品。一看有好玩的，还有小奖品，她顿时兴奋不已。我们好不容易挤进去，来到跟前才发现已经有很多孩子在排队了。游戏需要孩子们自行组合后配合完成，大家彼此有说有笑，也很快确定了游戏搭档。因为涵涵平常比较开朗外向，我们估计她很快就会找到搭档，所以她自己在排队，我和妈妈在后边坐着等着。

过了好一会儿，我们发现有点儿不对劲，时间也不是很短了，怎么涵涵好像没有动呢。观察一会才发现，她好像一直在往后退。这时候我们过去了，问孩子怎么回事，她只是侧向游戏的方向，撇着小嘴，略带湿润的眼睛眨巴眨巴，好像在诉说心中的委屈。我当时心里也是很急，于是带着批评的口气说："有什么问题说就是了，这是在干什么！"果不其然，孩子哭了。

我们气呼呼地把她拉到一边，准备带她离开。可等慢慢冷静下来后，总感觉哪个地方不太对，孩子一向比较外向，和小伙伴沟通没有问题啊，即使不认识的小朋友，也能主动过去聊几句。于是我蹲下身来，用纸擦了擦她的泪痕，慢慢地说："看来我们涵涵不喜欢这个游戏啊。"她还是撇着嘴，但是听我这样一说，眼睛却不自觉地瞥向游戏的地方。我知道她还是想去的。于是我继续说："咱们以后再也不参加了这种游戏了，奖品有啥好的，我们才不想要呢。""不是，不是，我想要……"涵涵突然喊起来。我赶紧追问原因，她这才带着哭腔说："我看都是大孩子，不敢过去，怕他们不带我玩。"原来是这样啊。我们一商量，还是带她回去了。仔细一看，确实是大孩子多一些，即使是和涵涵差不多的，好像也都是一起来的。他们自然很快就能搭档配合起来。看到了这些，我们也确实有些惭愧，刚才有所忽略了。我们陪她一起过去，在我们的帮助下，不一会儿，她就找到了合适的搭档，开心地参与了游戏，还拿个大奖呢。

通过这件事，我也明白了，在孩子们交往过程中，不是说因为性格外向就可以想当然地放任不管，特别是随着孩子不断成长，她会遇到更多的人或事，如果总是拿着惯有的眼光去看待事情，行动难免就会被情绪左右，最后只能让事情更被动。很多时候，孩子们之间的交往沟通，需要家长静下来看一看，想一想，其实一旦静下来，我们不仅会让孩子更好地交朋友，还会让她更加健康地成长。所谓静下来花开更好。

（刘海元）

[案例二]

从"打招呼"开始

经常看到家长跟孩子说："快叫阿姨，你这孩子，倒是说话呀。快点！"有时候，孩子扭扭捏捏半天，叫一声。有时候，孩子上来脾气，就不应声。家长就觉得没面子，还批评孩子："这孩子真是，就是不爱叫人。"

每当这个时候，我就想起我孩子小时候的事。那时，他3岁左右。我发现他不喜欢跟人打招呼，无论是幼儿园的老师、小伙伴，还是路上遇到的熟人、家里来的客人，他就躲在我的身后，我让他打招呼也不肯。不仅这样，我发现他和小伙伴交往也很困难，这也许是和我忙于工作，平常太少带他出来玩有关。

他想和小朋友一起玩，就拉着我的手站旁边观看。当我问他想不想参加时，他会点点头。我就跟他说，"你跟小朋友说，'我们可以一起玩吗？'"儿子不肯。他说："我觉得心里难受。"理解孩子是第一步，我想孩子内心是有压力的。我跟孩子说："妈妈理解你，妈妈会陪着你，咱们一起想办法。"

那个时候我已经开始学习心理学。乔治·华盛顿大学的心理学家莱金·菲利普斯认为，孩子不能与他人交往的原因，是因为他们没有学会基本的人际交往技能，从而不能以正常的方式和别人交往。

熟能生巧，我决定引导孩子学习交往的方法。我拉着他的手说："妈妈和你一起说好不好？"他犹豫了，没有立刻答应。心理学告诉我们，熟悉的事就不会觉得难。我们就对着院子里的一个小石凳开始练习，把小石凳当成小朋友。我喊一二，我们两个人一起说："我们一起玩吧？"练习过几次之后，他的声音比我的大了，我们就一起走到小朋友面前说出来，果然，孩子们就一起玩起来。见到这个方法很奏效，于是我们就用同样的方法练习和人打招呼，在家里对着玩具练习，在院子里对着大树练习。后来他的声音越来越大，也不需要我和他一起说了。

提前准备，抢占先机。我发现如果大人先和孩子打招呼，孩子就会有压力。所以遇到熟人，我都会提前悄悄告诉他叫"阿姨"还是叫"奶奶"。他都会老远就先跟人打招呼。周围夸他懂礼貌的人多了，他得到的正反馈就越多，这样形成了良性循环。后来，他已经学会自己交朋友了。再后来，他还主持了幼儿园的升旗仪式。到现在他和同学们关系很融洽，经常参加各种活动,与人交往也落落大方。我想,培养孩子的交往能力要从小事开始,如同蝴蝶效应,会产生巨大的改变。

(刘晓丽)

[案例三]

陪伴引导　让孩子更好地成长

我女儿今年4岁半,一年的幼儿园生活对她的影响很大,宝贝从第一天入学就没有哭过。一学期下来,女儿在生活自理方面有了很大进步,能自己照顾自己,有的时候还像小大人儿一样训导我。孩子的变化我看在眼里很是欣慰。然而细细观察下来,我发现女儿在家性格活泼开朗,但是在学校这些公共场合却性格慢热,不爱表现,不善于与同伴交往。

幼儿园老师家访的时候曾多次提到孩子在学校的表现不积极。别的小朋友一起玩,一起做游戏,她都是在旁边静静地看,不去主动参与,只跟她同桌的小朋友一起玩,有时跟小朋友们闹脾气,她就扭过身子:"哼,再也不跟你玩了!"然后就自己独自玩起来。

作为妈妈,我必须要做点什么了。通过跟老师沟通,我了解到女儿在学校不善交朋友,不敢主动交往。于是,我就制定了"交朋友代币"奖励办法。她想要连衣裙,规则是获得十颗星星就可以买自己喜欢的裙子,每天放学回家,给我讲一个跟好朋友在一起玩的故事就可以获得一颗星星。每天晚上,我都会问她"今天在学校有什么高兴的事?今天跟哪个好朋友一起玩了?今天有没有主动去和小朋友一起做游戏?"多跟她聊天,复盘在幼儿园的生活。只要女儿说出一个新朋友的名字,就可以获得一颗星星。我用这种办法引导孩子去结识更多的朋友。

一个周末,我带她去游乐场玩。刚到的时候,看到只有一个小女孩正自己玩得高兴,我女儿就很感兴趣地站在后面看她怎么玩,还时不时地回头看我两眼,我就知道女儿想跟她一起玩,可是不敢。我看着女儿的眼睛,耐心地引导她："你想去跟她玩吗？去吧，我陪着你。"然后我领着女儿走到小女孩跟前说："我们可以一起玩吗？"在我的陪伴和引导下，女儿很快和小女孩玩到了一起。这次经历增强了女儿的交友自信和勇气。

一段时间后，女儿变得更加积极开朗了，在公共场合能跟叔叔阿姨问好，也会主动参与小朋友的游戏，我看到孩子的笑脸也很欣慰。

每一个小朋友都是一朵慢慢绽放自己独有颜色的小花朵。父母的陪伴和引导会给予孩子很大的信心和力量，遇到问题应不急不躁，寻找问题根源，陪着孩子一起面对，共同成长。

（滕春玉）

[案例四]

用心守护　静待花开

女儿是一个相对内向一点的孩子，现在已经到了上幼儿园的年龄。其实在入园前很长一段时间，我就已经陷入焦虑，担心她适应不了幼儿园的生活，其中最担心的就是她和同伴交往的问题，怕她没有朋友会孤单。女儿入园后的表现果然如我预料的一样，一个多月的时间，每天早上她都会大哭着不要去幼儿园，不喜欢幼儿园。我也了解到她总是一个人待着，胆子小容易害羞，不敢去跟其他小朋友交往。

我看在眼里，急在心里，便开始积极学习、研究该怎么突破这个难题，推动女儿积极进行同伴交往。经过一段时间的努力，取得了不错的效果，女儿有了自己的好朋友，也喜欢上幼儿园了。我把我的经验总结为以下三点：

一、顺应天性，接纳孩子特质。以前带女儿出去玩，遇到熟人时，我都会催促女儿"喊阿姨啊，喊叔叔呀"，但女儿总是不吱声。后来我反思了自己，我为什么会不断催促女儿？是因为她没有主动打招呼让我这个妈妈没有面子吗？我为什么要强迫女儿去做这件事？是我太自私了，是我的内心里认为外向的孩子更好，所以想要把她推到外向一边。然后我就在心里告诉自己,不要贴标签,要看到女儿这类内向孩子的潜在优势,比如她的逻辑性很强,也很注意观察和思考。自己不要总想着把女儿改变成为一个外向的孩子,把她跟别人家的孩子比较,那样只是满足了我自己的虚荣心,缓解了我自己内心的焦虑情绪,却没有关注到她。我要承认孩子的天性,也要鼓励孩子认识、喜欢自己的性格,她就是她,那个独一无二闪闪发光的小女孩。我的认同与接纳给了孩子前行巨大的力量。

二、创造宽松、包容的家庭教育环境。多鼓励与肯定,享受她的独特的气质。有时我跟她聊起来为什么不敢主动去跟小朋友说话玩耍,她会微微一笑说自己害羞。我没有跟她说"小屁孩,知道什么是害羞啊?有什么好害羞的"诸如此类的话,而是接纳包容了她的情绪,在心理上抱持她。平时我比较注重跟女儿沟通,了解她的学校生活,与小朋友之间发生的一些故事,了解她内心真实的感受,并在适当的时机给予帮助。

三、利用机会给孩子自由成长空间。下午放学、周末节假日等时间经常带孩子去同龄人多的地方,游乐场、公园等等。哪怕她不主动向前,只是站在边上看着,这也是一种影响。在家里也可以经常邀请平时相对比较熟悉的小朋友来家里做客玩耍,熟悉的环境,更容易让孩子放下心中的戒备。在这里,没有强迫,只有陪伴,慢慢地,孩子变得主动了。儿童心理学家孙瑞雪老师认为,儿童的人际关系有其敏感期,要让她发展好,就要让她自己完成这个周期。在这期间,给孩子空间,让孩子自己处理问题,儿童拥有发现问题、解决问题,并且设计出解决问题的计策和方案的自由,大人不能剥夺这样的自由。在一个自然而和谐的环境中,一切该发生的都将自然发生。一个内向的孩子,她有她的观察,她有她的节奏,我所做的就是陪伴与尊重。

教育的最高目标是要让孩子成为最好的自己,在内向孩子的成长路上,我们更要尊重孩子个体的独特性,以尊重和爱为阳光,用心陪伴与守护,静待花开。

(谭彩霞)

[点评]

孩子与同伴的良好交往有助于培养他们的情绪、情感和社会性的发展。在这个过程中,我们要鼓励孩子大胆交往。如何把握好交往的分寸、自如地进行交往,我们应注意以下几点:

1. 理解孩子,包容孩子个性。家长应该体谅孩子害羞的心情,避免当别人面命令孩子做不愿意或不会做的事,如果过早给孩子贴上"不自信、不大方、害羞"的标签,并且表现出不满和难受,更会引起孩子的退缩行为。

2. 多鼓励孩子与他人交往。家长应该在生活中做好榜样作用,孩子最初通过与家长交往,学习初步的人际交往原则和方法,因此家庭成员之间要和睦相处,体贴关爱,待人接物大方得体,与周围同事朋友交往乐观积极。家长要多带孩子到亲戚朋友家玩耍,让孩子在温馨的氛围中一起玩,可以帮助孩子建立自信心。

3. 培养孩子具体的社交策略。如当孩子看别人在玩也想参与,但又不知如何做时,家长可建议孩子说:"我能和你一起玩吗,我这里有个新玩具,我们一起玩吧?"或者教孩子注意观察其他小朋友,如果他们在游戏过程中出现了麻烦,可以主动上前提供帮助。

让我们的孩子在同伴交往中多一分勇敢,少一分怯懦;多一分合作,少一分霸道;多一分豁达,少一分孤独,在交往中展示自己的魅力,感受交往的快乐,健康幸福地成长。

二十九、孩子自私怎么办

现在的孩子备受大家庭宠爱,很多孩子以自我为中心,不爱分享,别人动了他的东西就会哭闹且不依不饶。更有甚者到别人家做客时,也将自己爱吃的、喜欢的东西据为己有,这种自私的行为常使家长十分尴尬。我们如何纠正孩子的这一行为习惯呢?一起向专家及几位家长取取经吧。

[案例一]

帮孩子走出自我中心

孩子为什么会这么自私呢？许多家长感到不解。其实，从人的发展来看，婴儿期是以自我为中心的时期。这是动物进化过程中的一种生存本能。2～5岁的儿童正在发展从多种角度、多种立场考虑问题的能力。最初，他们在观察事物和考虑问题的时候，还不能超出他们实际所看到的。他们没有认识到人们从各种不同的立场，以不同的方式看待同一个事物，别人会有与他不同的情感。因此，儿童在对待事物和他人的时候总是直接地联系自己，一切以自我为中心。

随着年龄的增长，儿童开始学习去除自我中心。他会慢慢认识到除了自己以外，还有别人的存在，在想到自己的同时，必须要想到别人。这是一个很长的认识过程。家长的责任应该是训练儿童逐渐摆脱自我中心的束缚。

在家里，有好吃的食物，父母先让着孩子吃，图书、玩具应有尽有，导致有一部分孩子喜欢"吃独食"。在这种环境下，如果父母不加以正确地引导，只会使他独占的意识膨胀，自我中心加强。加上孩子缺乏集体生活的体验，不会处理自己和他人的关系，因此往往就会表现出自私的一面。所以，家长在平时的教育中应该利用生活中的各种事情，有针对性地教育孩子。像前面提到的孩子"吃独食"现象可能许多家庭都会碰到。家长要想纠正孩子的这个毛病，可以先从分食做起，即吃东西时，家庭成员每人都有一份。即使为保证孩子的营养，让他多吃一点，别人少吃一点，也要让他知道，这不是他的特权，别人需要时，也有同样的权利。吃饭时，最好全家人一起吃，不可让孩子先上桌挑拣他爱吃的东西。平时，家长应注意培养孩子谦让长辈、谦让小朋友、谦让客人的好习惯。当孩子礼让时，应及时给予表扬和鼓励。

只要我们在平时注意加强对孩子的教育和引导，孩子在做事时就会想到别人，孩子的利他行为也就会增多。

[案例二]

五步好招　克服自私

女儿今年6岁，从3岁起，她就开始变得越来越以自我为中心，好吃的要自己先吃，好玩的不能给别人，自己能做的事情也不愿意动手。看到孩子的这些表现，当妈妈的看在眼里，急在心里。该如何消除这种"自私的苗头"，使孩子越来越大方呢？通过上网查询及请教专家，我采取了一系列的措施，效果不错，现一起与各位家长分享。

1. 取消孩子在家中的特殊地位。在日常家庭生活中，我们要尽量不给孩子特殊待遇，合理满足孩子的需求，让孩子知道自己在家庭中与其他成员是平等的，消除其"以自我为中心"的意识。

2. 引导孩子尊重和关心长辈。家长要让孩子学会：享受时应首先考虑长辈；就餐时，好菜要先夹给长辈吃，舒服的位置让给长辈坐；别人为自己服务要表示感谢；别人不便时，应尽可能提供帮助；让孩子逐步体会到帮助、关心别人是愉快的。

3. 让孩子学会主动承担力所能及的家务劳动。家长应一步步指导孩子从小学会自己穿衣、洗手帕、整理玩具等，培养孩子独立生活的能力，让他体验父母劳动的艰辛，养成热爱劳动的好习惯，以便将来为家庭和社会多做贡献。

4. 为孩子创造经常与小伙伴交往的机会。家长鼓励孩子将自己的玩具、图书和小朋友们分享，学会与小朋友团结友爱，养成互相谦让的好品德。

5. 拒绝孩子的无理要求。对孩子提出的不切实际、无理的要求，家长应坚决而明确地加以拒绝，并说明拒绝的理由，孩子再哭再闹也不妥协。

通过一段时间教育，孩子逐渐学会了与人分享：有好吃的先分一圈，然后自己才吃；有好玩的玩具，邀请小伙伴一起来家里玩；自己的事情，只要能力所及，就会尽量自己做。

（张　岩）

[案例三]

让孩子扮演"妈妈"

我的孩子在家里是家庭的中心,家长的溺爱、老一辈的娇惯,形成了他自私的行为特点。

为了彻底纠正孩子的不良习惯,我想到了孩子们最喜欢的角色扮演游戏。我先请女儿与我互换角色,她当"妈妈",我当"娃娃","妈妈"要尽力照顾好"娃娃",满足"娃娃"的一切需要。通过游戏女儿了解了妈妈的辛苦,知道了要爱妈妈,尽量不给妈妈添麻烦。后来我又通过医生怎样关心爱护病人、司机怎样有礼貌地对待乘客、老师怎样爱护小朋友等游戏,引导孩子体会人与人之间的关系,使她知道人与人之间是平等的,应该互相帮助、互相关心。在后来的生活中,女儿开始学着为他人做事情,有好吃的也不再一个人独享。发现了这一点,我马上进行表扬、鼓励,女儿的劲头更足了。

其实,每个孩子都是好孩子,只是因为个别成人的不正确的做法,而使孩子形成了一些不良习惯。只要我们能正确引导,相信所有的孩子都会向正确的方向发展的。

(张 岩)

[点评]

自私是幼儿常见的问题行为。儿童的自私心理及由自私心理支配下的自私行为并不是与生俱来的,它的产生是儿童心理的发展、环境和教育等因素综合作用的结果。儿童自私行为的产生与其自我意识的发展进程存在着密切的关系,当幼儿出现不爱分享、占有欲强等行为时,父母不应该立即给孩子贴上"自私"的标签,但是也不能放任不管,因为自私会影响幼儿的社会性发展。研究表明,幼儿形成的社会态度和社会行为的保持是很长久的,对其以后的社会态度和社会行为有十分重要的影响。所以,家长应该遵循孩子的发展规律，用科学的方法加以引导。

案例一的家长帮助孩子走以出自我为中心的观念和做法对幼儿社会化的发展很有帮助；案例二家长的"五步好招"也值得学习和效仿；案例三通过用孩子最喜欢的游戏形式，对孩子进行移情训练，也是很好的方法。

作为家长，只要以自身的行为对孩子施以积极的影响，善于抓住时机，正确引导，孩子的自私行为就一定能够改掉。

三十、孩子过分好强不接受批评怎么办

有些孩子做事时表现得无所谓，而有些孩子却表现得敏感、焦虑和有完美主义倾向。后者可能更在乎别人对自己的评价，喜欢得到别人的表扬，不愿接受批评，不能正视自己的缺点。面对这样的孩子，家长应该如何引导呢？

[案例一]

从不服管教到好好说话

为人母后，我经常感叹，每个孩子都是天使，是治愈父母的良药。孩子的出生，让我变得强大，也让我的生活充满幸福和快乐！但这一切在孩子慢慢长大的过程中，却变得不那么绝对了，因为他时不时地会给我出个难题，让我不知所措。比如他的幼儿园老师告诉我，孩子在做错事情被老师批评时，总是不服气，他不反驳也不辩解，只是一脸愤怒地看着老师，用尽全身力气大声喊："我——错——了！"

刚刚听说，我还是比较震惊的，孩子用这样的方式对待老师的批评，让我很意外。我的第一反应是，是不是有什么误会让老师冤枉了他？于是我把他叫到身边，跟他心平气和交流了一番。但是很遗憾，他对前因后果很明白，老师也没冤枉他，我给他讲了一堆道理，他却依然倔强地表示，

自己就是不想好好说话。这让我陷入了焦虑和迷茫，该怎么办呢？

正当我不知所措的时候，大J小D的一篇文章点醒了我，文章分析了孩子接受不了批评的导火索，那就是孩子已经开始了"社会化"进程，因此，他开始在意别人的评价。而要打破这种"玻璃心"，则需要建立一个稳定的自我评价系统。作者给出了两个方法：第一，别把孩子当孩子。也就是说，不要"假大空"式的表扬，本来就应该做到的事情，不需要夸张去说"你真厉害"；确实做了需要表扬的事情，也不要简单一句"你真棒"，而是要有指向性，说明为什么棒。当我们真诚地去肯定孩子的能力，孩子才能真实地感受到自己的力量。第二，把孩子当孩子。其实很多时候孩子不能正确对待批评，接受不了批评，是因为他害怕失败，更接受不了别人的不认可，毕竟批评他的往往是他最亲密的人。这就需要我们在日常生活中给他灌输"只要努力了，就不遗憾""接受失败，为失败喝彩"的观念，让他对失败这件事有正确的认识，从而面对批评也能坦然接受。

想想平日里我对他的教育，再想想他要强的个性，我豁然开朗，果然，孩子的每一个问题都跟家长的教育脱不了干系！认识到问题根源所在，我开始改变表扬方法：在他遇到困难和失败时，我不再像以前那样急躁，而是陪他找失败的原因，陪他一起努力，并告诉他不是每个人都能做好每件事，努力了，就不遗憾。慢慢地，我感受到了孩子的变化，他的性格温和了许多，做不好事情也不再着急上火，而是一次次努力尝试。老师也说，他最近好像变了个人，面对批评，能好好说话了，一切都在往好的方向发展。孩子，在教育的道路上，我愿陪你一起学习、一起成长！

（丁晓萌）

[案例二]

听不进批评的二宝

5岁的铮铮是家里的二宝，从小就在全家人的溺爱下长大。姐姐和他吵架，家人也总是要求姐姐必须让着弟弟；不管他怎么淘气，爷爷奶奶都护着孙子，不许爸爸和我批评教育。我们也觉得这个二宝还小，就没太较真。久而久之，铮铮就变得听不进别人的劝说，更别说批评了。

有一次，我实在看不下去了。这一天是周末，我跟爸爸不上班，爷爷奶奶也早早地来了，一家人打算去郊游。谁知道，铮铮刚睁开眼，就看到了爸爸放在床头柜上的手机，一向喜欢玩手机游戏的铮铮非要缠着爸爸给他打开手机，再加上爷爷奶奶在旁边的助攻，铮铮爸爸也就屈服了，给他打开了手机。

一家人收拾好东西准备出发时，爸爸对铮铮说："玩了半个小时了，铮铮，快把手机还给我吧！"铮铮却自称没玩够，爸爸批评铮铮不应该玩那么久的手机，可铮铮说什么都不愿意停止玩手机游戏。

没办法，一家人就在铮铮的游戏音乐声中踏上了郊游的旅程。音乐不停地响，时间不停地走，我心中的火也越烧越旺。终于，我受不了了，二话不说，一把夺过手机。面对突如其来的状况，铮铮愣了半天之后，哇哇大哭起来，一边哭还一边抢手机。

家人都感觉铮铮太任性了，所以，爸爸批评铮铮："太不像话了，你看了多久的手机了，你不知道吗？"

爷爷奶奶批评他："你这孩子一点也不听话，看那么久的手机，你的眼睛也受不了啊！"

就连姐姐都说："他真的被惯坏了！"

"哼，不听，不听，我就要手机……"

让铮铮充分地冷静之后，我轻轻地摸了摸他的头，然后拉起了铮铮的小手，顿时，铮铮心中的委屈化作泪水如洪水决堤一般地奔涌而出。等铮铮哭声弱了，我抱起他说："宝贝儿，刚才妈妈没有经过你的同意就把手机夺走，妈妈做得不对，妈妈向你道歉……宝贝，你说你刚才有没有错呢？""我玩手机时间太长了……"铮铮反思着自己的问题。"那么，我们必须得郑重地做个约定了,好不好?我们约定每次玩手机游戏不能超过十五分钟,行不行?"铮铮点点头,接着说道:"如果到了时间,可是一个游戏还没结束怎么办呀?""那我就和你一起,把剩下的游戏玩完,再一起关掉游戏吧?""好!"就这样,在我的"自我反思"中,铮铮接受了大家的批评,反思了自己的错误。

(孟令君)

[案例三]

当个性遇上规矩

合理的批评应该是教育的辅助手段之一。苏联著名教育学家马卡连柯曾经指出:"批评应当是教育","合理的批评制度不仅是合法的,而且也是必要的"。从父母的教育方式上来说,合理的批评是正当的教育行为,与孩子的习惯养成和健康成长息息相关,是家庭教育中不可替代的方法之一。合理的批评能帮助孩子学会自律和自我约束;能使孩子明白什么事情是对的,为什么要坚持下去,什么事情是做不得的,应当怎样改正;能帮助孩子建立自信,教会孩子自己学会做判断、做决定,增强他们的心理承受能力,磨炼他们的意志。当个性遇上规矩,面对要强的孩子家长应该如何适度批评呢?

我的孩子性格大大咧咧,但有一颗"玻璃心",什么事情都争强好胜,但又忍受不了别人对她的批评,不能直面自己的问题与缺点,比如和大人玩游戏必须赢,游戏输了就发脾气。

记得有一段时间,闺女每天晚上写作业都非常磨蹭,而且做作业时各种工具书、文具到处乱放。一开始,我每次都耐着性子一边唠叨她,一边帮她整理。久而久之,我发现我的唠叨对她根本不起作用,每次我一开口,她都不耐烦地打断我说:"知道啦,知道啦!"不在意也不接受。在意识到"唠叨教育"不起作用之后,我马上改变了"战略战术"。我跟她约定,以后每天晚上八点之前必须完成作业，写完作业之后自己收拾好书包，任何事情我只提醒她一遍，如果我提醒到了但是她没做，出了问题自己承担后果。我说到做到，不管女儿怎么哭闹、怎么央求我，我都严守规则。几次之后，女儿开始主动写作业了，写得又快又好，而且桌面也收拾得非常整洁。我利用这个机会好好表扬了她，并和她一起讨论以前任性、面对批评的错误态度带来的危害。从那之后，我再也没为这些琐事唠叨过她。

（赵琳琳）

[案例四]

如何让孩子正视别人的评价

儿子壮壮5岁了，现在上大班。平时我和他爸爸工作比较忙，一般都是姥姥姥爷照顾。孩子在家很勤快，经常帮忙洗碗擦桌子收拾卫生等，姥姥姥爷见状高兴得不得了，时常在人前人后夸孩子。

近期通过跟老师沟通了解到：壮壮在幼儿园也很能干，经常帮老师干一些力所能及的事情，而且干什么事情总想争第一，还总想让别人说他好。比如，在排队时，他总要争做第一名；给其他小朋友安排任务时，他要抢着做；当别的小朋友说他做得不好或者不对时，他会两只小拳头攥得紧紧的，非常愤怒；当老师和他耐心沟通时，指出他需要改正的地方时，他虽然会难过地流泪但嘴上还不承认。

对于老师反映的情况，我们在家中也进行了一段时间的观察，孩子确实存在这样的问题：当壮壮和同伴出现矛盾时，同伴跟我们反映俩人刚刚发生的情况，壮壮第一时间进行反驳并表示自己没有做过，有时候还会反咬一口说同伴做得不对。被表扬时他会表现得更积极，被指出错误时则会表现出难以接受。

为此，我和孩子的爸爸商量，尽量多抽时间陪伴孩子，对孩子多一些了解，寻找更多适恰的方法帮助孩子能正确看待自己的优点，正视自己的不足，接纳别人对自己的意见和建议。经过一段时间的试验，我们觉得以下几种方法比较有效。首先，从关注结果到关注过程。当孩子处处要强争抢第一时，我们尽量避免只关注结果，而是更多地肯定孩子的付出和努力，从而让孩子将关注点转移到做事的态度和解决事情的过程中。比如，当孩子把桌子擦得很干净时，我们就让他说一说是怎么把桌子擦得这么干净的，让他充分感受到被认可的同时，把心思更多地放在梳理自己擦桌子的经验方法和考虑如何把桌子擦得更干净上。其次，通过榜样作用，进行旁敲侧击。当孩子暂时还不容易正面接受他人批评建议时，我们就进行侧面引导。比如有时带孩子外出时，看到有排队的情形，特别是队伍中有小朋友在有序排队等待时，我们就跟他讨论为什么队伍会排得那么有序，队伍中的小朋友的做法是不是值得学习等，潜移默化地让孩子感悟个体与集体的关系，逐渐淡化时时处处要争第一的想法。最后，当孩子不承认错误，不接受批评时，我们首先会调整自己的情绪，耐心沟通，跟孩子摆事实，讲道理，让孩子心服口服，并且尝试接受自己的缺点。通过一段时间的调整，孩子的行为有了一些改善。

（王晓红）

[点评]

  一般说来，孩子过分要强、不接受批评，我们可以从以下几个方面进行改变：

  1. 引导孩子关注过程，淡化结果。成人要淡化结果，不要总以结果"论英雄"。面对要强的孩子，成人要淡化对结果或成绩的关注。孩子得了第一不要过分强调，在孩子结果不理想的时候甚至可以安排一项"安慰奖励"，比如可以准备一份小礼物或是带孩子出去吃一顿佳肴。在这个过程中，成人传达给孩子一种信息：每个人都想得第一，但是第二也不错。即使结果没有达到自己的预期目标，但自己已经努力了，那也值得给自己鼓掌。

2.引导孩子和自己比较。性格要强的孩子一般具有同一个特性：就是喜欢和他人笼统地作比较，总希望自己是第一名，是最好的。首先，作为成人，我们要引导孩子看到自己的进步，多和自己比较，例如，"这次的付出和上次比较有了哪些方面的进步呢？"其次就是在和别人比较的过程中既要看到自己的优点和不足，也要看到别人的优点和不足。成人如果坚持这样引导，孩子就会慢慢形成全面评价的观念和能力。

3.学会冷处理。刚开始的时候，孩子是不喜欢听到自己的缺点与不足的，也不喜欢听到别人的优点，他可能会哭泣发脾气，这个时候家长应尽量避免和孩子继续讲道理，可以采取冷处理的方式，耐心地等孩子充分宣泄情绪后，再和孩子做简单的分析。冷处理的方式主要是为了让孩子有足够的时间和空间去平衡情绪和反思问题，这样的效果比父母长篇大论地说教效果要好。

孩子的心是敞开的，能够容纳万物。很多时候，不是孩子无理取闹，而是父母没有"对症下药"。父母要学会辨别孩子的行为，区别对待，让孩子学会理解批评，接受批评。

第三编　亲子游戏

喜欢玩游戏是儿童的天性。幼儿期的游戏是孩子成长发展的主要学习形式。孩子们通过游戏不仅可以开发智力、陶冶情操、锻炼身体，而且还可以学会和同伴交往。因此，在本编中我们除了介绍游戏的意义和游戏对名人的影响以外，还编辑了十大类亲子互动游戏。其中的小游戏既有个体的，也有团体的，取材简单，方便易学。相信这些小游戏对于亲子的良好沟通，对于孩子各方面的发展会有很大的帮助。

一、游戏的意义

鲁迅先生在《风筝》一文中说:"游戏是儿童最正当的行为。"俄国作家高尔基也认为"游戏是儿童认识世界的途径"。

游戏之所以正当,是因为它不仅好玩,而且能寓教育于其中,帮助儿童扩大知识领域,陶冶情操,并促进德、智、体、美、劳各方面的发展,尤其对儿童的智力开发,有着不可估量的作用。

常常听到一些父母们抱怨地评价自己的孩子:"这孩子太贪玩,什么也学不进去。"为了让孩子"学进去"一些知识,他们往往采取引诱甚至暴力的手段,扼杀孩子的"玩兴"。

其实,孩子爱玩游戏并非坏事,玩的过程有助于孩子的智力发展。美国飞机发明家莱特兄弟在《我们是怎样发明飞机的》一书中耐人寻味地回忆道:我们对飞行最早发生兴趣是从儿童时代开始的。父亲给我们带回来一个小玩具,用橡皮筋作动力,使它飞入空中。我们就照这个玩具仿制了几个,都能成功地飞起来……就是这种能飞的玩具,使莱特兄弟很受启发,有了造飞机的想法。后来,他们几经周折,在滑翔机上安装了发动机和螺旋桨,让世界上第一架真正的飞机飞上了蓝天。这架飞机所使用的螺旋桨,就类似于少年时玩具上的那种螺旋桨。

1609年,荷兰一家眼镜店老板汉斯的孩子拿了几块镜片,有近视的,也有老花的,与邻居几个小孩子一块儿玩耍。他们模仿大人,把镜片架在自己的眼睛上。可是他们既不近视也不老花,只有把镜片举在离眼睛比较远的地方才能看清楚镜片后面的东西。有一个孩子,想出了一个异想天开的游戏方法:一只手拿着近视镜片,一只手拿着老花镜片,把它们一前一后地拿在眼前向远处一望,不由得惊喜地喊了起来:"喔!真奇怪,礼拜堂的尖塔,突然变得这样近啦!"

孩子们在游戏中,发现了可以望远的透镜。眼镜店老板汉斯就照这个方法,发明了世界上第一架望远镜。

游戏对孩子来说，是一个开始探索客观世界的过程。游戏可促使儿童对新知识发生兴趣。为了玩好一种新的游戏，孩子们常常是先要认真地学习，以便更好地投入"玩好"当中。

德国数学家威特的父亲就是通过游戏，培养了威特善于观察、善于思考和热爱大自然的良好习惯。在威特的院子里，父亲特地为他修了一个大游戏场，铺着60厘米厚的沙子，周围栽有各种花草和树木。威特在这里观花、捉虫，培养出了对大自然的感情。父亲还为他做了各种木块，他用这些木块盖房子、建教堂、垒城墙、架桥梁，大大促进了智力的发展。威特父亲回忆道：我几乎没有给他买什么玩具，但他用这很少的玩具，总是愉快而幸福地玩着。威特父亲认为，给了孩子玩具就放任不管的家长是错误的。这样，孩子玩玩具得不到知识，会让孩子感到无聊、厌烦、精神不爽，甚至拿玩具出气而破坏玩具。因此，家长要引导孩子有兴趣地玩，从玩的过程中受到教育、增加知识。

威特父亲告诫家长：当孩子用木片和纸盒等建造城市、宫殿时，千万不要为了收拾屋子而破坏了孩子的游戏。这样会无情地摧残孩子的精神世界，不但影响孩子游戏的欢乐，而且还有碍于孩子的想象力的发展。

游戏是深受孩子喜爱并能培养其全面发展的有力手段。家长应该设法把教育与游戏有机结合起来，使孩子在"寓教于乐"中茁壮成长。

游戏除了可以使身体强健外，还是孩子生活的重要组成部分，是他们的一种学习形式。家长应利用游戏的方式来激发孩子的求知欲，提高孩子的学习兴趣，使孩子在轻松和愉快的心情下学习。

孩子学习了新知识，消化吸收后，就要用言语和活动来表现他的成果。通过游戏，可帮助孩子发挥他的创造力。这些通过绘画、手工艺、戏剧或音乐等方式表现出的游戏，把孩子的幻想力和新经验都充分展示出来。这是激发孩子的求知欲的第一步。

游戏除了有上述功用外，还可以帮助孩子学习社交能力、明白人际关系、建立体育精神、适应团体生活、培养优良品格等。因此，家长要把握机会来训练孩子，鼓励他们多做游戏。

二、游戏的类型

本书所提供的游戏最适合学前儿童（2～4岁），其中有些可以跟婴儿玩，另外有些则可以和5～6岁的孩子玩，只要孩子感兴趣就可以。

（一）培养探究能力的游戏

别看孩子年纪小，他的好奇心是很强的，每次看见新奇的东西，都会兴致勃勃地去看个究竟。不仅如此，他还要亲身去探查。若是父母告诉他真相，他可能不相信，还会心里嘀咕，责怪父母不识相，破坏了他去探险的机会。事实上，孩子是喜欢自己探索的，他向往的是第一手资料，只有亲自看过、嗅过、尝试过、触摸过，他才会觉得满足。明白了探究是孩子的天性，父母也就不必去阻止他了。

"神奇的放大镜"游戏。

放大镜也会给孩子带来新经验。准备一个放大镜，让孩子动手检视自己的手指、手纹，然后到身体各部分。看完后，还要把放大镜放在眼前，看见自己的怪模样，他会大笑起来呢！也可以用放大镜看一起游戏的父母，让孩子体会与父母一起游戏的快乐。

利用放大镜，还可以教孩子探索世界。拿着它去看看沙发上的布纹、地上的尘埃、草地里的蚂蚁，走到哪里探视到哪里，就像一名小侦探认真地查找证据。这个过程小孩子会很主动去做。

"神奇的瓶子"游戏。

和孩子一起把一个玻璃瓶盛满清水，然后放进各种颜色的颜料。首先放进黄色，透过瓶子，可以看见颜料怎样与水混合。到水完全变成黄色，再加一些蓝色，黄色和蓝色混合，就变成绿色。就这样用不同的颜色混合，让孩子明白色彩的变化。这是个非常好玩的游戏,很受小孩子欢迎。父母所需的准备时间也不多,不妨一试。

纸船游戏。

先和孩子一起折好一些纸船,在孩子洗澡时,先把一只纸船放进浴缸内,让它漂浮着。可是不一会儿,水慢慢进入纸船内,船沉下去了,再也浮不起来。这时父母可给孩子第二只纸船,让他去实验、去观察,最后他便会明白纸船为什么会沉下去。

(二) 激发孩子求知欲的游戏

通常来说,聪明的孩子学习能力比较强,但聪明的定义是什么呢?根据中国人的解释,耳灵是"聪",目灵是"明",也就是说,五官感觉灵敏的孩子便是聪明。儿童教育专家也指出,孩子的学习欲望是从训练五官感觉开始的。

五官感觉是指视觉、听觉、触觉、味觉和嗅觉。这些感觉虽是与生俱来的,但经过训练,其敏感程度就会增加,对环境和事物的感应力会更加敏锐,孩子的辨别能力会加强,联想力更丰富,记忆力更好,理解力更佳,创造力更高。这样,孩子的学习欲望当然比别人优胜,所得的知识也比其他同学丰富了。

明白了这点,我们就应该积极地训练孩子的五官感觉,这种训练工作最适宜在孩子入学之前(即3~6岁的时期)开始。训练工作使用游戏方式,在轻松、愉快、开朗的气氛中进行,地点可以在家里的客厅、卧室、走廊,也可以在公园等安全的地方。进行训练时,父母不必心急,孩子自然会按着自己的能力接受训练,勉强也是徒然。训练的时间不宜过长,只要坚持天天进行便可以了。把握不同的环境,在孩子最感兴趣时马上进行,就是最适当的时机了。

1. 锻炼视觉的游戏

视觉敏锐的孩子看见红色的东西,不会说它是褐色或橙色,因为他辨别颜色的能力很强。如果他看见一种不认识的颜色,他也会作出反应:"这是什么颜色呢?"有了疑问,自然激发他的好奇心,接着他便去找答案。

积木有很多不同的颜色,是训练孩子认识颜色的材料。教导孩子把同一种颜色的积木集中在一起的训练过程中,父母可以在旁发问:"你手中红色的一块应该放在哪里呢?""那块绿色的呢?"这样,孩子先认识颜色的类别,很快便可知道颜色的不同名称了。只要父母上心,如街上的汽车、路人的衣服、邻家的花盆等,都是就地取材、随时施教的好教具。

2. 锻炼嗅觉的游戏

玫瑰和菊花虽然都是花,要孩子把它们分门别类也不太难,因为它们的颜色和形状都不同,孩子一眼便可看出了。但眼睛不是分辨事物的唯一途径,我们还可以教导孩子运用他们的鼻子。给他们一枝玫瑰花,然后指出:"这玫瑰花好香啊!"孩子嗅到这种香味,留下深刻的印象,因为香味不同,以后见到牡丹、杜鹃,也不容易弄错。

还可以利用食物或花朵来做教材。把香芹、洋葱等分别放在不透明的瓶子内,上面用纸盖着,纸上开些小洞,让气味散发出来,叫孩子凭着气味去认定来源,从而记起某物件独特的气味(用不透明的瓶子是为了避免孩子获得视觉上的帮助)。孩子认识了瓶中的东西后,可以换上新的东西,除了蔬菜、水果、花朵外,也可用调味品、香料、咖啡、药材等东西。若是用粉质的东西,要先用布袋装好,免得孩子吸进鼻孔或粉料从洞中洒出来。

3. 锻炼听觉的游戏

语言能力的高低和发音是否准确很大程度上依赖听觉的灵敏程度。听不清楚别人的发音,自己就没有能力去模仿同样的声音。这样,自己发出的声音就会模糊不清。如果孩子口齿不清,说话不流利,就算天生有很高的智力,也会因受言语表达能力的限制,而无法把自己的意思表达出来,天生的潜力就会被埋没了。

很多种玩具乐器都可以用来当作训练孩子听觉的教材。利用玩具钢琴、口琴或摇铃，教导孩子随着节奏的快慢跑步或拍手掌；也可以由孩子打着拍子，家长用动作配合，然后互换。还可加插一些动作，例如模仿猩猩那沉重又缓慢的步伐，或小白兔轻盈又敏捷的身手，这样孩子便有机会发挥自己的创造力。

儿童唱片或录音带也是训练孩子听觉的好材料，孩子可以跟着音乐打节拍、低吟或和唱，又可以按着音乐的韵律而舞蹈。给孩子一条丝巾、两根小棒、一把太阳伞或一个摇铃，让他们随曲舞动，任意发挥。训练孩子的节奏感，让他们发挥想象力，对他们将来文学艺术方面的能力会有很大帮助。

唱歌可以训练孩子对声音的辨别能力。孩子对动物最感兴趣，利用动物的叫声，如小鸟"吱吱"叫、猫儿"咪咪"叫、小狗"汪汪"叫等，给孩子编一些儿歌，叫他们在唱歌时去模仿动物的声音，会增加他们学习的乐趣。

录音机是训练听觉很好的工具。把流水声、风声、炒菜声、婴儿哭声、吃苹果声等声音录下来，让孩子去辨认。每次都要录下一些孩子熟悉的声音，另加一些他们陌生的，以维持他们的学习兴趣。

4. 锻炼触觉的游戏

每一种物体都有它的特性，例如金属是硬的、棉花是软的、冰块是凉的、橡胶是韧的、沙石是粗糙的等。孩子辨认东西，很多时候就是靠这些特性的帮助。触觉可带给孩子经验，帮助孩子认识事物，增加他们的记忆并加深印象。在学习过程中，只要有机会，孩子就会去触摸身边的物件。由于不明白这是孩子学习必经的过程，大多数父母都会责怪孩子顽皮。

把不同质料的玩具放在一起，如毛茸茸的小狗熊、软塑胶的皮球、硬壳乒乓球、陶质的茶具、装饰的皱纸、装玩具的藤篮等，让孩子用手去抚摸，每次当他抚摸一种质料时，父母就在旁指出它的特性。

父母还可以把不同质料的皮块、布料、金属片、银币、塑胶块等，混在一个盒子内，每样各放两块，让孩子把同质料的两块找出来。每次可以用三四组质料，年纪大的孩子可以多加几组。

此外，还可以利用洗澡时间，让孩子去感受水的柔滑。身体抹上肥皂后，皮肤变得滑溜溜的，孩子会很喜欢这种感觉。如果浴缸大，可以多放一些水，让孩子躺在其中，这时他们会觉得水有一股浮力，使他们有浮动的感觉。在这个训练中，父母别忘记常常问及孩子的感受。当孩子表达不出时，父母就要告诉他："水很滑！""你觉得要浮起来似的，舒服得很，是不是？"他们听过之后，以后就会用言语表达出来。

5. 锻炼味觉的游戏

味觉是孩子最早发展的一种感觉。婴儿生下来就要吃奶，当舌头接触到奶头，就会感受到奶的冷暖和味道。只是，在孩子的语言能力还没有发展之前，他只可以用动作或表情作出反应。例如他不肯吸吮奶瓶的奶嘴，或发出哭声，就表示他对奶嘴或奶汁反感。到孩子学会说话，父母就要教导他把味道的感觉表达出来，让别人明白他的感受。这样，孩子便不会把甜的味道说成酸，咸的味道说成苦了。

用食物来做教材。可以用豆腐和红萝卜来教孩子分辨软和硬，用牛奶和曲奇饼来分辨流质和松脆，其他如葡萄干的韧、苹果的爽脆、棉花糖的黏软、蒸蛋的香滑也各有明显的特质。孩子吃的时候，父母可在旁加以教导。

此外，孩子对食物的味道都很敏感。孩子在吃东西时，父母可在旁指导："这炒土豆丝有点酸，你尝尝看喜欢不喜欢？"孩子尝过后，就知道酸的味道是怎样的了。

孩子认识了多种食物的味道后，父母可以与他们玩一个猜谜游戏。父母可以问："甜的、柔软的、冷的食物是什么？"孩子会说出多种答案，如雪糕、椰汁糕、凉粉等。这游戏会帮助孩子认识味道和增强他们的记忆力。

以上各种感觉的训练，是用游戏方式进行的，最好在孩子 3 岁时就开始，当然，对 4～5 岁的孩子来说，也是相当有趣的。受过这种训练的孩子，会有更强的观察力，表达能力强，记忆力好，反应敏捷，口齿伶俐。有了这些基本条件，学习起来就会比较轻松。

（三）激发孩子创造力的游戏

对父母来说，孩子的创造未必是惊天动地的大事，但在创作过程中，孩子要动脑筋，运用机智，付出体力，花费时间，才能把"创作"完成。由于他们是经过努力才完成这个创作的，所以他们会感到一份成功的满足感。明白了这一点，父母便不要介意这件"创作"的好与坏，更不可以用大人的审美眼光来批评孩子的"创作"，因为我们注重的是孩子懂得利用机会去发挥他的创造力，在创作过程中确实花过心思，在创作完成时能得到满足感。

当我们说要训练孩子的创造力时，并不是说要他去做一些没有人做过的事，更不是要他发明什么新东西。对孩子来说，只要他有能力去做一些以前未做过的事，而从中获得一些新经验，那就是我们说的创造能力了。举例来说，一个 3 岁的孩子，第一次用蜡笔绘了一个太阳、一栋房子和一棵树，这一幅画便是他的创作了。

1. 团体性的游戏

（1）戏剧性的游戏

很多孩子都喜欢穿大人的衣服，晚礼服、高跟鞋、领带、毡帽等对他们甚有吸引力。孩子一穿上这些衣服，就会幻想自己是某故事中的主角或某类人物。如果有两三个孩子在一起，更会安排一出戏剧，谁扮演什么角色，谁说什么话，他们都会有所安排。由于这出戏不是专业表演，所以孩子都大胆去演，尽情去体验。

父母发现孩子在玩这类游戏的时候，最好不要去打扰他们，也不必坐下来做观众，这只会使孩子有所忌惮。但父母不妨一面继续做自己的活儿，一面侧耳去听听孩子们说什么。因为这个时候，孩子正在反映他们的感受，说出平日不敢说的话，表现出平时没机会表现的行为来。

(2) 表演性的游戏

这类游戏较适合年龄大一点的孩子玩，因为他们的知识较丰富，也懂得运用不同的东西来表演，所以节目内容也较为有趣。

通常孩子的表演对象都是父母和兄妹，而故事内容则是他们熟悉的，或是与日常生活有关，或是从故事书和银幕看过的。他们用来表演的道具可能很粗陋和幼稚，但请不要忘记，我们注重的不是"创作"的完成品，而是孩子在创作过程中得到的经验。

孩子通常喜欢用家中的玩偶来做故事的主角，有时自己也会动手绘制不同的人物。有些更有创意的，竟会把人物画在手指头上，这样便可同时操纵多个人了。这类表演，其实和皮影戏差不多。

另一种表演方式，就是利用鞋盒做表演舞台。把一个故事绘在一卷纸上，一个场面一幅图画，然后把纸卷起来，放在鞋盒中，盒上穿一个洞，看戏的人就从洞中窥视，孩子一边在盒子外面卷图片，一边说故事。这个游戏父母可配合孩子完成。

(3) 即兴的游戏

几个孩子在游乐场、沙滩或草地上玩耍，不知怎的，其中一个孩子提议大家玩捉迷藏、老鹰抓小鸡、白雪公主、孙悟空和猪八戒等游戏。这类游戏，孩子想到就做，不必有什么准备，只要分配了角色就可以玩。很多时候，孩子在玩这些游戏时，会加进一些故事原本没有的情节，说出很多惊人的对白，这些额外的表现就是孩子创造能力的发挥。当孩子分配角色时，他们会按着自己本身的个性、能力和表现而做出合理的选择。对 3～4 岁的孩子来说，是没有性别界限的，男孩子可以扮妈妈，女孩子可以扮哥哥。但学龄期的孩子，对于男女性别开始认真起来，男的扮皇帝，女的扮公主，从不糊涂。

(4) 模仿性的游戏

这种游戏给孩子带来做另一角色的亲身体验。如果前一天晚上，在电视上看到时装表演，孩子便会想起扮演走动的模特儿，于是一个孩子旁述，其余的扮模特儿，三步一摇，五步一转，就如真的在秀场一样。孩子玩这个游戏时，可体会到表演者受人注目时那种飘飘然的感觉。

孩子在玩这种游戏时，父母要用欣赏的目光注视，千万不能忽视，更不能横加指责。

2. 艺术性的游戏

有很多手工艺的游戏可以团体一起玩，也可以独自一人玩。这些游戏表面看来很浪费时间、无聊或没意思，但事实上，孩子在游戏的过程中，有很多机会可以表现他们的艺术天分、创造能力和思考能力。对孩子来说，只要经过努力而完成的工作，就能获得满足感。而这些作品，父母往往看得莫名其妙，有些更觉得是一塌糊涂。可是，一想到这些是孩子花过心思和努力才得到的成果，我们就不必用成人的艺术眼光去批评作品的粗劣，更不要教训他们浪费时间。

这一类游戏实在是提供孩子去创造和表现的好机会，下面就举几个游戏的例子。

(1) 绘画游戏

家长可以和孩子一起绘画。因为孩子都喜欢在纸上胡乱地涂，2～3岁的孩子大多只是画线，如横线、直线，或是把不同的颜色涂在一块。4～5岁的孩子开始画人物，但只限于他们熟悉的或崇拜的。有些孩子甚至只是在做颜色实验，把不同颜色混在一起，看看哪种组合最好看，哪种最难看。

(2) 塑造游戏

家长可以利用孩子喜欢的粉团或泥块进行游戏。利用粉团，孩子可以随意创造任何物体，孩子的想象力和艺术天分可以表露无遗。就算他们一时疏忽，塑造错了，也完全没问题，从头再来一次，一点也不露痕迹。这个游戏，只会看到成功的作品，从不怕有失败的记录，对孩子的自信心实在大有帮助。

有时候，孩子什么都不想去塑造，只是把粉团搓、揉或捶重复地玩着。别小看这些机械性的动作，谁知道孩子这时脑子里想的是什么？他揉的是谁的手，捶的又是谁的头？凭着想象力，孩子可以在绝对安全的情况下尽情地发泄他的感情。此外，他们也可以利用这游戏锻炼臂和腕的肌肉，增强手和眼的配合能力。

（3）折纸游戏

折纸这项游戏所需的工具就是一沓纸。纸张的价钱很便宜，孩子不小心撕破了或用多了也无妨，我们不必限制他们用多少。没有限制，孩子玩得更加轻松，就算什么都折不来，也一样玩得津津有味。

由于年幼，孩子小手指的肌肉尚未完全发育，所以他们喜欢看别人折纸，或是父母折给他们玩。4～5岁的孩子可以依照提示折一些简单的，上了学的孩子可以折些较为复杂的，7～8岁的孩子可思考设计新的东西，这是创作的好机会。在孩子需要时父母要给予帮助和指导。

（4）剪贴的游戏

家长和孩子一起，利用报纸或杂志上的图片，让孩子剪下来贴在另一张纸上，拼成一幅图画，这是训练孩子手指肌肉发达及手眼配合的好机会。

孩子如何运用不同的人物或景物去创造一幅图画是要经过一番思考和设计的。贴图片的工作看来并不困难，但对于幼儿来说，这不但是一种新经验，也是一种挑战，不管贴得好不好看，家长不要过多地评价，要多鼓励其创作的过程。

（5）玩乐器的游戏

家长可以利用乐器和孩子一起游戏。不论用的是成人用的乐器，或是玩具乐器，孩子一样会玩得很开心。不同的弦线会发出高低不同的声音，这些声音混在一起就会发出悦耳的或嘈杂的声音。对孩子来说，试验不同的声音是一种有趣而神秘的事情。他们会反复地试验着，不停地去发现新的音调，这对他们来说实在是新奇又有趣。

孩子懂得唱歌以后，就会一面唱歌，一面玩乐器，虽然音调可能不和谐，但他们也会自我陶醉其中。或者，自己编一套新的乐章也是快乐无比，没节拍、走音、不协调又怎样？反正他们可从创作中得到乐趣。

(6) 舞蹈的游戏

孩子在电视或电影上看到什么舞蹈表演，都会兴致勃勃地跟着舞动一番。他们最感兴趣的就是那些丝带舞、羽扇舞或剑舞，只要有道具拿在手中，他们便随着拍子翩翩起舞。这些舞步，当然是独创的，他们表演时，觉得洋洋得意，就像舞蹈专家一样。这种感觉，只有在这类游戏里才可得到，所以父母要鼓励孩子去尝试一下。

舞蹈是锻炼孩子四肢肌肉的良好练习，在室内或室外都可进行。父母不必介意孩子的步伐、姿态或节拍是否正确，和他们一起玩，乐趣就更大。

以上各种游戏，最大优点就是可以让孩子在游戏中表达自己，不受限制。孩子除了可从游戏中得到智力和体力的锻炼外，还有机会发掘和体验新的事物，完成这种游戏时更可带来一种成就感，增强孩子的自信心。

(四) 促进孩子社会化的"角色游戏"

随着语言和动作的发展，孩子与人交往的范围更加扩大，独立性增强，渴望参加或模仿成人的活动。玩角色游戏，可以满足孩子的这种愿望。

1. 过家家的游戏

孩子生下来以后，接触最多的是自己的父母和家庭，家庭生活是他们最熟悉的。2～4岁的孩子，反映现实生活的游戏，往往是从"过家家"开始的。

孩子小，还不能在玩前想好要玩什么，他们是看见什么玩具，就会联想到玩什么游戏。所以，父母要有意识地引导孩子玩，要给他们准备玩"过家家"的玩具和一些辅助材料，如娃娃、床、衣服，厨房中的炊具、餐具、食品等。

　　游戏时充分发挥孩子的主动性、积极性，他想怎么玩，就怎么玩，不要让孩子按成人的意愿去玩。但是在游戏中要积极引导孩子。比如，当孩子抱着娃娃不知所措时，父母可以用游戏的口吻说："你的娃娃是不是饿了？快给他做饭吃吧！"孩子可能会很高兴地去拿小锅、小勺，在炉子上给娃娃做饭，这样，游戏就继续下去了。

　　在玩"过家家"游戏中，要让孩子受角色的约束。比如，当"妈妈"的，就要爱护自己的"孩子"，照顾好自己的"孩子"和"家庭"，把"家里"打扫干净，物品放整齐，使孩子在游戏中受到这方面的教育。

2."我是小司机"的游戏

　　玩开汽车游戏，不但可以使孩子的求知欲望得到满足，而且通过扮演的角色，让孩子学会关心他人，尊敬长者，尽职尽责地做好自己的工作。开汽车适合3～4岁孩子玩，特别是男孩子很喜欢当"司机"。这个游戏可以一个人玩，也可以与他人一起玩。

　　具体玩法：

　　①用几把椅子，搭成一个长方体，形似汽车。

　　②孩子当"司机"，手拿一个厚纸剪成的圆转盘，坐在"汽车"前面的位置，如同坐在驾驶室，不断地转动转盘，嘴里发出"嘀嘀"的声音，"汽车"就算开动了。到站后，司机还要说："×××站到了，请大家下车。"

　　③如果父母和孩子一同玩，游戏将更有乐趣。在游戏时，孩子做"司机"，妈妈当"售票员"，爸爸做"乘客"。父母要为孩子准备游戏用的汽车转盘、铅笔、售票夹子等。孩子有了这些游戏辅助材料，可以反映得更逼真，玩得更有趣。

　　④开阔眼界是发展角色游戏的基础，所以父母带孩子上街乘汽车时，要让他多注意，看看司机如何开车，售票员又是如何售票、报站的，他的

见识丰富了，在玩开汽车游戏时就会更认真。

3. 开"儿童医院"的游戏

2～3岁的孩子容易生病，常随父母去医院诊治，孩子对医生看病、打针、吃药留下了印象。幼儿常常模仿医务人员，给娃娃看病、量体温、打针、喂药。家长可配合孩子一起进行。

具体玩法：

①父母可以和孩子一同做游戏，让孩子做"医生"，妈妈做"护士"。家里其他人也可以抱着娃娃或者本人作为"病人"来医院看病。

②做"医生"的孩子，用听诊器给"病人"听病，开药方，态度要认真、亲切、和蔼。

③"病人"拿着针药到"护士"那儿去打针，"护士"要热情地对待"病人"，要哄"病娃娃"不哭等。

④为孩子准备医院中用的某些器械玩具，如听诊器、假针管、药盒、药棉棍等。如果再给孩子准备一件白衣服和一顶白帽子，将会给游戏增加更多的真实感，孩子玩起来会更高兴。

以上仅是角色游戏举例。家长可根据孩子印象深刻而又感兴趣的事物，和他玩多种多样的角色游戏，如"商店""理发店"等游戏。

（五）激发孩子想象力的"结构游戏"

"结构游戏"是孩子通过想象，利用各种结构材料创造性地把现实生活中的建筑物或物体的形象反映出来。在玩的过程中可以使孩子认识有关建筑材料的性质、颜色、形状，从中学习建筑结构的简单知识和技能，还能培养孩子的审美能力。

建筑结构游戏，对孩子双手的肌肉动作的准确性、灵敏性和手眼协调能力与目测力的培养，都有重要的作用。

1. 搭积木的游戏

搭积木是结构游戏的一种，是孩子很感兴趣的游戏。由于孩子年龄不同，玩法也不相同。

2~3岁的孩子在玩积木时，常常是将积木一块叠一块，越叠越高，当积木搭得太高倒下时，孩子会高兴地拍手哈哈大笑。

家长可以让孩子按自己的想象去搭积木，但又要启发孩子的想象力，逐步搭出更多的建筑物。比如，父母可拿一小动物玩具，放在孩子面前说："咱们给小白兔搭个家吧，它没有家，在外面多冷呀！"边说边和孩子一同拿积木在小白兔周围围一个方形的墙，还要搭一个小门，就这样，把小白兔的家搭好了。用同样的方法，启发孩子搭出更多他愿意搭的东西。

3~4岁的孩子想象力和创造力有了较大发展，可让他按图纸搭出简单的造型。例如，搭"小房子"，父母要充分发挥孩子的想象力，给他们准备一些小塑料树、塑料盆花等，启发孩子大胆想象，搭出多种多样的建筑物。

在玩搭积木时，父母要多启发、多引导孩子，不要代替他们搭。无论孩子搭出一个什么形象，父母都要表示高兴，鼓励他搭出更好的形象。

在孩子玩积木时，要培养他有始有终的好习惯，不要因为没搭好就没有信心。还要养成玩完后一定要把积木收好放回原处的好习惯。

应当注意的是，当家长带孩子到公园玩时，要有意识地给孩子讲解在公园内看到的特征比较明显的建筑物，加深孩子的印象。走在街上，让孩子仔细观察街上的一些建筑物和马路上都有什么，比如，树、警察岗楼、红绿灯、人行横道线等。这些感性知识，孩子容易在游戏中反映出来，使游戏更加丰富化。

2．插塑片的游戏

塑片或塑料是比积木更为体轻、灵活、方便的一种结构材料。插塑片游戏也深受孩子们喜爱。

具体玩法：

①在玩时，父母要启发孩子的想象力，让他们随意插出各种物体的形

象，如煮奶的锅、小房子、大吊车等。

②应让孩子逐渐认识各种材料的性质、形状，掌握用这些材料作铺平、延长、围合、加高等技能，学会搭门窗、砌墙等技能。

③瓶盖、线轴、空药盒、火柴盒等都可以作为玩建筑游戏的材料，如用大小不一的小空盒搭成书桌等。

④孩子玩时，父母要注意不要让孩子把塑片放到嘴里。

（六）促进孩子智力发展的"智力游戏"

这种游戏是用图片、玩具或其他用品，形成生动有趣的活动。图片、玩具可以是孩子见过的，也可以是孩子不熟悉的。玩时有一定的规则。孩子在这种游戏中，可以轻松愉快地获得新知识，或复习巩固已学过的知识，并能发展感知力、观察力、注意力、记忆力和思维想象能力。

1．"找感觉"的游戏

发展孩子感觉的游戏。让孩子通过触摸分辨物品的质地，说出"软"或"硬"。

具体玩法：

①准备一个有盖的大纸盒，将孩子熟悉的软、硬不同的东西，如塑料玩具、棋子、蜡笔、海绵、手套、袜子等放入盒内。在纸盒相对两边各剪一个直径为10厘米的洞。

②让孩子用手伸到纸盒中去摸，说出摸到的物品的名称，并说出是软的还是硬的。

③将盒盖打开拿出摸到的物品，看看孩子是不是说对了。

2．"配对"的游戏

这是一种发展孩子触觉的游戏。

具体玩法：

①准备两个口袋以及不同的东西各两块，如砂纸、皱纹纸、灯芯绒布、塑料布、海绵、毛巾等。

②将不同质地的物品分别放入两个口袋中。

③让孩子将手伸进 A 口袋（不许看）拿出一件东西，再从 B 口袋中找出同样的东西，把找到的相同的两件东西拿出来，放好。然后，再开始找下一对新的东西。

3．找色卡的游戏

这是能提高孩子辨色能力的游戏。具体玩法：

①准备 10～15 厘米的长方形卡片若干张，将色纸剪成小一点的长方形，每色剪出 4 张，用胶水将色纸贴在卡片上。

②将卡片随意扣在桌面上，让孩子一张一张地翻开，说出看到的每张卡片的颜色的名称。

③让孩子从一堆卡片中拿出一张，说出它的颜色，将有颜色的一面扣着放在桌面上，然后让孩子在房间里找出和那张卡片上颜色相同的物品。

4．辨认形状的游戏

帮助孩子学习几何形体的游戏。在孩子掌握了规则图形的名称，如正方形、长方形、三角形、圆形的特征后，玩这个游戏。适合 4 岁左右的孩子玩。

具体玩法：

①让孩子说出下列物品是什么形状：车轮、气球、太阳、月亮、眼球、碗、玻璃杯、盘子、硬币、路灯、铁环、门窗、房间、卡车、信箱、食物盒、书、画片、信封、桌子、电冰箱、餐巾纸、手绢、凳子、靠垫、玩具积木、家用塑料架、蛋糕、点心、箭头、帐篷等等。

②用硬纸板剪出正方形、长方形、三角形、圆形和半圆形。让孩子随意拼出好看的图案，然后稍加装饰，并可悬挂展览，以示鼓励。

③家长先画出一种标准图形，再让孩子添画，如圆形，孩子可添画出人脸或闹钟。反过来，让孩子画出一个图形，家长进行添画，用以丰富孩子的想象力。这样反复交替进行游戏，学习效果更好。

5. "接龙"的游戏

这是发展孩子智力的一种小游戏,可以培养孩子观察力和分辨物体的能力。此游戏适合 3～4 岁孩子玩。一张图片分为两半,每半各绘制一种物体形象。让孩子从许多图片中,找出其中一张与物体形象相同的图片,这样相同图案的两张图片相接,依次接下去,形成一条"龙"形。在玩"接龙"游戏时,父母要启发孩子注意观察,把相同图案的两张图片相接。让孩子自己找,自己接,父母不要代替。

6. "谁先完"的游戏

这是发展孩子观察力,培养孩子遵守纪律的有趣游戏。适合 4 岁孩子玩。

具体玩法:

①参加人数 2～4 人。

②将一副扑克牌放在桌面上,按顺序每人抓三张扑克牌,第一个抓牌的人要多抓一张。

③看看自己手中的扑克牌是否有相同的,如果有相同的,就把手中两张相同的牌拿出来放在桌面上。

④如果手中没有成对的牌就再抓一张扑克牌和手中的牌相配,如果抓来的扑克牌和手中的牌对上了,就要把这两张相同的牌拿出来放在桌上。然后再由下面的人抓牌,依此类推,看谁手中的牌先完,谁就胜利。

⑤父母和孩子一起玩时,要强调把相同的两张牌拿出来放在桌上。一定要按顺序轮流抓牌。

7. "拼图片"的游戏

这也是发展孩子智力的好游戏。对孩子练习分辨上下、左右、前后等空间知觉特别有益。父母可以为孩子制作一些不同形状的图片,让孩子拼着玩。

自制图片可用废旧、干净的纸盒和一张比较硬的纸来做,把它们剪成各种几何形体，涂上不同颜色。每种形状的图片可剪 4～6 个。

在玩拼图时，要启发孩子自己动脑想，想拼什么就拼什么。不要强迫孩子按父母的要求去拼，但在开始玩时，父母可以给他们做示范，引起孩子的兴趣。

有一种拼图玩具，就是把整幅动物图片分割成若干部分，然后根据图片形象来拼成整体图形。

8．"错在哪"的游戏

这是利用图片发展孩子分辨对与错的能力的一种智力游戏。适合于 3～4 岁孩子玩。

玩的方法：

①让孩子找出图片上的各种形象有哪些是错的。如图片上车轮子画得不对、熊猫长了象鼻子、夏天水结冰、母鸡在河里游泳等。让孩子自己发现错误，能说出为什么错，并加以纠正。

②父母给孩子准备的图片，内容是孩子易理解和接受的，不要超出他们的知识范围。

③要引导、启发孩子认真思考，让他自己说出哪些地方错了，以发展他的观察和思维能力。若孩子有些急躁不安，父母应给予安慰，让他慢慢找，使他获得成功的喜悦。

9．"穿彩珠"的游戏

彩色珠是我国民间的玩具。穿珠游戏，可以练习孩子双手的肌肉动作，对分辨颜色，发展空间知觉能起一定的作用。这种游戏适合 3～4 岁孩子玩。

下面介绍几种穿彩色珠的玩法：

①按颜色穿珠。把各种颜色的珠放在一个大盒内，让孩子用一根绳子将不同颜色的珠穿成一长串，并将五颜六色的珠挂起来，请爸爸妈妈欣赏。

②分颜色穿珠。教孩子任选一种颜色的珠先穿，将这种色珠全部穿完以后，再换选另一种色珠穿。然后将穿好的色珠挂起来，让他说出两段珠

各是什么颜色的。

③间色穿珠。包括二色间隔、三色间隔、四色间隔等。父母教孩子学习搭配颜色，培养孩子对色彩的初步感知和审美能力，也是训练空间知觉、发展对称感的好游戏。

父母要为孩子选择干净和不掉颜色的珠子。要注意安全，不要让孩子将珠子放在嘴里。木珠、塑料珠、损坏了的小算盘珠子，或带色的纽扣都可以用来穿着玩。

（七）培养小小管理者的"归类、分类游戏"

归类和分类是一种重要的逻辑能力。这种游戏是通过认识物品的相同点和不同点进行的。玩归类和分类游戏，可以使孩子的思维灵活，认识到一种物体有它多种表现形式，同时知道几种物品的表现形式不同，而实质是相同的，是属于同类的。比如，木桌、木椅、木床、木书架，它们的表现形式不同，但都归为木制家具，而纸公鸡、木公鸡、瓷公鸡表现的都是公鸡，只不过材料不同。

1. "给衣服找主人"的游戏

要注意在日常生活中训练孩子学会分类。

①将洗干净的家庭成员的衣物堆在一起。

②家长洗衣服之前，让孩子将要洗的衣物按深浅颜色进行分类，告诉孩子，浅颜色的衣物先洗，深颜色的后洗。

③把洗干净的衣服收回来后，对孩子说："请你把这些衣服分一分，妈妈的衣服放在左边，爸爸的衣服放在右边，你自己的衣服放在柜子里。"

④将袜子散开，让孩子按照袜子的大小、颜色，一双一双地挑出来并叠好。这个游戏适合 3 岁孩子玩。

2. "小小超市"的游戏

教孩子按属性归类，再在归类基础上按形状、颜色、大小等进行分类。

具体玩法：

①准备各种大小不同的螺钉、螺母、金属垫圈、竹牙签、纽扣、曲别针、硬币、玻璃球,各种食用豆(黄豆、绿豆、红豆、黑豆),几个小纸盒。

②将这些物品混在一起后提出要求:把金属物品放在一起,日用杂品放在一起,能食用的豆子放在一起。然后,再将金属物品分为螺钉、螺母、垫圈。食用豆分为黄豆、红豆、绿豆、黑豆。

③如果孩子对金属物品感到陌生,父母应在游戏中加以指点,告诉孩子有关物品的名称。这个游戏适合4岁孩子玩。

3."买东西"的游戏

与孩子交谈,加深他归类分类的印象。"我吃鸡蛋,到什么在地方去买?""我想吃面包,到什么商店去买?""买香肠到什么商店去买?""我需要一双袜子,到哪里去买?""我需要裤子到哪去买?""玩具汽车到哪去买?""电冰箱到哪去买?""小画书到什么地方才能买到?"可以由妈妈问,孩子答。这类游戏适合3~4岁的孩子。

(八)增强孩子体质的"体育游戏"

这种游戏是由走、跑、跳等基本动作组成的,是有一定活动量的有趣活动。游戏必须有规则,要达到一定的目的。在户外进行的体育游戏,不但能促进孩子身心健康,而且还能陶冶孩子的情操,锻炼孩子的意志。父母应当让孩子多在户外做体育游戏,让孩子当回"体育明星"。

1. 拍皮球

一种训练孩子手眼协调、活动量可大可小、室内室外均可玩的游戏。孩子年龄不同,拍皮球的玩法要有所不同:

①教两岁多的孩子玩皮球时,先让他学会拿球在屋内地板上滚着玩,然后逐渐教会他用双手把球接住。

②其实,拍皮球这个游戏,上幼儿园后的孩子,在拍皮球时需要边拍边数,这样对发展孩子的注意力,训练手部动作和口手一致地数数的能力都大有好处。

2. 快乐的小动物

综合训练孩子走、跑、钻、爬等基本动作的游戏,室内室外都可进行。

具体玩法:妈妈说,孩子做动作。做得好的,妈妈拍手鼓励。

你能像鸭子摇摇摆摆地走路吗?

你能像鸟儿那样飞翔吗?

你能像马儿那样奔跑吗?

你能像兔子那样跳吗?

你能像青蛙那样一蹦一跳吗?

3. 三条线

这是一种两人玩的体育游戏。孩子可以跟家长一起玩,也可以和小伙伴一起玩。适合3～4岁的孩子玩。

两个人玩时,各站在场地画好的三条线的两边。用单脚踢沙包。沙包放在孩子面前,踢过中线得2分,踢过第三条线就得3分。一个人踢过一次后,换给对方踢,可各踢三次,最后计总分,谁得分多,谁就胜利。

父母为孩子画线时,可根据孩子实际能力来定,不要画得距离太近,也不宜太远,要让孩子用点力才能踢过线,否则达不到锻炼的目的。包一定要用沙包,不能用石头,以免伤人。

踢一次要让孩子记住分数,再踢时把所得的分数和前一次分数加起来,可以让孩子玩游戏时学习算数。

4. 石头、剪子、布

这是一个简单易行的户外体育游戏,能使3～4岁的孩子高兴。这个游戏可以跟父母一起玩,也可以和小伙伴同玩。具体玩法:

①这是两个人玩的游戏。双脚同时跳动,边跳边念"石头、剪子、布",念"石头"时双脚并到一起,念"剪子"时两脚一前一后,念到"布"时两脚左右分开。

②石头胜过剪子,剪子胜过布,而布胜石头。当两个人中一个人做出

"石头",另一个做出"剪子",那么做"石头"的人就胜利了,游戏再重新开始。

③父母要有兴趣,先教会孩子玩,然后让孩子同小伙伴玩。这样可以培养孩子与他人友好游戏的习惯,还可以培养孩子双脚跳的技巧,增强体质。

③这个游戏不受场地限制,户内户外安全的地方都可以玩。

5. 骑童车

3岁左右的孩子,就可以骑带辅助轮的儿童小自行车了。

①孩子刚开始学车时,父母要教他怎样扶把手,怎样双脚协调地蹬轮子,怎样使身体坐正。告诉孩子只有具备这些条件,才能骑着车子前进。孩子初学时,父母应在旁边跟随。

②骑车时,不仅要骑快,还要会躲人,会拐弯,骑到墙边时,要迅速转弯不碰墙。所以,骑车时,要注意提醒孩子不要骑得太猛,因为太猛容易碰到人或物,不容易马上停下,容易翻车摔伤。

6. 滑滑梯

这是孩子很喜欢的体育游戏。孩子初玩时要有大人的帮助。3～4岁孩子逐步能自己自由地滑。

滑滑梯不论夏天和冬天都可以玩,对锻炼孩子身体,培养孩子的勇敢,以及排队、不争抢、守纪律等好品质都有好处。带孩子到公园玩滑梯时要注意安全,不要让孩子头朝下滑,一定坐好,两手扶好两边扶手再滑。如果两岁孩子对玩滑梯特别感兴趣,父母可以扶着他,让他试着滑行。

(九)锻炼孩子反应力的"徒手游戏"

徒手游戏也可称口头游戏,不需要任何玩具伴随。随着孩子年龄的增长,知识逐渐丰富,可以让他们不用实物与图片,训练他们的听力,用口语或动作等方式进行游戏。这类游戏有助于培养孩子敏捷的反应能力和正确的判断力。这类游戏适合4岁孩子玩。

1. 飞飞

当家长和孩子玩时，家长说到能飞的物体时，孩子就双臂做飞的动作，而当家长说的不是能飞的物体时，孩子不得做飞的动作，如果举臂，就算错了。例如，家长说"飞机飞飞"，孩子可以跟着说"飞机飞飞"，并同时用双臂做飞的动作。当家长说"桌子飞飞"，孩子应立即停止飞的动作。

另一种玩法是，当家长说"蝴蝶"，孩子可接着说"飞飞"，边说双臂边做飞的动作。如果家长说"椅子"，孩子就不能说"飞飞"，也不要做飞的动作。

2. 大灯笼小灯笼

这是两个人玩的徒手游戏。当父母说"大灯笼"时，孩子必须说"大灯笼"，同时还要用手比划成大圆。大圆表示大灯笼，小圆表示小灯笼。2~3岁孩子玩时，只要求说，不一定要求同时用手比画。4岁孩子要求加上手的比画，并且要说得快。

3. 金锁银锁

这个游戏可以在任何地方玩，是比较安静的游戏，最好在饭前或饭后玩。3~4岁孩子玩较合适。

具体玩法：

①家长一只手伸出放平，手心向下。孩子把食指伸出放在家长的手心中，孩子和家长同时念"金锁银锁，嘎巴一锁"歌谣，当歌谣念完最后一个字时，家长立刻把伸平的手握紧，孩子则要迅速将手指离开，如果手指没有离去，被家长的手抓住了，就算孩子失败。如果没有被家长抓住，孩子胜利。

②家长先将歌谣教会孩子，让他能流利地说出歌谣。为增加游戏的兴趣，可将第一句歌谣反复多说几次，然后再说第二句"嘎巴一锁"的"一锁"两字加重声音。

4. 手指点五官

这是在我国民间流传的一种较安静的游戏，也是孩子们很喜欢的游戏。具体玩法：

①由两人玩，一个孩子把一只手的食指放在鼻子上，另一只手伸出，手心向上。家长一只手抓住孩子伸出的手，另一只手拍一下孩子的手心，嘴里同时说出脸上五官中的任何一个。比如，说到"眼睛"时，孩子放在鼻子上的食指要迅速地指向眼睛，如果说到"耳朵"，孩子食指要很迅速准确地指向"耳朵"。要是动作慢，或者指错了，就算失败。

②两岁的孩子玩这个游戏时，可要求动作慢一些，但要指点准确。对4岁孩子，则要求动作迅速，指点准确。

（十）其他各种有利于孩子发展的游戏

1. 玩水

孩子们爱玩水，特别是2～4岁的孩子，玩起水来就会忘记一切。由于孩子年龄小，在玩水时会把身上弄脏、弄湿，地上也弄得到处是水。不少家长看到孩子玩水，总是大声斥责，不让他们玩。父母对这个问题要有正确的认识。冬季让孩子少玩，夏季可以多玩，绝对禁止孩子玩水是不对的。要因势利导，教会孩子玩水，让孩子在玩水时获得知识，发展智力。

玩水方法：

①把脸盆或洗衣盆洗干净，放入干净的水。准备一些小塑料动物、小船等能漂浮在水面上的玩具，还可准备一些能放入水中的材料。准备这些玩具，会增加孩子玩水的情趣。

②在孩子洗澡时，也可以把小玩具放在澡盆内，孩子玩着，父母把他身上也洗干净了。特别是对洗澡爱哭的孩子，如果澡盆内放些小玩具，不仅增加孩子的乐趣，而且洗澡也不会哭了。

③在玩水时，父母要提醒孩子，不要把衣服和地弄湿了。由于孩子小，在玩水时，不可避免地要弄湿衣服，或把水洒在地上，父母要谅解，不要过多地责备孩子。

④在孩子玩水前，家长帮助孩子把衣服弄好，袖子卷上，最好围上塑料围裙。

⑤在玩水时，还要让孩子知道水是宝贵的，不但人离不开水，世界上一切生物都是需要水的。因此，玩水也要节约。不可忽视的是，在孩子玩水时，应要求他注意哪些玩具能浮起来，什么东西会沉下去，让孩子从小对水的性质有些感性认识。

2. 嬉水

能使孩子发现水的自然特性，知道不同材料的物品在水中的沉浮情况。

具体玩法：

①准备好木块、铁钉、塑料球、海绵、曲别针、玻璃瓶、报纸。

②在孩子洗澡时或午睡后进行。妈妈问："这些东西哪个能浮在水面？哪个会沉下去？"让孩子逐一进行试验并回答。

③水中加盐实验。问："什么东西会在盐水中浮起来？刚才在清水里试验用的物品中哪件发生了变化？"

④水的变化的试验。把水盛在盘子里，放到通风的地方，让孩子观察盘子里的水会有什么变化。把水放在炉子上加热，水会怎么样？把水放到冰箱中，水会发生什么变化？

通过实验，可引导孩子观察，培养孩子的兴趣。

3. 小小农艺师

利用盘子、塑料盒子和孩子一起种些易生长的植物。让孩子了解植物生长需要阳光和水。

①芹菜：取带根的芹菜心，放在塑料盒子里，加适量的水，让孩子每天观察。

②萝卜（胡萝卜）：将萝卜头在一寸处切下，放在有水的盘子里，让孩子每天加适量的水后观察。

③土豆：将土豆有芽眼的一块切下，放在有水的盘子里观察。

上述实验中可在水里放些红颜色,更能清楚地看到植物吸收水的情况。

4. 沙和面团

玩沙和面团是很好的一种游戏,可以充分发挥想象力和创造力。孩子通过玩这种游戏可以了解沙和面团的性质。

玩法如下:

①把沙子用筛子筛好,放在大盒内。玩时要把沙子洗干净,保持湿润,经日晒消毒后再玩。沙盒内还可放些小桶、小铲、小筛子、塑料小动物等玩具。孩子在玩沙时,可用沙筑堤、挖河、修路、种树等。

②面团也是很好玩的。当家中做面食时,给孩子一块面团,让他搓成长长的面条,揉成小圆馒头,包小饺子等。玩面团前,要求孩子必须把手洗干净,做成的食品最好放在锅内蒸熟,不要扔掉,还可以给他吃,孩子会感到非常高兴。通过玩面团,使他认识到面的性质和用处。对发展孩子手部动作,尤其是对训练孩子的肌肉动作的准确性、灵敏性都具有重要意义。

③父母对这个游戏在思想上要有正确认识,不要怕麻烦,不要怕脏。为确保孩子玩得痛快,不怕弄脏衣服,可以给孩子穿一件旧衣服、一双旧鞋,或者围上小围裙。

④父母要积极引导,向孩子提出要求。如,玩时手脏了,不要用手抹脸和眼睛,手也不要往身上抹,要注意安全和卫生等。如果两个孩子一同玩,要互相合作好,不要打架、抢东西。

5. 风车

风车是孩子们都喜欢玩的一种游戏。

孩子拿着风车在户外跑,风车就转个不停。三四岁的孩子都喜欢玩,还会感到奇怪:为什么风车会转?父母要借机告诉他,刮风天,手拿风车,人不跑动,风车也会转动。无风天,当人跑动时,可以产生微风,也可使风车转动。所以风车的转动是风在起作用。这样,使孩子玩风车游戏时,对风的作用有粗浅认识。

风车有各种样式,外形很美观。平时在线上、线下玩具店就可买到,也可以在过年过节的喜庆日子里到市场上去买。风车制作很简单,也可以自己动手制作。

三、游戏对名人的影响

下面是在不同领域卓有建树的九位学者谈他们儿时的游戏。通过他们的自述,你可以探究他们的事业与儿时的游戏是否有关。请看这些学者的自述。

阿瑟·克拉克:《2001年太空漫游》的作者

我的少年时代是在制作实用模型中度过的。我一直渴望拥有一个大模型,但它的价钱可是个天文数字。默卡诺建筑模型拆装玩具(以及各种同类产品)是有史以来最棒的玩具,启发了几代工程师。我担心,现在的年轻人只习惯于盯着计算机屏幕上的形象,对真正的金属碰也不碰一下。这将是未来的灾难。

弗里曼·戴森:普林斯顿高等研究院的物理学家

我最喜爱的玩具之一,是一辆四轮驱动的重型牵引车。它行进缓慢,却非常有力。车轮由弹簧驱动,要将弹簧上满弦十分费力。车轮上有橡胶条,这使它能够爬过障碍,并拉动沉重的东西。我5岁的时候能和它连续玩上几小时。68年后的今天,当我看到小小的索杰纳(火星车)在火星岩石中间缓缓爬行时,我的老朋友似乎又复活了。

热特吕德·埃利翁:药理学家,1988年诺贝尔医学奖获得者

小时候,我的确对科学不感兴趣,15岁以前也从没意识到自己会成为科学家。我的玩具与未来的事业毫无关系。你得记住,我们是在谈论一位将近80高龄的女士。那时候没有无线电,没有电视。对我来说,最好的娱乐就是看书。我大约 12 岁时读到的一本书《搜寻微生物的人》,对我影响极大。这本书是关于巴斯德·列文虎克和科赫的。如今我还在饶有兴趣地读它。我曾把这本书推荐给我的侄子和侄女,因为文字浅显,外行也能看懂。我的确觉得,自己受到了这本书的影响,虽然当时并未意识到这一点。

艾伦·古思:麻省理工学院物理学家

我一直特别喜欢那些能够用来创造东西的玩具。在很小的时候,我最爱的玩具是一套积木。我还很喜欢一种叫索马的智力玩具。这种玩具是我上大学的时候开始销售的。每套索马包括七块奇形怪状的部件,用这些部件可以组装成一个立方体,或者其他各种各样的三维图形。把两套索马合在一起就更好玩了。说明书上说,立方体有 1105920 种不同的组装方法,我记得自己还编了一套计算机程序来验证这个数字。数字是对的,但我想,他们是把立方体的 24 种方向算作不同的组装方法了。

玛丽·克莱尔·金:华盛顿大学遗传学家

我特别爱玩一种由 1000 个红色小块组成的拼图玩具。我还和哥哥玩强手棋,因为这是他喜欢的游戏。现在他已经是企业家了,而我却是个贫困的科学家。

雅龙·拉尼耶:虚拟现实预言家

我特别喜欢的玩具是一种名叫泰勒明电子琴的乐器。泰勒明电子琴是俄国物理学家列昂·泰勒明在 20 世纪早期发明的。很久以后,我才与他本人相识,那时他已 90 多岁了。泰勒明电子琴是最早的电子乐器之一。弹琴的时候,你只需面对着它在空中舞动双手就行了:一手控制音调,一手控制音量。从某种角度说,泰勒明电子琴也是第一台虚拟现实装置,因为它使人们得以与无形的物体进行交流。我还把这些了不起的乐器与破旧的电视机连接起来,于是,我一挥舞手,就创造出奇异缥缈、不断运动的图像,这就是利萨如图形。制作泰勒明电子琴非常简单,而且有全套元件出售。令我惊奇的是，我在儿时做过的一些游戏与成年后花大量时间搞的东西竟如此相似。

理查德·利基：古人类学家

小时候，我家里很穷，买不起那些装有发条的玩具，连电池驱动的玩具都买不起，我学会了在与同龄人交往中体会词语的用法。我想，如果玩具的定义是可以用来自娱的东西，那么，拥有朋友或同伴使我快乐。现在我仍然是这样。我30岁出头时经历了人生的低潮。当时我在等待肾移植，因此那段时间只好做透析。我发现主人公是帕廷顿熊的BBC卡通节目特别令人振奋。20年来，我家里的壁炉台上一直放着一个两英寸高的帕廷顿熊。如今，它仍然在鼓舞着我。

吉姆·洛弗尔：阿波罗13号宇宙飞船的指令长

我最喜欢的玩具是飞机模型。我制作过飞机模型、一套化学装置、一套Erector（一种类型积木的组装玩具）以及一只望远镜——我可以花上几小时观察月亮和行星。

珍·刘：哈佛大学天体物理学家

我是在越南长大的，童年时身处的文化背景与这里不同，因此我的回答可能有点奇怪。我家里的玩具不多。我有一根由橡皮筋做成的绳子，勉强可以当作"机灵鬼"（一种玩具，内有螺旋软簧，借助簧力会翻跟头下阶梯）来玩。我还打板球。缺少玩具并没有令我太烦恼，但我确实希望能多拥有一些书籍。

第四编　　亲子自测量表

家庭教育中的很多问题是由于家长不能科学合理地认识自己和孩子所致。只有正确了解孩子的心理和行为特点，才能进行合理的教育，从而减少失误，趋利避害。对幼儿的科学测量比较困难，家长对幼儿的了解往往凭主观印象，也有的认为幼儿很简单，不需要测量就能知道，因此对孩子的教育从小就没有在科学的指导下进行，致使到了小学出现了问题才开始着急。为了更好地指导家长对幼儿的科学教育，本编我们提供了关于幼儿自尊心、责任感、主动性、自信心、独立性、坚持性、好胜心、表达与控制情绪、同情心、好奇心和兴趣等诸多方面的量表和模拟情境测量，由家长根据量表问题和实际观察进行判断，帮助家长正确了解自己的孩子，找到相关问题的深层心理原因，从而在现实中注意纠正和调适，减少问题的产生，使家庭教育在科学、合理、和谐、有序的氛围中进行。同时，该量表的使用和普及，也有助于家长和孩子避免社会上不太严谨、缺乏科学性的通俗量表的误导。

指导语：本份评价体系采用的是标准参照评价模式，只考察幼儿在各项指标上达到标准的情况，没有深究幼儿低于或高于标准的精确程度。使用本评价体系，只需对照评价体系，对幼儿达到标准的情况进行"是"或"否"的判断。

一、幼儿自尊心的评价

（一）为什么要评价幼儿的自尊心

自尊心是自我意识的重要成分。自尊心是由自我评价引起的自我肯定、尊重自己的人格、尊重自己的荣誉并渴望受到他人尊重，不容别人歧视侮辱，维护自我尊严的自我情感体验。所以自尊心也叫自爱心。与自尊心密切相关的另一种情感体验是羞愧感。羞愧感是人意识到自己的行为违反道德准则时产生的自我谴责心理，表现为羞耻、惭愧等情绪反应。自尊心与羞愧感的发生和发展，是幼儿自我意识发展的重要标志。

儿童的自尊心于两三岁时开始出现，表现为要求独立活动，有自己的主张，对成人的限制表现出不满，受到称赞时感到高兴。3岁以后，随着幼儿"我"的意识进一步发展，自尊心也获得较大提高。如，三四岁的幼儿很喜欢在同伴或成人面前夸耀自己或自己的拥有物，寻求别人的注意和肯定性评价。以后，幼儿进一步发展了对社会"我"的意识，追求在人际关系中获得一定的地位，对别人的指责或侵犯感到不满或气愤。在自尊心发展的基础上，幼儿的羞愧感也获得进一步发展。如，3岁幼儿受到成人指责时能表现出羞愧感，五六岁的幼儿则能按照道德标准以及周围人的要求看待自己的行为，对于自己的错误或未做好的事"独立地"表现出羞愧的情感体验。

自尊心与羞愧感是个性中的重要品质，是推动幼儿不断进步的动力。自尊心强的人，有强烈的上进心、好胜心，能自觉遵守道德规范和行为准则，积极主动参与活动和学习，不断取得新的进步；有羞愧感的人，能够接受别人的批评和帮助，努力改正自己的缺点和错误。缺乏自尊心和羞愧感，则可使人自甘落后，不求上进。自尊心与羞愧感的发展对建立良好的人际关系也具有重要意义。自尊的人，更易受到周围人的欢迎和接纳，成为他人的朋友。因此，培养幼儿的自尊心应是幼儿教育中十分重要的内容，对幼儿自尊心的评价应成为幼儿发展评价的重要组成部分。

幼儿自尊心的发展与成人的教育态度和教育方法具有密切的关系，严格要求、关心爱护、理解尊重是幼儿自尊心发展的必要条件。经常得到别人尊重的儿童，更易发展自尊自爱的情感。

（二）自尊心评价量表

日常生活中的观察

观察幼儿在日常生活下列情景中的情绪和行为表现。

1. 幼儿是否经常寻求人对他的注意

如当有客人来时，主动告诉客人：

"我是XX。"

"这是我画的。"

"这是我做的。"……

自尊心较强的幼儿一般经常表现出上述行为（特别是三四岁的幼儿）。

2. 幼儿是否经常向别人表现自己的能力，寻求赞许和肯定

例如：

"我能拍（球）XX下。"

"我能跳（绳）XX下。"

"我会搭高楼。"

"我画得好吗？"……

自我表现和寻求肯定评价是幼儿自尊心发展的明显行为特征，如果幼儿经常表现出上述类似的行为特点，说明他已有较强的自尊感。

3. 幼儿受到表扬时是否感到愉快

如因某种行为受到教师表扬或自己做成功一件事受到其他小朋友称赞时是否出现微笑、不好意思、得意等表情。

4. 幼儿受到批评时是否感到羞愧

自尊心强的幼儿做错事后，即使教师并不直接点名批评也能表现出内

疚和羞愧,如出现脸红、低头等反应。缺乏自尊心的幼儿,则常常对批评表现出无所谓的态度。

5. 幼儿受到不公平对待时是否能做出适当反应

例如:

未满足别人要求时(如别人抢玩具未给)挨打。

未做好某事或能力差被人嘲笑(如"你真笨")。

自己的活动或作品被人故意破坏。

自己正在玩的玩具被人强行抢走。

自尊心强的幼儿受到上述不公平对待或当别人故意攻击时,往往有强烈的反应,如气愤、提出抗议、据理力争或告诉老师。缺乏自尊心的幼儿往往默默忍受或感到无所谓。幼儿对这类问题的态度,反映了他们对自身权益的意识以及要求别人尊重的倾向。

情境测验

情境一:组织幼儿进行可产生活动结果的游戏,如做泥工、插积塑、画画等,观察幼儿是否有下列自尊表现。

1. 寻求别人的注意和肯定。

如向别人展示自己的作品,并询问:"我做(捏、搭、画)得好吗?"

2. 介绍自己的作品,如"这是我做的"。

情境二:教师组织幼儿进行折纸活动,内容为幼儿尚未做过的,教师先教幼儿如何做,然后让幼儿自己完成作品。教师进行巡回检查,对做得好的幼儿提出表扬,对做得不好的幼儿提出批评,观察幼儿的表现。

1. 受到表扬时是否表现出兴奋、自豪或害羞。

2. 受到批评时是否表现得不高兴、不好意思或不服气、辩解。

情境三:组织幼儿玩游戏"看谁找得快"。用布将幼儿的眼睛蒙住,让他们去找放在他们面前的一件玩具(或物品),并告诉他们谁先找到谁就能得到奖品。如幼儿为得奖从布下偷看,教师在活动总结时批评这种行为。观察犯规幼儿是否有下列反应。

1. 脸发红或有不安动作，如扭脸、低头、垂下眼皮、摸衣服等。

2. 如果幼儿出现上述之一行为，说明已产生羞愧的情绪体验。

情境四：组织幼儿玩游戏"看谁拔得快"。在户外活动场地一端放置与幼儿数相同的玩具"萝卜"（或纸板做的）。幼儿扮作小兔排成两队，站在20米以外的地方，两队幼儿比赛拔萝卜，哪个队最先完成，哪个队的幼儿就能得到奖品。要求必须跳过去，不能跑。

1. 观察幼儿是否为得到奖品而不按要求做动作，并在活动总结时指出来。

2. 观察幼儿是否有羞愧的表现。（观察指标与"情境三"相同）

二、幼儿责任感的评价

（一）为什么要评价幼儿的责任感

责任感是人对自己的言行和所承担的义务持认真负责和主动态度而产生的情绪体验。它是幼儿的高级情感发展的重要指标。

幼儿的责任感主要表现为认真完成成人交给的任务，完成日常生活规范所规定的义务以及对同伴和集体的事所采取的认真负责的态度。

有责任感的幼儿，对于自己为同伴和集体所尽的义务常常产生满足和愉快的情感体验。这种情感能促进幼儿以更加负责的态度对待他人和集体的事情以及自己的责任。他们在未完成任务和未尽到义务时常常会产生羞愧和内疚的情绪体验，并以各种方式弥补自己的过失。

（二）幼儿责任感评价量表

日常生活中的观察

幼儿的责任感主要表现在他们对自己、对他人以及处理日常生活中事情的态度上。下面列出幼儿在这些方面的行为表现，可作为日常生活中观察幼儿责任感的指标。

1. 活动结束时是否主动收拾好用过的物品。例如：

（1）游戏结束后是否认真收拾玩具，放回原处。

（2）美工活动结束后是否收拾自己用过的桌子，将废物放入纸篓，将剪刀、胶棒、画笔等物品收好或交给老师。

（3）户外活动结束时是否记着把自己拿出去的玩具带回活动室。

责任感强的幼儿在上述情境中的行为常常表现出主动、认真的特点，他们不需要成人或小朋友的提醒，自觉履行自己的职责。缺乏责任感的幼儿不但常在别人督促下才能做，而且做起来往往很不认真。

2. 是否爱惜幼儿园的物品。例如：

（1）游戏时是否乱丢、乱扔或摔打玩具。

（2）看到掉在地上的玩具是否主动拾起来。

（3）是否能轻拿轻放桌椅。

（4）看到玩具或用品损坏时，能否主动告诉教师。

3. 能否完成教师交给的任务。

如要求幼儿从家里带来某件东西，要求幼儿帮助教师做一件事时，责任感强的幼儿能按要求完成，缺乏责任感的孩子常常忘记任务或不能认真完成好任务。

4. 做值日生时是否认真负责。

责任感强的幼儿无论对值日生的具体任务是否感兴趣，都能按照教师的要求认真做好。缺乏责任感的幼儿，常常依兴趣的大小而表现出不同的行为，如对发碗筷感兴趣，就能认真做；对擦桌椅不感兴趣，做起来就马马虎虎。

5. 对自己的过失是否内疚并尽力弥补。

如活动中无意地碰疼别人或把别人的玩具、作品弄坏时，是否能表现出内疚，并安慰小朋友，想办法让小朋友不再难过。有责任感的幼儿常常主动道歉，为小朋友擦眼泪，查看受伤处，帮助小朋友重新做玩具。缺乏责任感的幼儿则为自己辩解、推卸责任，或从别人那里寻求原因。

6. 对集体和他人的事是否关心。如：

（1）参加小组活动时能否做好分配给自己的任务。

（2）参加小组竞赛活动时是否很出力。

（3）看到小朋友做错事是否能够提醒或提出批评。

（4）能否主动参与对集体和他人有益的活动，如布置环境。

情境测验

情境一：教师在活动室墙壁布置一棵光秃秃的树干，告诉幼儿需要做一些树叶和花贴在树上，装饰班里"美丽的春天"，如果不想做，可以玩其他游戏（如果有些幼儿没有参与，可以再提醒一遍）。观察幼儿的表现：

1. 玩其他游戏。

2. 经提醒参与制作。

3. 主动参与制作。

情境二：幼儿离开幼儿园前，教师告诉幼儿游戏角里的废旧材料不多了，要求每个幼儿第二天从家里带来一个废旧纸盒交给老师。第二天观察哪些幼儿带来了，哪些孩子没带，并对没带来盒子的小朋友进行第二次提醒。观察幼儿的表现：

1. 教师第二次提醒后仍未带来。

2. 教师第二次提醒后才带来。

3. 教师第一次提出要求后就能带来。

三、幼儿主动性的评价

（一）为什么要评价幼儿的主动性

主动性是指不依靠外部力量推动而自觉参与游戏、学习活动和探索问题的行动，是幼儿自我意识发展的标志之一。

幼儿的心理是在与环境相互作用的过程中通过自身的主动活动获得发展的。主动性是幼儿心理发展的重要前提，也是形成个体心理发展差异的因素之一。主动性强的幼儿对环境中的事物产生积极的反应，有强烈的好奇心和探求欲望，并常常表现出有探索性的实际活动，因此能够主动从客观环境中获取知识并在与人的交往中发展社会适应性。幼儿在生活和游戏中发展起来的主动精神，将为他们在未来的学习和工作中发展创造性和首创精神奠定良好的基础，对他们未来自觉地学习知识、创造性地解决问题和改造世界产生长远的影响。主动性差的幼儿参与活动的积极性低，不善于主动思考问题，常常被动地接受环境影响。这样不仅难以通过自身活动真正掌握知识、发展智力，而且极易养成懒惰、被动的性格特征。

（二）幼儿的主动性评价量表

日常生活中的观察

幼儿的主动性反映在行为的各个方面，可从以下角度进行观察：

1. 自由活动时是否能积极开展活动。如果儿童总是能很快地自己选择活动内容，并专注于活动之中，说明他的主动性较强。缺乏主动性的幼儿，常常在自由活动时无所事事，旁观别人或经过教师的提醒和安排才能开展活动。

2. 参加学习活动时是否有积极反应。主动性强的幼儿参加学习活动热情高、兴趣浓、思维活跃、爱发言，对老师的提问和要求能迅速作出相应反应。主动性差的幼儿参加学习活动时常常反应冷淡，缺乏热情。

3. 遇到自己不懂的事是否主动提问。如果幼儿对新奇的和自己不懂的事常能进行思考，并主动向老师提出疑问，与小朋友一起讨论，说明他的主动性较强。

4. 是否能自觉地完成交给自己的任务。幼儿在日常生活和学习中，有许多需要独立完成任务的机会，如完成劳动任务，完成老师布置的作业

（如记天气日记）等，主动性强的幼儿不需老师提醒和督促，能自觉完成，还有的幼儿无论老师如何提醒，仍不能完成任务。

5. 是否能主动表达自己的愿望和要求。如教师征求小朋友参加活动的意见时，能否主动告诉成人，以及当自己渴望做一件事时能否表达出来。主动性强的幼儿在上述情况及类似情况下能主动表达自己的需要。主动性差的幼儿很少提出自己的要求，习惯于服从老师的安排或跟随别人。

6. 与小朋友一起游戏时是否喜欢出主意。主动性强的幼儿不仅常发起游戏，而且善于在活动中起组织作用，规划活动的过程，积极出主意，解决游戏中出现的问题，如缺少某种玩具时想办法自己制作或找替代物等。主动性差的幼儿常常是跟随者，自己较少主动。

四、幼儿自信心的评价

（一）为什么要评价幼儿的自信心

自信心是人对自己力量的认识与充分估计，以及在此基础上对自己产生的信心。幼儿自信心的发展是其自我意识不断成熟和发展的重要标志。

自信心是一种强大的内部动力，能激励人在对事物和现状具有一定认识的基础上，坚持不懈地运用自己的智慧完成任务，追求既定目标，实现自己的理想。自信心对于幼儿心理健康和认识能力都具有十分重要的意义，它能促使幼儿产生积极主动的活动愿望，大胆探索、思考问题，乐于与周围人交往，经常保持愉快的情绪。他们在获得更多知识和技能的同时，也能逐渐发展乐观、勇敢、独立性强等性格特征。缺乏自信心的幼儿，稍遇困难就退缩，不敢自由地表达自己的爱好和愿望，怯于与周围人交往，参加活动的积极性、主动性差，不能充分发挥自己的能力去认识和探索事物，而且容易形成胆小、懦弱、依赖性强、优柔寡断等性格特点。

（二）幼儿的自信心评价量表

日常观察和情境观察

1. 小班幼儿的评价指标。

完成简单任务时有信心。

（1）在日常生活中观察幼儿是否对教师提出的简单问题能主动回答；是否对做自己熟悉的事情时有信心。

（2）根据幼儿的能力，教师交给幼儿一件力所能及的事情（如帮助布置环境）并问幼儿："你能做好吗？"

观察幼儿是否能作出肯定的回答。

2. 中班幼儿的评价指标。

完成稍有难度的任务时有信心。

（1）在日常生活中观察幼儿是否对教师提出的有一定难度的问题能积极思考并大胆回答；是否在教师的鼓励下敢于在集体面前表演、带操等；是否在教师的鼓励下敢于做以前没有做过的事。

（2）根据幼儿的能力，要求其做一件稍有难度或没有做过的事情，并问幼儿："你能做吗？"

观察幼儿是否能作出肯定的答复并立即接受任务。

3. 大班幼儿的评价指标。

完成有难度的任务时有信心。

（1）日常生活中观察幼儿是否对教师提出的较复杂的问题积极思考并主动回答；是否与小朋友讨论问题时能提出不同意见；是否常常喜欢说："让我做。"

（2）根据每个幼儿的实际能力，教师发给其有一定难度的智力测验题（事先打印出来），对幼儿说："这些题有点难，你看看会不会做，如果觉得太难，做不出来，可以告诉我，我再给你换一些容易的题目。"教师观察幼儿是否能毫不犹豫地开始做题。

五、幼儿独立性的评价

（一）为什么要评价幼儿的独立性

独立性是指人不受他人影响，不随波逐流，根据自己的认识与信念，独立地采取决定，执行决定。幼儿的独立性是其自我意识发展的结果，是反映幼儿自我意识发展的重要指标。

幼儿期独立性的发展是从掌握独立生活能力开始的，逐渐扩展到幼儿的学习、游戏及社会交往活动中。表现为开始有独立见解，自己解决遇到的问题等。独立性的发展对于幼儿的个性及认知等方面的发展有十分重要的意义。

不断获得独立感的幼儿，自尊心和自信心也会不断增强。具有较强独立意识的幼儿，有更多的机会探索周围世界，与环境相互作用，在主动活动中获得知识和技能，发展思维能力和解决问题的能力。培养幼儿独立性也是社会发展对幼儿教育提出的迫切任务。

（二）幼儿的独立性评价量表

日常观察和情境观察

1. 小班幼儿的评价指标。

在教师鼓励和要求下能独立做事情。

（1）在日常生活中观察幼儿是否：

在教师的鼓励和要求下能独立进餐；

在教师的鼓励和要求下能独自脱衣服；

自由游戏时会自己选择内容和玩具；

学习和游戏时，在教师鼓励和要求下尝试解决遇到的问题；

回答问题、绘画、小制作时，在教师鼓励和要求下能独立完成，不模仿其他小朋友。

（2）在教育活动中，提出问题后请幼儿回答，同时鼓励幼儿说出与别人不同的答案。

观察幼儿是否能够不重复别人的意见，提出自己的看法。

2．中班幼儿的评价指标。

自己能做的事情不请求别人帮助。

（1）在日常生活中观察幼儿是否：

自己穿脱衣服、叠被子、整理文具等；

学习中遇到困难首先自己解决、不立刻请求别人帮助；

生活中遇到不会的事情，自己想办法，不依赖成人；

与小朋友发生纠纷时一般能自己解决；

能独立完成教师交给的任务。

（2）组织幼儿进行绘画活动，主题由幼儿自定。

观察幼儿是否能不模仿别人的作品，独立决定主题，且作品具有一定的创造性。

3．大班幼儿的评价指标。

喜欢独立做事情和独立思考问题。

（1）在日常生活中观察幼儿是否：

独立解决遇到的问题；

学习和游戏时遇到不会的事情自己想办法解决，不希望别人帮助；

能独立完成教师交给的任务，遇到困难也能坚持；

讨论问题时经常提出与别人不同的看法；

与小朋友一起游戏时经常出主意；

能对教师或小朋友的看法提出疑问或意见。

（2）组织小朋友进行猜谜语比赛，教师说出谜面后，让幼儿独立思考几分钟，期间幼儿可以自由活动，猜出谜底后告诉教师。

观察幼儿能否独立思考（不与小朋友讨论）并得出正确答案。

六、幼儿坚持性的评价

（一）为什么要评价幼儿的坚持性

坚持性是指不怕挫折和失败，克服困难，坚持达到目的的意志品质，是幼儿自我意识的重要成分，是自我控制发展的标志之一。

随着自我意识的发展，幼儿在日常生活、社会交往和认知活动中已能明显地表现出自我坚持性的品质。如能够克服外界因素以及个人愿望、情绪的影响，遵守幼儿园的各项生活常规、游戏规则和活动纪律，按照教师的要求和自己的目的，克服一定的困难，坚持完成任务等等。幼儿的坚持性的发展不仅对其形成健康人格具有重要作用，而且对于发展幼儿的认知能力也具有十分重要的意义。坚持性强的幼儿，能够最大限度地运用自己的智慧，达到认识客观事物的目的，获得知识，发展智力。坚持性差的幼儿，在活动中往往注意力不集中，稍遇困难就气馁，因此难以获得有效的认知成果，影响认知能力的发展。

（二）幼儿的坚持性评价量表

日常观察和情境观察

1. 小班幼儿的评价指标。

能有始有终地做完一件简单的事。

（1）在日常生活中观察幼儿是否：

能从头到尾仔细阅读完一本图画书；

游戏时，进行一种活动或玩一种玩具能持续 10 分钟；

进行美工活动（如绘画、小制作）时能按要求完成作品。

（2）在游戏时间里，教师请几名幼儿停止正在进行的游戏，交给他们一项任务，如每人给活动角剪一张简单图形，教师布置任务后离开。

观察幼儿是否能克服游戏的诱惑，完成教师交给的任务。

2．中班幼儿的评价指标。

能坚持一段时间完成稍有难度的任务。

（1）在日常生活中观察幼儿是否：

学习或游戏时遇到不会的事情在教师鼓励下能坚持活动；

进行较复杂的活动时，如玩复杂的拼图、智力游戏时至少能坚持15分钟。

（2）走迷宫

材料：每位幼儿一张迷宫图片，观察幼儿能否坚持15分钟进行走迷宫活动。

说明：此项活动主要观察幼儿坚持时间的长短，因此不必考虑幼儿能否完成走迷宫的任务。

3. 大班幼儿的评价指标。

能在较长时间内主动克服困难，实现活动目的。

（1）日常生活中观察幼儿是否：

学习和游戏活动时遇到困难后能想办法克服，不半途而废；

进行较单调的活动时或完成较复杂的任务时能坚持20分钟。

（2）捡豆子

用厚纸板将一容器（如玻璃瓶）纵向分割为四部分，且互不连接，盖子上有四个豆粒大的洞，将红、绿、黄、黑四种颜色的豆子混放在另一容器内。要求幼儿按颜色将豆子分别放入容器的四个洞中，一次只能放一粒。

观察幼儿能否坚持20分钟，中途不做其他事。

七、幼儿好胜心的评价

（一）为什么要评价幼儿的好胜心

好胜心是指人做事时力求取得成功，并为取得的成绩感到愉快的一种情绪体验。它是自我意识的重要成分，是自我体验的一种形式。

幼儿已产生追求成就的愿望。如在幼儿园中,我们常常可以看到有的幼儿为了得到一朵象征教师肯定评价的"小红花"而努力克服自己的缺点,为了和小朋友比赛取胜而竭尽全力。好胜心是一种驱使幼儿主动行动,克服活动中的困难并坚持下去,直到取得满意结果的强大内部力量。它是幼儿社会化的一个重要成果和标志,它的发展对幼儿身心各方面发展具有重要价值。

(二)幼儿的好胜心评价量表

日常观察和情境观察

1. 小班幼儿评价指标。

在感兴趣的活动中能努力做好。

(1)日常生活中观察幼儿是否:

对自己感兴趣的活动能认真做;

做感兴趣的活动时追求好成绩;

在感兴趣的活动中对自己做的事感到自豪。

(2)安排幼儿进行可以产生明显活动结果的活动,如绘画、小制作等,允许幼儿根据自己的兴趣选择其中一种,并告诉幼儿,如果做得好,老师就把作品展览出来。

观察幼儿是否:

认真做,且能产生作品;

关心教师对作品的评价。

2. 中班幼儿评价指标。

在竞赛情境及与他人同时进行的活动中努力争取好结果。

(1)日常生活中观察幼儿是否:

喜欢参加竞赛性活动;

在竞赛情境中比在其他状态下表现更努力;

与小朋友同时做事时(如拍球活动),比在个人活动中更努力,更关心活动结果；

为某事受到表扬时感到愉快，之后表现更好。

（3）自由活动时，教师告诉幼儿，过一会儿要进行插积塑比赛，小朋友自愿参加。参加比赛的小朋友在规定的时间内插一座"房子"。

观察幼儿是否：

积极参加竞赛活动；

建构过程中注意力集中；

竞赛中产生的作品比平时更好。

3. 大班幼儿评价指标。

做任何事都努力争取好结果。

（1）日常生活中观察幼儿是否：

参加活动或做事情时总是努力争第一，期望获得肯定评价；

即使教师不要求，学习和游戏时也努力争取好结果；

做事失败后（如与小朋友下棋输了）不服输，之后继续努力；

为取得好成绩而克服困难，受到批评后能认错并注意改正。

（2）夹球游戏

在一个长方形的盒子里放置三种型号（大小不同）的各色玻璃球若干个，准备一双儿童筷子。安排每个幼儿独立进行夹球活动。

活动前教师对幼儿说："谁能从盒子里夹起最大的球,说明谁最能干。"

每个幼儿单独操作 5 ~ 10 分钟。

观察幼儿是否：

操作过程中注意力集中；

选择夹大球且失败仍继续努力；

整个活动过程中以夹大球为主。

八、幼儿表达与控制情绪的评价

(一) 为什么要评价幼儿对情绪的表达与控制

表达和控制情绪是指用适当的方式表达自己的喜、怒、哀、乐以及控制、调节自身情绪状态的能力，是幼儿情绪健康发展的重要指标。

对于外界环境刺激，儿童有多种反应方式。有些幼儿对很弱的刺激就能产生强烈的体验，并常伴有激烈的外部表现；有的幼儿对较强的刺激也难以产生适当的反应；有的幼儿遇到一点不高兴的事就长时间地闷闷不乐；有的幼儿兴奋起来不能控制自己。这些表现都是幼儿情感发展的不健康现象。

培养幼儿学会表达和控制情感，就是教他们正确区别"发泄情绪"和"表达情绪"的不同，"压抑情绪"和"表现情绪"的不同，发展他们能对外界刺激做出适当的反应，并用语言和表情表达的能力。当幼儿学会用适当的方式表达自己的情感时，成人便可以更好地了解他的感受和需要，帮助他克服困难，实现自己的愿望。这样的幼儿还能够与周围人建立更融洽、更和谐的关系，成为社会所需要的人。

培养控制和调节情绪的能力，对幼儿的心理健康具有重要意义。它能使幼儿经常保持心情愉快，做起事来充满信心，活动中积极性、主动性强，认知效果好。而经常处于不健康情绪状态的幼儿，不仅活动受到影响，而且他们的身体健康也将受到危害。

(二) 幼儿表达与控制情绪的评价量表

日常观察

1. 小班幼儿评价指标。

情绪一般较稳定，经劝说能控制消极情绪。

日常生活中观察幼儿是否：

一般无压抑、焦虑现象；

一般无过度兴奋现象；

遇到较强烈的外部刺激后出现激烈的情绪反应，但经劝说能控制；

遇到不愉快的事情经劝说能缓解消极情绪，不会长时间闷闷不乐。

2. 中班幼儿评价指标。

一般情绪状态较好，能用较平和的方式表达情绪，一般能自己控制消极情绪。

日常生活中观察幼儿是否：

一般情绪正常，较少发生波动；

感到伤心或遇到挫折时一般不大哭大闹；

产生消极情绪后，通过参加活动情绪能发生转变。

活动内容、场景发生变化时（如从娱乐活动转向安静的学习活动），情绪无明显波动。

3. 大班幼儿评价指标。

一般情绪状态良好，能用恰当的方式对不同的情境做出适当的情绪反应。

在日常生活中观察幼儿是否：

经常表现得很快乐；

遇到不愉快的事能很快忘记，并恢复正常情绪；

感到伤心、愤怒时能用语言或表情表达；

感到快乐、高兴时能用语言或表情表达；

能对别人的情绪做出适当的反应，如，对别人的微笑报以微笑。

九、幼儿同情心的评价

（一）为什么要评价幼儿的同情心

同情心是一种对他人的不幸和困难产生共鸣及对其行动的关心、支持和帮助的情感，是人的道德感之一。

同情心在儿童早期已出现萌芽。一二岁的儿童就能对周围人的情绪作出直接反应，如看到别人哭时，有的孩子出现关注的神情，有的孩子也跟着哭起来。随着儿童心理的不断发展，特别是自我中心的逐渐消退，幼儿不仅能对他人的情绪情感具有更多的觉察和体验，而且出现大量的同情与助人行为。

同情心是一种高尚的道德情感。它的产生依赖于儿童自我意识、社会认知能力的发展，如对他人的需要、情绪、情感认知与理解。它的发展则为儿童良好的社会行为奠定重要的基础。

幼儿同情心的发展不仅对他们的道德发展具有重要意义，而且也对他们的社会交往，特别是良好人际关系的建立具有重要意义。同情心是维系和谐的人际关系，凝聚集体力量的必要条件。同情心强的幼儿，在社会交往中，能够理解和尊重同伴的需要与要求，表现出更多的合作与谦让行为，因此，能够建立良好的同伴关系。缺乏同情心的幼儿，因为对同伴的需要与困难不关心，并常常以"我"为中心，一味地要求别人满足自己，而常常难以与人相处，造成同伴关系的紧张。

（二）幼儿同情心的评价量表

日常生活中的观察

幼儿的同情心主要表现在对别人痛苦和困难的关注与援助，对比自己年幼儿童的关心与帮助，对别人的缺点与缺陷的态度等几个主要方面。下面列举出日常生活中幼儿同情心的具体行为指标，通过观察幼儿在下列情境中的行为，可以发现和判断幼儿同情心的发展情况。

1. 小朋友遇到困难时是否能给予帮助。如当同伴不会系扣、系鞋带时能否帮忙。同情心强的幼儿，对同伴遇到的困难不仅能给予实际的援助行为，而且具有明显的主动性，即主动觉察别人的需要并迅速做出反应。缺乏同情心的孩子，对别人的困难常常视而不见，还有的幼儿即使在别人的请求下也不情愿帮助。

2. 对能力差或有缺点的小朋友是否不歧视，不嘲笑。具有同情心的幼儿能够以正确态度对待能力差的小朋友，如当小朋友不会做某事时能帮助出主意，或在行动上能给予支持。有的幼儿还能主动帮助那些存在较多缺点，常常受到教师批评的小朋友，提醒他们应该怎样，不该怎样。缺乏同情心的幼儿，对于别人的缺点常常表现出如下行为：

（1）嘲笑受到批评的小朋友，如说"活该"。

（2）指责能力差的小朋友所做的事。

（3）向别人（如来访的客人）介绍小朋友的缺点，如对客人说："他是我们班最笨的。"

（4）拒绝与能力差或有较多缺点的小朋友一起玩。

3. 是否关心不快乐的或受到意外伤害的小朋友。如当小朋友因生病、摔倒受伤而痛苦、不愉快时，是否能主动询问、安慰，并想办法帮助他们（如帮助擦眼泪，请老师帮忙，把自己的玩具给他们等）。

4. 是否能关心、照顾比自己年幼的儿童。同情心的明显行为特征之一是对弱小者的关切与扶助。在幼儿园的日常生活中，不同年龄的幼儿有较多机会在一起共同活动，特别是户外活动中常常共同使用同一场地、同一器械进行游戏。这种时候，同情心强的幼儿对年幼的孩子往往懂得关心、照顾，如扶着他们上滑梯，让小弟弟、小妹妹优先玩等。

5. 看到有生理缺陷的人是否不嘲笑。有同情心的幼儿对幼儿园里有生理缺陷的小朋友或外出游览时看到的有生理缺陷的人，常常能表现出关注和同情的神情，有的幼儿还用语言表达出他们的怜悯之心，如"他多难受呀""他多可怜呀"。缺乏同情心的幼儿则常常用嘲笑的口吻议论："瞧，他多难看呀！"

6. 是否爱护小动物。小动物是幼儿生活中很重要的"玩伴"，也常常成为他们施以怜悯和爱护之心的对象。有些幼儿对幼儿园饲养的小动物很关心，常常主动从家里带来食物，帮助小动物清理环境，游戏时静静地观察。而有些幼儿则喜欢伤害和捉弄小动物，如大声呵斥，用手捏、摔打。这些行为表现出幼儿同情与怜悯心的不同发展水平。

情境测验

情境一：组织幼儿观看电视《三毛流浪记》或其他类似内容的电影、电视节目，观察幼儿对剧中人物的痛苦和不幸是否表现出关注和同情。

例如：当主人公哭泣时，幼儿的反应：

1. 无表情变化。
2. 出现关注、不安、紧张等表情。
3. 出现痛苦表情或流泪。

情境二：组织幼儿与低年级小朋友一起玩滑梯，观察幼儿的表现：

1. 催促年幼的小朋友；指责年幼儿童动作慢；抢在年幼儿童前边玩；对年幼儿童的请求置之不理等。
2. 忽视年幼儿童的存在，既无帮助也无欺负行为。
3. 鼓励年幼儿童要勇敢；提醒注意安全，如"慢一点"；主动照顾，如扶着上滑梯，在滑梯下等待等。

十、幼儿好奇心和兴趣评价

（一）为什么要评价幼儿的好奇心与兴趣

好奇心是指人对未知的新奇事物的认识需要和探索的倾向，兴趣是指人对事物积极的认识倾向和情绪状态。

好奇心和兴趣是人的内部动机的重要因素，也是幼儿情绪情感发展的重要标志。

幼儿心理发展中十分明显的特点是好奇好问。好奇心与兴趣伴随着幼儿活动能力的增强、活动范围的扩大，特别是认知能力的提高而出现并不断发展，同时又对幼儿的认知能力具有积极的促进作用。好奇心强的幼儿对周围环境充满探求的渴望，善于主动发现和探索事物的特点，在不断获取周围环境中的知识与信息的同时使他们的观察力、思维能力也获得发展。兴趣在幼儿发展中的作用，首先表现在它对幼儿活动积极性的激发上。如果幼儿对某种事物产生兴趣，就会萌发积极的探索欲望。

好奇心和兴趣对幼儿的活动具有维持和促进作用。如果幼儿对某件事或活动产生了的浓厚的兴趣，就会持之以恒地去探究，不仅充满热情地投入其中，而且力求取得满意的答案和活动成果。

好奇心和兴趣对幼儿未来的学习和生活产生影响。幼儿对某种事物或某种活动的持久兴趣，可逐渐发展为爱好并形成某些方面的能力。如对建构活动感兴趣的幼儿，动手能力、空间知觉能力、观察力等会有良好的发展。

好奇心与兴趣不仅对发展幼儿的认识能力具有重要作用，且对于幼儿个性、社会性的发展也具有重要影响。如幼儿在活动中的愉快体验能够激发幼儿进一步的探索欲望，长此以往就会形成积极、主动的性格特点。

（二）幼儿好奇心和兴趣测评量表

日常生活中的观察

幼儿的好奇心与兴趣的发展体现在游戏、学习等多种活动中，其行为表现也多种多样。

1．好奇心。

（1）遇到不懂的事是否喜欢提问。

（2）是否喜欢进行探索活动。

（3）对周围环境的变化是否敏感。

（4）在认知活动中是否有较高的积极性。

2．兴趣。

对幼儿兴趣的观察与评价主要有以下几个方面：

（1）兴趣的广度，即幼儿兴趣范围的大小。

（2）兴趣的持久性。它是指对事物或活动具有持续和稳定的兴趣。

情境测验

目的：了解幼儿的兴趣在活动中的作用。

方法：要求幼儿在教师指定的活动项目中选择自己感兴趣的活动。活动项目均为可以产生明显活动结果的内容，如美工活动、建筑游戏等。活动时间为 15～30 分钟。

观察幼儿的活动：

1. 没有产生任何作品。
2. 有简单的作品或重复以前的作品。
3. 有质量较好的作品或体现新的想象和创造的作品。

（以上量表转引自白爱宝编著的《幼儿发展评价手册》，陈帼眉主编的《学前儿童发展与教育评价手册》）

给家长的十六条建议

1. 做学习型家长，与孩子共成长
※ 家长必须不断学习，才能跟上时代发展的步伐，适应孩子发展的需求。

※ 父母的素质影响孩子的一生。

※ 家庭教育绝不仅是父母向孩子单向地传递爱与知识，父母同样可以向孩子学习，与孩子一起成长。

2. 培养孩子学会做人是第一位的
※ 德为人之本。人的培养是第一位的，人的发展是教育的出发点和归宿。

※ 人的一生，事业成就有大有小，职位有高有低，但品德素质必须是优秀的。

※ 只有品德优秀的人，才能成为一个对社会有用的人。

3. 尊重孩子，做孩子的朋友
※ 教育孩子的前提是了解孩子，了解孩子的前提是尊重孩子。

※ 尊重是教育孩子最重要的方式。

※ 好的关系胜过很多教育。

※ 对孩子平等相待，才能与孩子成为朋友；与孩子成为朋友，彼此方可交流；与孩子彼此交流，教育自然形成。

4. 比传授知识更重要的是让孩子学会生活
※ 学习是孩子的主要任务，但不是孩子生活的全部。

※ 孩子的任务不仅是学习知识，更重要的是学会生活。

※ 变"以分数为本"为"以人为本",因为成长比分数更重要。

※ 学会生活,是孩子一生发展的基础,也是孩子自己生活所不可缺失的。

5. 学会欣赏孩子,为孩子喝彩

※ 父母要把孩子的优点看成百分之九十九,而把缺点看成百分之一。

※ 天下的孩子相貌不同、个性不同,但有一点是相同的——渴望听到喝彩。

※ 赏识使孩子越来越好,抱怨使孩子越来越糟。

※ 要有一双善于发现孩子优点的眼睛,为孩子一点一滴的进步喝彩。

※ "你真棒!"这句话,正是开启孩子心灵宝藏的一把金钥匙,它会创造出意想不到的奇迹。

6. 要学会爱孩子,更要让孩子学会去爱

※ 爱是教育的唯一秘诀,父母的关爱是孩子的重要力量源泉。

※ 对孩子的爱不是溺爱,而是理智的恰当的爱。

※ 让"爱"贯穿教育的全过程,要给予孩子爱,更要让孩子懂得爱、学会爱。

※ 爱的环境使人学会宽容、同情、谅解和帮助别人,学会通过具体的行为来表达热爱人的感情和关心人的意愿。

7. 千遍唠叨不如一句忠告

※ 要与孩子交流,而不要对孩子唠叨。

※ 孩子最反感的是家长的唠叨,最喜欢的是家长的忠告。

※ 千遍唠叨不如一句忠告。

※ 人生最重要的不是金钱,而是忠告。

※ 成长中的孩子,需要懂得一些人生的道理、记住一些人生的格言和忠告。

8. 家长退一步，孩子进一步

※ 过分呵护会剥夺孩子养成好习惯的机会——如果有可能，给孩子一点挫折。

※ 不要等着孩子来要求自由，而应该不时地主动给予。

※ 给孩子充分的信任和自由发展的空间，让孩子在亲身体验中长大。

※ 家长退一步，孩子进一步，这是孩子成长的一条自然法则。

※ 任何对孩子的将来负责的父母都应该牢牢记住这个很重要的原则——替孩子做他能做的事，是对他积极性的最大打击；父母拒绝给孩子发展自己能力的权利，是不尊重自己的孩子。

※ 一个人能经受多大的苦难，就能取得多大的成功！

9. 孩子的健康是发展之本

※ 健康好比数字1，知识、事业、家庭、地位、钱财是0；有了1，后面的0越多，就越富有；没有了1，一切归零。

※ 剑桥好，哈佛好，不如孩子的身心健康好。

※ 教育的核心不是传授知识，而是培养健全的人格。

※ 只有心理健康的父母，才能培养出心理健康的孩子。

10. 给孩子构建人生金字塔

※ 金字塔是几何图形中最稳固的结构——要给孩子发展构建最稳固的人生金字塔。

※ 金字塔构成的自然法则是：底面积与高度成正比——基础面越大、越牢固，自然发展的高度就越高；反之，自然发展的高度就越低。

※ 基础教育阶段就是孩子人生金字塔的底面积，孩子需要全面发展，夯实基础。

※ 孩子全面的发展应包括认知、情感和意志的发展——让孩子学会做人，学会生存，学会合作，学会学习。

11. 让孩子每天都感到幸福和快乐

※ 幸福和快乐不只是孩子发展的未来目标，更是孩子成长的一个过程。

※ 教育的最终目的是教会孩子热爱生命，热爱生命最好的体现就是孩子快乐地成长。孩子快乐与否很大程度上取决于父母的心态。如果父母是快乐的，他们的快乐也会传染给孩子；如果父母自己整天愁眉苦脸，孩子如何能笑逐颜开呢？

※ 90%以上学习成绩不好的孩子，问题不在于智力，而在于心情。

※ 心情一好，一好百好。

12. 没有教不好的孩子，只有不会教的父母

※ 农民对待庄稼的态度，决定了庄稼的命运；父母对待孩子的态度，往往也会决定孩子的命运。

※ 庄稼长势不好时，农民从不埋怨庄稼，相反总是从自己身上找原因。外界环境变化时，农民知道要改变种植方法。孩子出现问题时，许多父母却只是一味指责，而很少反省自己的责任，很少在自己身上找原因——不要一味地去改变孩子，更需要的是改变自己。

13. 保持一颗平常心，选择适合自己孩子的教育

※ 父母对子女的教育要保持一颗平常心，让孩子也要保持一颗平常心——人要有大的志向，就要从小事做起，需要有平常人的心态，脚踏实地地做人做事！

※ 伟人志让孩子成功，平常心使孩子幸福！

※ 每个孩子都是唯一的，每朵花都有盛开的力量。

※ 适合自己孩子的教育才是最合适的教育——万万不可照搬别人教育子女的模式。

14. 不要和别的孩子比，要和自己孩子的过去比

※ 世界上每一个人与他人都是完全不同的个体。

※ 和别人的孩子比，比出一个差孩子；和自己孩子的过去比，比出一个好孩子。

※ 和自己孩子的过去比，让孩子看到自己的进步。

※ 多肯定、多鼓励、勤引导，对孩子的自我完善、自我成长很重要。

15. 情商影响孩子的智商

※ 智力超常的孩子只是极少数，大多数人成才不仅仅是靠天赋，更重要的是靠后天的努力和机遇。

※ 习惯决定孩子的命运。兴趣是孩子最好的老师，自信是孩子成功的基石，交往是孩子成功的手段，缺乏对情绪的控制是孩子成功的最大敌人。

※ 孩子没有朋友比考试不及格还要严重。

16. 让孩子学会学习，为终身学习打下基础

※ 未来的文盲不再是不识字的人，而是不会学习的人。

※ 树立终身学习的理念，注重可持续发展。

※ 基础教育阶段是奠定终身学习基础的阶段。学会学习既是打开终身学习之门的钥匙，也是进入知识经济时代的通行证。

※ 在未来的学习化社会中，唯有具备终身学习能力和自主发展能力的人，才能适应并创造未来。

后 记

这套"家庭教育丛书"共 5 本，分为学前篇、小学低年级篇、小学中年级篇、小学高年级篇和初中篇。再版后的图书由儿童身心发展特点、家庭教育案例、专家咨询案例（学前篇为亲子游戏）、亲子自测量表、给家长的十六条建议 5 部分组成。本丛书第二编中的案例来自潍坊市不同地区、不同学段的学生家长，反映了普通家庭的成功教育经验；案例点评以及全书的理论部分由部分市区家庭教育负责人、中小学教师和高等院校专家共同完成，凝聚了众多家庭教育工作者的心血和智慧。应该说明的是，家庭教育个案的独特性是很强的，同样的问题，原因不一样，解决的方法也不一样。因此，我们特别提醒您，了解孩子的生理和心理特征是教育的前提，希望家长朋友们不要盲目地照着书上的方法去做。

2005 年，图书出版后，在社会上引起了强烈反响。图书曾一度成为很多人馈赠亲友的首选礼品，出现了一书难求的局面。2022 年是潍坊市探索实施"亲子共成长"工程 20 周年，值此之际，这套"家庭教育丛书"再版，期待本丛书的修订版能进入千家万户，为更多有需要的家长提供支持，能帮助到更多的孩子。

本丛书编写过程中，得到了潍坊市教育局基础教育科、家庭教育指导中心、教育惠民服务中心、潍坊市教育局学前教育科、潍坊市教育科学研究院、潍坊市关心下一代工作委员会、山东省泰山教育研究院、山东友谊出版社等单位的领导与同志们的关怀和支持，参阅了国内外心理学、教育学众多专家学者的研究成果，在此一并致谢。

由于我们水平有限，书中肯定有许多不妥之处，敬请广大读者和同仁批评指正。

编 者

2022 年 7 月